U0693375

中共山东省委党校（山东行政学院）

创新工程科研支撑项目成果

郭庆玲◎著

《吕氏春秋》教化思想研究

LÜSHI CHUNQIU

JIAOHUA SIXIANG YANJIU

人民出版社

目　录

序

　　中国特色社会主义进入新时代，随着全面建设社会主义现代化国家新征程的开启，错综复杂的多元文化思潮成为影响当前主流文化的因子。如何在多元文化的氛围中进一步提升公民基本道德水平，就成为思想工作者们的重要课题。马克思曾表示，道德是在特殊的时代背景下发展而来的，它会随着经济社会的发展不断得到诠释，从而会随着时代的文化精神的积淀而体现其独特的社会规范和时代价值。既然道德是文化的外显，提升公民的道德水平就应当从我国的精神和文化着手。因此，追踪传统文化关于（道德）教化的说法是面对并提升当下道德水平的一个角度。在这一背景下，深入分析集时代大成的《吕氏春秋》中的教化思想，不仅对我们思考当下的道德问题有着重要的启示意义，同时，也能为中国特色社会主义思想道德建设、社会治理研究提供重要的借鉴意义。

　　习近平总书记提出的"两创"（创造性转化和创新性发展）方针，是我们建设社会主义文化强国的重要抓手。毕竟，一个民族的传统文化只有通过创造性转化与创新性发展，才能顺利融入世界文明的脉络，产生广泛而深刻的国际影响。对《吕氏春秋》教化思想的研究也是积极响应"两创"方针，接轨社会主义核心价值观研究的一个重要契机。

　　需要看到的是，成书于战国末—秦时期的《吕氏春秋》，以融合九流十家之"杂"为特色，其教化思想是以"道德本性"的觉醒及其实现"教化"的兼容并蓄为主，在具体教化内容上多吸收儒家思想，因而其德治分量不容小觑。当下，因着"两创"方针和马克思主义基本原理的指导，我们看到这种"道德本性"的觉醒需要以当代社会的基本状况为立足点。也正是如此，《吕氏春秋》可以超出它所处的时代，而对当下的道德建设和社会治理有所启发。

本书将本着尊重传统、古为今用和推陈出新的原则，通过批判继承法，分析《吕氏春秋》教化思想形成的条件，尤其要深入发掘"效法天道""执摄政教""天人相应"由以可能的思想条件，这是研究《吕氏春秋》教化思想的前提。在此基础上，需要在"道生德蓄"中厘定"道德本性"，这是实现《吕氏春秋》教化的起点。之后，通过"教化"的内在本性及其可能会建构的基本社会秩序，挖掘《吕氏春秋》教化思想的主要特色。进而，在主客体、教化内容、教化方法方面总结教化思想，而教化的路径就隐含其中。有了这些基础的理论工作之后，笔者还要结合当下社会的基本现状、面对当前社会治理过程中的问题，对《吕氏春秋》教化思想的当代价值进行针对性研究。这表现在两个方面，首先，对教化的主客体、内容和方法进行创造性转化、创新性发展；其次，梳理"秩序"意识，并结合社会主义核心价值观，挖掘二者的内在关系，以实现"教化"在当下社会的具体应用。

本书的主要内容如下：第一章，分析教化思想形成的条件，首先是社会历史条件和吕不韦的个人思想和经历。这是研究《吕氏春秋》教化思想的前提。其次，对于教化思想形成的理论基础进行了必要分析。由于《吕氏春秋》融合九流十家，思想错综复杂，因而需要挖掘文本的思想主线，这就是效法天道、执摄政教和天人相应。而兵家思想、科技思想、军事思想、历史思想、法律思想、道德思想等等，都依托于这一主线。

第二章，分析《吕氏春秋》教化思想的内容，厘定"教化"概念。即在"道德本性"的觉醒中确定"教化"的内涵。"道德"是通过效仿"天道"并纳入人心而"得"，"得"即"德"，"道德"是效仿"天道"而确立人的"本性"。"教化"是实现"道德"的方式，包括自教和他教，是通过本性清净——染尘纳垢——效法天道——去欲全性——教化有方——觉醒道德本性——呈现秩序，而实现"道德本性"确立的过程，这是理想性的教化。同时，教化又受制于封建社会的政治统治、既定天命以及教化自身的异化，因而教化有局限性。在此基础上，我们还挖掘出教化思想的生命性、机缘性和时代性。

第三章，具体论述教化思想包括的内容，如教化主客体、具体内容和方法，同时教化的路径也通过共同体中的"成己达人"隐含其中。因而，我们可以从"争道"而"省己"的教化主体、"疾学"而"尊师"的教化客体以及"去尤""用众"以促"主客同体"三个角度理解教化的主客体。其次，养生养性的自我教化、忠孝齐家的家庭教化、尊师重教的人文师教、礼乐仁义的社会教化作为教化的主要内容，实现了由个人教化、家庭教化到人文师教、社会教化的拓展。而在教化方法上，《吕氏春秋》展现出有为以教和无为而化的特色。

第四章，由于教化的主客体、内容和方法来源于战国—秦时期成形的《吕氏春秋》，它确实在"和而不同""施德无形""位本立序"方面有一定历史贡献，但是其历史局限也很明显。因而，通过觉醒"道德本性"所实现的教化最终还是要立足当代的社会背景。

第五章，分析"多元价值竞争与返本开新""资本逻辑冲击与本位持守""大众传媒与核心价值引导"的当代状况，以此引入《吕氏春秋》教化思想的创造性转化、创新性发展的必要性。其中，"以人为本"的教化思想，需要发挥其主客一体的当代价值，主要在于展现"以民为本""主客交互""类固相召"的主客体特色。在教化内容上，"教民以仁"是《吕氏春秋》教化的重点，其中，"诚"又是实现"仁"的起点。在当代社会，以诚守位是指，通过"诚"实现个人"道德本性"的内在觉醒。而当代社会的"诚"关乎公民基本道德规范，以诚入规在于融合"诚"与"明"并形成有效的社会化、规范化机制。以上两者的落脚点还在于"遵道仁民"。"仁民"是教化思想的重点，同时"以人民为中心"是中国特色社会主义理论体系的基本价值取向，这两者具有天然的契合性。而《吕氏春秋》教化的"化渐之法"在当代主要表现为：诗文寓言以喻、德化养成以渐、道生德蓄以成。其中，教化中养成式的教化方法可实现有为以教、无为而化的结合，以此发挥"化渐"的优势。

第六章，应对当代道德危机，我们需要格外重视古典文本在社会治理方面的价值。《吕氏春秋》教化思想在涵养中国特色社会主义核心价值观方面有一定的启发意义。《吕氏春秋》教化思想呈现了个人、家庭、社会、国家的教化路径，这与社会主义核心价值观的国家价值、社会价值、个人价值具有天然契合度。因而，教化思想在"家国一统和谐以固国家""礼乐秩序规范以合社会""个体清净本性以育善诚"方面可以在一定程度上实现创造性转化、创新性发展。那么，《吕氏春秋》教化思想的国家价值和社会价值，可以为"富强、民主、文明、和谐"和"自由、平等、公正、法治"寻求"秩序"层面的支撑；为"爱国、敬业、诚信、友善"奠定"本性"层面的理论基石。这个过程实际上是通过"成己达人"实现《吕氏春秋》教化思想在自然共同体、人伦共同体、社会共同体和国家共同体方面的创造性转化、创新性发展。

总而言之，《吕氏春秋》教化思想的"内在闪光点"可以为现代社会的价值理念提供重要的支持。本书在填补《吕氏春秋》教化思想的研究空白、弥补传统儒家教育思想之不足的同时，一方面，可以丰富当下的教化理论；另一方面，通过破译《吕氏春秋》的文化密码、汲取其教化养分、挖掘其教化思想历久弥新的文化根脉，以解决我国现代化过程中遇到的精神问题、进一步提升当下的道德水平。同时，通过教化思想，也可丰富我们对传统社会治理模式的认识，这会为我们深入理解当下的社会秩序、社会治理提供更广阔的思路。

导　论

　　文化是一个国家的核心竞争力。然而，在现代社会，文化生态表现出了多元化的状态。习近平总书记指出，"一个国家、一个民族的强盛，总是以文化兴盛为支撑的"[①]。在中国特色社会主义现代化的进程中，全球化的趋势促进了各国文化多元化的互动，文化的共性与个性在耳鬓厮磨中日益碰撞出火花。然而，与此共生的是，某些西方国家妄图通过文化进行和平扩张，试图实现由经济全球化到文化全球化、由政治霸权到文化霸权的肆虐，并以各种可能的姿态强势介入他国。

　　互联网思维的涟漪效应加剧了文化的多元化。从积极的视角看，互联网的发展和应用带动了我国经济发展和文化创新。但如雨后春笋一般的互联网思维，也加剧了多元文化的洪流，易引发价值观念、道德准则的争端。一方面，不同群体之间的文化鸿沟呈现日益消弭的趋势，甚至文化慢慢走下了带着圣母光环的神坛，受到全球化的冲击和主导。另一方面，互联网思维的涟漪，引发文化变相地与商业相联系，并受到资本逻辑、物化逻辑的冲击。金钱利益观的进一步膨胀和渲染，也容易引起思想层面赤裸裸的文化解构。文化的现代化和多元化趋势可能会导向文化的快餐化、低俗化与浮躁化。而在社会生活中，我们的道德水平还有提升的空间。

---

① 《习近平关于社会主义文化建设论述摘编》，中央文献出版社 2017 年版，第 3 页。

一、选题缘起

在这一文化多元化的开放式场域，解构与建构相平衡的博弈一直是进行时，这直接倒逼我们对新时代中国特色社会主义的文化和道德进行反思——我们到底该信仰什么？文化又该何去何从？中国特色社会主义现代化的契机是一次历史的洗牌，要想再出的一手好牌，则需马克思主义中国化的综合创新，而中华优秀传统文化的创造性转化、创新性发展就是一个重要面向，这是我们的精神追溯。① 可见，中国特色社会主义现代化的进程展现出文化多元化的整体趋势与一些民众道德水平下降的社会状况。而问题的解决在一定程度上还需要回归文化。

第一，文化强国建设的回溯。

文化作为软实力，是决定一个国家生死存亡的深层次因素。一个民族长久的文化习气、精神追求、人格底蕴、价值取向、生活实践等因素直接影响相应精神文化风貌的形成。而"只有精神生活才是人的真正的本质"。文化有精神引领的作用，有助于从根本上梳理人的本质。

作为一个文化大国，我们不断强调建设社会主义文化强国，更加提倡文化自信。习近平总书记在哲学社会科学工作座谈会上再次强调文化自信，并高度肯定了文化自信的地位。文化自信是一个国家、一个民族深层次的决定因素，是理论自信、制度自信、道路自信的基础。在对一个民族的文化进行长久客观理性认识的情况下，所油然而生的民族自豪感和民族自尊心，包括对民族文化深刻的热爱，对民族价值观的内在认同，对民族精神的本能践行和对文化生命力的坚定信念，这些综合性的作用，展现了我们的文化自信。习近平总书记指出，"坚定中国特色社

---

① 如何实现马克思主义与中国传统文化的结合和共同发展是思想界的一项重要任务。《文史哲》杂志社举办的一系列对话活动都是以此为目的展开的，对此，王学典、何中华、谢文郁等人都有相关论述。

会主义道路自信、理论自信、制度自信，说到底是要坚定文化自信。文化自信是更基本、更深沉、更持久的力量"①。文化自信不仅反映了一个国家深层次的心理自信、价值观自信和信仰自信，更外化为理论自信、制度自信和道路自信。中国特色社会主义文化所取得的辉煌成就，中国道路的成功和中国制度的合理性皆已证明中华民族文化和价值观的先进性。

对文化的探讨离不开精神上的追溯。我国一直以来在文化的传承、应用与创新方面离不开独特的中国精神。所谓的中国精神是指"民族精神与时代精神的统一"。中华优秀传统文化作为古老的思想理论基础，积淀了深厚的民族精神。而文化的生命力在于创新。在每个时代，文化在适应时代发展、解决新问题与其他文化碰撞融合的过程中，与时迁移、应物变化，就必然需要进行创造性转化、创新性发展。这又是时代精神的诉求。

在积极培育社会主义核心价值观的重要时期，习近平总书记已在多个场合多次强调要大力弘扬中华优秀传统文化。在纪念孔子诞辰2565周年国际学术研讨会暨国际儒学联合会第五届会员大会开幕会上，习近平总书记特别强调要"努力实现传统文化的创造性转化、创新性发展，使之与现实文化相融相通，共同服务以文化人的时代任务"②。这一"创造性转化、创新性发展"的"两创"方针，就是要积极运用古人的智慧解决当下的问题，发挥文以化人的教化功能，使之有益于人文化育和国家治理。

第二，《吕氏春秋》教化思想的时代光芒。

《吕氏春秋》是战国末年秦国丞相吕不韦组织门客们集体编纂的杂

---

① 习近平：《在哲学社会科学工作座谈会上的讲话》，《人民日报》2016年5月19日。
② 习近平：《在纪念孔子诞辰2565周年国际学术研讨会暨国际儒联第五届会员大会开幕会上的讲话》，人民出版社2014年版，第11页。

家著作，又名《吕览》，在公元前 239 年完成，当时正是秦国统一六国前夕。此书分十二纪、八览、六论，共 26 卷，以篇幅而论则是 160 篇，总计 20 余万字。书中尊崇道家，尤其肯定老子顺应自然的思想，又舍弃其消极成分，融合儒、墨、法、兵等九流十家，形成了包括政治、经济、哲学、道德、军事、农业、技术、教育等的理论体系。吕不韦的目的在于综合百家之长、总结历史经验教训，为秦国提供长久的治国方略。司马迁、高诱等人纷纷对《吕氏春秋》的历史地位予以肯定。司马迁在《史记》里将其与《周易》《春秋》《离骚》等并列；高诱则为其作注，以"大出诸子之右"（超过了诸子的成就）评价《吕氏春秋》。

《吕氏春秋》背后的思想理论基础——效法天地、执摄政教、天人相应已融汇入民族文化血液中，对今天研究传统文化的当代价值及其创造性转化、创新性发展有重要意义。《吕氏春秋》在政治上是为强秦服务，目的是建构大一统的秦帝国。然而，《吕氏春秋》并非秦国（战国七雄之一）、也不是秦王朝（秦王嬴政建立的第一个大一统国家）的指导思想。那么，对《吕氏春秋》教化思想的研究首先需要厘清这三个问题：第一，秦帝国的封建统治并未完全借鉴《吕氏春秋》的思想。起初，吕不韦招揽门客所作《吕氏春秋》，确想为秦帝国的大一统、稳江山服务，只是嬴政最后并不领情。之所以如此，是因为书本本身超出了政治的范畴，它意在道德"本性"和社会"秩序"的思考中提供一种符合人—国家之本性的社会—政治理念，这不同于秦始皇。第二，《吕氏春秋》是封建时代的思想，试图为政治和大一统的帝国服务。但是，它背后的思想根源——效法天地、执摄政教、天人相应依然需通过道德"本性""秩序"渗透到"教化"中，这在当代社会所追求的回归到人本性的教化方面，依然具有可资借鉴的意义。第三，擒贼先擒王，活水需溯源。《吕氏春秋》教化思想的内涵界定和教化的主要内容皆需在"效法天道"中落实，因此教化思想对当代社会的启示离不开对"道德"的剖析，这是"教化"的基础所在。

《吕氏春秋》是把德治纳入实际治国方略的最早探索者之一。① 在治国思想方面，先秦重法家，而吕不韦"兼儒墨，合名法"。在执政期间，吕不韦并未贯彻重刑罚的法家思想，而是一步步综合各家并寻找独特的思想主张——在效法天道的基础上，吸取儒家的仁爱思想又注重教化。由于秦国地理位置偏僻，不似鲁国、齐国等有深厚的文化礼仪，故而《吕氏春秋》很大程度上，吸收儒家思想并贯彻儒家道德教化的内容。依法治国和以德治国相结合的提出，让《吕氏春秋》教化思想的研究更有依据。当然，总体上来讲，《吕氏春秋》教化思想还是"杂家"，它批判继承了儒、墨、道、法、名、农、兵、阴阳等思想并实施其社会教化。幸好，"杂家"特色的教化，有其"效法天道"的思想基础，这正是教化思想的理论根据，也是研究其创造性转化、创新性发展的重要途径。

在当前"两创"方针的鲜明指导下，回溯《吕氏春秋》（历史上第一个"杂家"代表）所蕴含的文化精神，在一定程度上可使它焕发生命力。在此过程中，这一研究可能会对中国特色社会主义文化建设、道德建设有一定的启发意义。

二、研究意义

《吕氏春秋》教化思想的研究是探寻中华优秀传统文化根脉的一个选择，是接轨社会主义核心价值观的一个可能端口。这一研究对我国社会转型期的思想道德建设具有重要的理论意义和深刻的实践意义，"中国共产党从成立之日起，既是中国先进文化的积极引领者和践行者，又

---

① 请参许富宏：《吕氏春秋：四季的演讲》，上海古籍出版社 2009 年版，第 59 页。

是中华优秀传统文化的重视传承者和弘扬者"①。《吕氏春秋》的教化思想作为传统文化的一部分，"上承先秦诸子，下启汉代学术，在实质上最初完整地奠定了中国文化的发展方向；它不惟开启了汉代综合学术之先河，在整个中国文化发展史上，都具有重要意义"②。因而，它的教化思想及其当代价值不容忽视。

从理论方面来看，第一，吕不韦为服务秦帝国的政治统治而召集其门客撰写了《吕氏春秋》，由于吕不韦是国相，还是嬴政的"仲父"，因而这本著作是有一定的政治色彩和意识形态倾向的，甚至有不少学者直接认同这是一本政治著作。确实，《吕氏春秋》教化思想是当时当地政治经济文化的体现。然而，效法天地、执摄政教、天人相应又是《吕氏春秋》的思想基础，这与教化的研究又一脉相承。《吕氏春秋》的思想道德资源和哲学基础可能在无形中与其他传统思想资源一起沉淀为我们民族的精气神。

第二，《吕氏春秋》教化思想作为中华优秀传统文化的一部分，其价值的探讨还应符合当代社会的基本状况。党的十九大报告明确强调"文化兴国运兴，文化强国运强"③。文化的关键在于文化软实力。"体现一个国家综合实力最核心的、最高层的，还是文化软实力，这事关一个民族精气神的凝聚。我们要坚持道路自信、理论自信、制度自信，最根本的还有一个文化自信。要从弘扬优秀传统文化中寻找精气神。"④中华传统文化特别是中华传统美德是中国当代文明的根基，在具有厚重历史文化传统的中国，建设文化强国需要弘扬中华优秀传统美德。毕竟，"中华传统美德是中华文化精髓，蕴含着丰富的思想道德资源"。而这些

---

① 《党的十九大文件汇编》，党建读物出版社 2017 年版，第 30 页。
② 修建军：《吕氏春秋与中国文化》，《孔子研究》2001 年第 4 期。
③ 《党的十九大文件汇编》，党建读物出版社 2017 年版，第 28 页。
④ 习近平：《在哲学社会科学工作座谈会上的讲话》，人民出版社 2016 年版，第 17 页。

丰富、多样的思想道德资源对当下社会主义思想道德体系的建设具有借鉴意义；同时，挖掘中华传统文化中的思想道德资源，以实现中国特色社会主义文化自信的根源探索，对当前我国社会主义文化强国建设、中国特色社会主义思想道德体系建设、社会主义核心价值观的弘扬具有理论意义。

在实践方面，在科学、人文对话与交融的时代背景下，研究《吕氏春秋》教化思想还有诸多附加价值，研究中华优秀传统文化及其创造性转化、创新性发展的趋势，可以促使我们思考文化的根脉以及民族性的问题，这也是换一个视角思考中国当前的道德状况、世界范围内的现代性问题以及全球化问题。

第一，党的十九大报告指出，我们要"深入实施公民道德建设工程，推进社会公德、职业道德、家庭美德、个人品德建设，激励人们向上向善、孝老爱亲，忠于祖国、忠于人民"[①]。可见，弘扬中华优秀传统美德对当下公民道德水平的进一步提升有一定的教化意义。回溯中华传统美德、在一定程度上传承中华传统美德对公民道德建设、对道德教育有重要的现实意义。《国家中长期教育改革和发展规划纲要（2010—2020 年）》明确提出："坚持道德教化为先。"所有这些的实现，是不可能离开对包括《吕氏春秋》教化思想在内的传统教化思想的继承与创新的。

第二，面对现代性危机的冲击，需要真正内化入人心的教化思想。当下中国特色社会主义思想道德建设何去何从？我们又如何面对西方功利主义、科学理性、工具价值的冲击？抑或现代性根本就是无法停止的潘多拉魔盒，而我们如何自处？现代性的危机已遍及全球，是否确需中国传统文化出场，还是针对我们的传统文化，依然如某些学者所宣称的——凡是被抛弃的都有被抛弃的理由，且应始终被抛弃？冯友兰在上

---

① 《党的十九大文件汇编》，党建读物出版社 2017 年版，第 29 页。

个世纪就肯定了经济是时代特色，而"智力成为人类社会资源配置上的第一要素"。当下，这种状况更为明显。现实的社会状况，需要我们思考包括《吕氏春秋》在内的传统道德资源，并发掘它们的创造性转化、创新性发展的路径，这或许可以为现代性危机的解决提供一定的思想资源。①

另外，多元价值盛行易引发教化研究的回溯。教化思想的研究是合理引导多元价值并实现新时代中国特色社会主义文化自我确证的一条路径，对解决当前现代性问题提供了一种可能的平衡策略。《吕氏春秋》作为先秦时期的汇总性文本，其教化思想也更多元，对教化思想的挖掘，是剔除不合时宜的先秦经济基础、制度建设、解释模式，存留并传承一种教化的"文化资本"。因此回归传统文化，回归《吕氏春秋》的教化思想，寻找一种既能推动社会进步和历史持续发展，又能完善中国特色社会主义道德体系的理论就有了一种现实需要。这不仅为让人成为"人"的崭新文化方式添砖加瓦，还为当前道德水平的进一步提升提供了一种可能性。

---

① 林安梧在面对现代性问题时，始终坚信中国传统思想资源中，拥有回到"存在"的文化精髓，而这种"存在"正是应对现代性问题的重要内容。《吕氏春秋》教化思想中，道德"本性"的挖掘、通过本位觉醒实现教化的方式是实现"存在"的一种。参见林安梧：《儒道佛三家思想与二十一世纪人类文明》，山东人民出版社 2017年版。

第一章 《吕氏春秋》教化
思想的形成条件

《吕氏春秋》是中国思想史上第一部有计划的集体性著作。它形成于秦始皇时期，是作为丞相的吕不韦献给秦始皇的政治治理之书。春秋战国面临激烈的社会变革，相较周朝，这一时期的社会经济基础发生了巨大变化，百家争鸣的多元文化、几百年的战乱状态孕育了大一统的诉求。在诸侯国战争中，越来越强大的秦国在后期的争霸中脱颖而出。谈及这一时期的秦国，就少不了谈到与秦王嬴政关系密切的"仲父"吕不韦。作为一个来自楚国的商人，吕不韦一步步实现其社会阶层的跨越。

在政治上，吕不韦在赵国经商时以嬴异人为筹码，进入秦国的政治核心，后在嬴异人即位以后，独揽大权、官至宰相。在思想上，为了实现秦国政权的统一、进一步实现大一统的长久稳定，他网罗九流十家编纂《吕氏春秋》。这是吕不韦计划献给秦王嬴政的治国之书。《吕氏春秋》在理论方面将国家治理的正当性建立在"天道"之上，在治国的价值指引、基本路径、社会生活、祭祀礼乐等方面法天地、顺自然；在具体的生活实践中，融合九流十家的思想理念，以天道贯通日常生活，为当时臣民的生活寻找基本准则，并试图建构一套完备的容纳天地万物古今的秩序体系。

只是，后来吕不韦因掌权问题而与年长的嬴政产生嫌隙，自公元前

221 年秦王嬴政登基以后，吕不韦逐渐从政坛中心走向边缘，直到最终饮鸩而亡。实际上，《吕氏春秋》的政治效果、思想影响在秦王朝几乎未能得到实现。但是，不可否认，在思想史脉络中，《吕氏春秋》连接了先秦道家、黄老道家，对汉初黄老之术的实行有至关重要的作用，对淮南王刘向所著《淮南子》也有切近的影响。尽管在政治上秦始皇焚书坑儒、汉武帝独尊儒术，但《吕氏春秋》《淮南子》等典籍的存在以及民间思想的传播，也在一定程度上促使后来魏晋风骨的传承与呈现。其中，《吕氏春秋》不仅有独特的承上启下作用，其教化思想与后来秦王朝在政治实践中的种种行为，深刻表现出《吕氏春秋》所揭示的思想与现实的张力，为我们在当下理解教化与时代、革新与守成、创新与转化都具有重要意义。

第一节　社会背景条件

孟子曾言，"颂其诗，读其书，不知其人可乎？是以论其世也"。在研究《吕氏春秋》教化思想以前，我们需要"知人论世"——把握其形成的社会背景，包括农耕社会的生活生产方式、商鞅时期的变法情况、秦国的快速崛起、秦帝国的历史积淀、吕不韦的人生阅历、文本的历史影响等。《吕氏春秋》教化思想的成形离不开既定的社会背景、吕不韦的个人主观条件，以及在此状况下发展出来的思想理论。

一、秦国的历史积淀奠定其政治上的统一诉求

秦国处在历经战乱分割长达 500 多年之久的春秋战国之际。作为新旧交替的过渡阶段，经历了春秋五霸，战国时期的齐、楚、燕、韩、

赵、魏、秦七国博弈，那时候各国为了壮大国家政权，实现称霸中原的霸主梦想，纷纷划分各自的利益集团。进行不同程度的改革以增加社会活力，因而各国实施变法。鲁国实行初税亩（前594年），这是生产关系为适应生产力发展作出的合理调整，明显地增加了财政收入。而后楚、郑、晋等国纷纷效仿并实施税亩制度。后来，魏国的李悝变法（前445—前396年）、楚国的吴起变法（前386—前381年）、与商鞅同时代的韩国申不害变法，这些对生产关系的变革皆凸显了改革特色。由此可见，以改革为背景的诸侯争霸时期，各国的行动具有相互作用力。在变法的催化下，秦国关于改革的想法和实践也越发迫切。

在秦孝公时期，商鞅于公元前359年和前350年主导了两次变法，秦国因此获益。① 这是秦孝公时期开启的一场全面的社会变革运动，包括政治、经济、文化、军事等。商鞅变法促使社会进行了较彻底的改革。其中，在经济上，井田制彻底崩溃，生产关系对生产力的阻碍减轻，经济发展迅速；削弱了旧贵族世袭制度，保障新兴地主阶级利益，在土地私有的基础上民众的生活也相对富足；在文化上，由于焚烧儒家典籍，重视李悝的《法经》，秦国重农抑商、依法治国的倾向越发强烈。在商鞅推行新法的20多年，秦国国力蒸蒸日上；与其他六国的没落相比，秦国称霸初步形成不可逆转之势。《陈涉世家》就很好地说明了这一情形，"秦孝公据崤函之固，拥雍州之地，君臣固守以窥周室，有席卷天下，包举宇内，囊括四海之意，并吞八荒之心。当是时也，商君佐之，内立法度，务耕织，修守战之具，外连衡而斗诸侯。于是秦人拱手而取西河之外。"

---

① 商鞅曾颁布奖励军功的政策，"劳大者其禄厚，功多者其爵尊"（《战国策·秦策三》），保障了军事上精良的战备、雄厚的国力。而其他六国在强秦的对比下，日益成为陪衬。同理，推动秦国实现思想融合的首要基石是秦国的雄厚国力，这为其大一统提供了实力保障。

伴随着经济实力的增强，秦国取得的成绩有目共睹。① 李斯曾上书明确提到，六国已下降到秦的郡县位置，而秦国早已具备相当的经济实力。实际上，这种积淀不仅得益于商鞅变法与孝公之治，其强盛还具有传承性。秦昭襄王（前306—前251年在位）在位56年，是秦国历代国君在位时间最长的。在亲政后昭（襄）王秉承孝公之志，远交近攻、极大地拓展了疆域，发动历史上著名的长平之战大胜赵军，攻陷东周洛邑，至此，结束了周朝统治。"孝公既没，惠文、武、昭襄蒙故业，因遗策，南取汉中，西举巴、蜀，东割膏腴之地，北收要害之郡。诸侯恐惧，会盟而谋弱秦。"（《陈涉世家》）很明显，昭王已经完全地移平了周朝仅剩的辉煌；同时，作为代际传承的一部分，昭王时代继承先王、开疆拓土，进而奠定了秦国大统一的基础。翦伯赞认为这一时期，"秦对六国的斗争已取得决定性胜利"。

距离《吕氏春秋》成书较近的秦庄襄王（嬴异人／子楚，前250—前247年在位）时期，开启于公元前250年，吕不韦因获宠信被封为相邦、文信侯，并因治国之术而在一定程度上掌握国家决策权。自公元前247年秦庄襄王去世至前238年秦王嬴政正式亲政以前，实质上是吕不韦（前292—前235年）把持朝政。可见，这十多年的国家治理实则依赖于吕不韦的战略眼光和政治才能。而吕不韦正是在这一时期召集门客编纂《吕氏春秋》，并于嬴政亲政的前一年（前239年）完成。吕不韦去世以后，自公元前230年，秦国以远交近攻、合纵连横的策略，先后攻下韩、赵、魏、楚、燕、齐，最终于公元前221年建立了我国历史上

---

① 秦国所采纳的法家思想，完全以君王一个人的意志为导向而实施严刑峻法，因而君王对百姓的控制力较高。这在战国动乱时期，利于国力增强，能迅速集中一国力量进入战争状态。"夫法者，上之所以一民使下也。"（《管子·心术上》）相比较而言，以儒家思想等为指导的一些国家，恪守"上下尊卑""君臣父子""权责相应""克己复礼"，因而在战时状态难以与以法家思想为指导的秦国相抗衡。

第一个中央集权的大一统国家。

到战国晚期，秦国已具备雄厚的经济实力，这与它一直以来的积淀密不可分。孝公时代（实行商鞅变法的时期，前362—前338年）、昭王时代（秦昭襄王，又称秦昭王）、秦王政时代（称帝前，自前238年亲政—前221年建立秦王朝的这段时间），对于秦国的积淀而言，可谓是并驾齐驱的重要时代。而其法治思想、强军思想也具有一贯性与传承性。

除了秦国强大的自身能力与雄厚的军事实力，民众对统一的诉求是秦国走向统一的催化剂。由于长达几百年的战乱纷争，饱受长期战乱摧残的人民迫切需要大一统，在变法的影响下，秦国以封建制取代奴隶制，郡县制替代分封制，废井田实行土地私有制，贵族垄断在一定程度上被弱化，原有世袭制度在新法的影响下部分瓦解，最终"封建集权制，包括军衔制度、封建官僚制度、官吏选拔制度等具有封建特征的制度终于全面建立起来了"①。这为秦国建立中央集权的统一政权提供了社会基础。在军事战争中，秦国的实力也不断显现出来，统一大势呼之欲出。与秦相比，其他国家在内战与外攻的夹击下，不断衰退与没落。这是秦王朝建立统一的帝制国家的客观条件。

政治上的统一成为社会发展的一种趋向，那么，思想上也必然伴随和合。针对统一问题，诸子百家各持己见，儒家崇仁、法家以法著称、道家尚无为，这些学说在当时各有阵地。战国末期的秦国尚法，以严苛之法迅速增强国力，但是缺失仁义道德的秦国在大一统上还有隐患。当秦国具备统一六国的强大经济基础时，吕不韦意识到思想理论的重要性，同时，他以前瞻的眼光、敏锐的政治嗅觉意识到思想上大一统的重要性，因而，他试图以教化融合诸子百家、实现百家争鸣的"思想集大成"，并幻想将其应用于秦国的政治。《吕氏春秋》正是在这种状况下，由吕不韦

①　李颖科、丁海燕：《吕不韦与〈吕氏春秋〉》，西安出版社2007年版，第3页。

主导，以（黄老）道家为指导，引进儒家思想，融汇九流十家，试图以教化实现秦国在思想上的统一诉求。在当时的社会背景下，《吕氏春秋》是对诸子百家争鸣的一次重要总结，也是先秦文化的最后一次结晶。①

只是，吕不韦与嬴政之间存在着扑朔迷离的"父子"关系②。从吕不韦的角度来讲，他所号召编纂的《吕氏春秋》因这一疑云格外具有深思远虑、长久统一、国家安定的意义。从嬴政的角度来讲，吕不韦执政时嬴政尚处幼年，因吕不韦与嬴政之母夏姬的关系、吕不韦与嬴政不同的政治理念、政权执掌等问题，嬴政对吕不韦内有怨言、二者矛盾早已激化。这导致了吕不韦的悲剧命运，也让《吕氏春秋》一经问世、名躁不久就一直处于边缘化状态。

二、社会矛盾运动引发其观念上的变革与融合

战国时期是社会制度改变和革新的关键时期。从生产力与生产关系、经济基础与上层建筑的关系来分析，"一定的文化（当作观念形态的文化）是一定社会的政治和经济的反映，又给予伟大影响和作用于一定社会的政治和经济；而经济是基础，政治则是经济的集中的表现"③。那个时期，激烈的斗争和利益纷争并存，社会环境充满了大变革的气息，主要表现在以下两方面：由于战国末期激烈的社会变革，封建制国

---

① 牟钟鉴：《〈吕氏春秋〉与〈淮南子〉思想研究》，齐鲁书社1987年版，第34页。

② 一说，秦王嬴政是吕不韦与夏姬所生，嬴政知道吕夏二人的关系后，借助嫪毐集团的三条罪状，成功将吕不韦排除出政治核心层。吕不韦以选送宦官的方式将嫪毐荐予夏姬；嫪毐与夏姬私通并产子；豢养兵丁试图谋反。一说，嬴政是秦庄襄王与夏姬所生，因吕不韦在嬴政亲政前十多年把持朝政，而二人的政治思想和治理理念差异很大，嬴政尽管称吕不韦为"仲父"，但在权力面前依然要排斥异己。至于真实情况如何，历史上一直对此没有定论。但吕不韦的骤然的转折与结局，显示出嬴政对其提防甚至排斥之心。

③ 《毛泽东选集》第二卷，人民出版社1991年版，第663页。

家纷纷出现，他们的生产力足够发达，故而要求革新生产关系。同时，对过往的追忆让人们对周制的怀念更加明显。加上诸侯国长达五百多年的战乱，此怀念孕育了新的憧憬——对大一统国家的需求。各国纷争早已让周天子名存实亡，打破春秋战国时期的诸侯国状态、取代周天子，可以在一定程度上打破政治上的垄断，但是，打破垄断并非目的，而建立新的以自己为中心的垄断才是各诸侯国的目标。秦国亦有此意，而这一时期所作的《吕氏春秋》，其变革特色亦有深刻政治意义。

《吕氏春秋》的变革意识离不开环境与时代所特有的革新基础。相较于前期的古籍文本，《吕氏春秋》的变革特色实则具有双重性。一方面，这种革新涉及政治制度和经济关系方面，包括摒弃贵族制度、改革生产关系、尊重新兴地主阶级的利益；另一方面，还涉及思想文化层面，当革新成为一种社会氛围，新兴地主阶级要求在政治上、思想上进行统一。在这种呼声下，在学术思想方面就出现了把各派思想融合为一的杂家，杂家的产生，总体上反映了战国末年文化融合的趋势。其中，黄老道家试图融合阴阳家、道家、儒家、墨家、名家、法家，就已彰显这种趋势。在《吕氏春秋》以前的文子以及《管子》《黄帝四经》就是例证。在传承黄老道家思想的基础上，《吕氏春秋》融合儒墨道法等九流十家，是杂家之集大成者。吕不韦召集门客编纂此书，目的是为秦国的大一统服务，其思想上的多元融合凸显了创新特色；综合性的思想又为大一统的政治实践服务。

"百花齐放""百家争鸣"的文化背景，决定了《吕氏春秋》所面临的思想融合、观念变革，也昭示了它的文化功能与政治意义。

其一，《吕氏春秋》文本中就有明显的交错的时间意识和空间意识，它在传承旧有时空观念的基础上，进一步拓展了时空阈限，在时空经纬中还原人事，知古鉴今。卡西尔曾言："空间与时间是一切实在与之相关联的构架。"《吕氏春秋》时空意识表现在其十二纪的目录架构和三皇五帝、春秋战国时期不同国家、不同地域的战争、故事、小说、名人逸事等方面。可以说，《吕氏春秋》以阴阳五行观念为指导，涉及了以秦国为代表的关中文化与三晋文化、中州文化、齐鲁文化、荆楚文化的交流与碰撞，这是历史视野在纵向和横向的双向拓展，在这一时间和空间范围内把握文本，彰显了深刻的历史意识。① 正是这一巨大的历史跨度与纵深度，决定了《吕氏春秋》思想的融合度。

其二，召集门客本身符合当时的思想潮流，而吕不韦正是依托门客实现思想成果的创造。② 当时，有名的"战国四公子"包括楚国的春申君黄歇、魏国的信陵君魏无忌、齐国的孟尝君田文、赵国的平原君赵胜。他们当时都收养几千门客，这在政治上能够实现对内巩固利益集团、对外出谋划策以取得战争胜利的目的。商人出身的吕不韦，因嬴异人而弃赵去秦，他在赵国期间与平原君赵胜有一些交集，他深知门客对国家的重要性。门客实际上意味着思想的汇总、融合与创新。吕不韦后期也收养门客3000人，与"战国四公子"收养门客、关注政治势态有关。秦国作为国力强盛的国家，在文化上，通过门客的智力劳动收集、整理并最终编纂涵盖天地万物、穿越古今内外的著作，这不仅可以为大一统服务，更囊括了统一以后的社会生活、社会治理。于是，编纂《吕氏春秋》本身的革新意义还在于，它突破了门客的基本功能，试图通过多元融合进而建构思想上的庞大体系。

其三，《吕氏春秋》是对历史上第一次思想解放运动的吸收和融汇。在动乱的社会大环境下，统治阶级面对连年的内部矛盾与对外战争，无

---

① 王启才对于《吕氏春秋》的历史地位做出了客观评价，他不认为吕书的重要性可以与秦国之于整个封建时期的地位相媲美。"《吕氏春秋》在思想文化史上，是否具有如同秦国一般的转折性地位，这值得商榷"。请参王启才：《〈吕氏春秋〉学术档案》，武汉大学出版社2015年版，第426页。

② 在《吕氏春秋》中有关于假他人之力而成功的专门篇章，这是吕不韦现实经验的总结与升华，值得我们重视。其中"集腋成裘"的成语也是来自于此。参见陆玖译注：《吕氏春秋》，中华书局2011年版，第121页。

力推行专制的文化政策，因而，不同阶级、不同利益集团获得了独立表达观点和思想的机会，各个学派都拥有充足的发展空间和生存机遇。当时，比较有名的学派有儒家、墨家、道家、法家、阴阳家、纵横家、农家、兵家、名家、杂家等，他们合力促成了中国古代历史上第一次思想解放运动。不同阶级、代表集团的思想互相融合与碰撞，激发了社会的思想火花，促进了社会的变革和文化的发展。《吕氏春秋》的成形正是在思想解放运动以后，融合十家思想流派，结合三皇五帝的历史遗风、七国争霸的现实案例，以"法天地、摄政教、中人事"的思想架构进行系统梳理，编纂了洋洋洒洒 20 万余字，因而成一家之言。

在这个历史脉络中，《吕氏春秋》的教化思想呼之欲出。《吕氏春秋》通过打碎各个学派旧有的内容和思想体系，试图以"损益"建构新体系。它在思想上的大一统目的是为政治大一统的集权制度服务，那么，为了更好地符合政治上大一统的趋势，以效法天地为思想指导的《吕氏春秋》，其思想理论内含教化的特性。其中，效法天地涉及"天道"的整体的、一统的"秩序"表达与建构，这实则蕴含教化思想。而建立符合天道的道德意识、实现天下秩序的教化，都是《吕氏春秋》的内在之意，同时也是那个时代关于融合与变革的精神彰显。

三、传统农耕社会生产方式决定以德为核心的教化内容

《吕氏春秋》的成书与流传皆来自于特定的历史背景。春秋战国时期，在社会生态方面，最主要的特点是诸侯割据、战乱不绝，而这种多元动荡的状态持续了 500 多年。自三皇五帝的功绩、春秋争霸的热烈至战国时期的动乱，形成了当时社会的基本底色；而长期处于这一状态的民众，会从内在萌生出统一诉求。毕竟，否定周制的政治权威、建构新的国家权威是社会上层的基本倾向；而自三皇五帝而来的农耕文化、农

耕思维、农耕社会的生产方式是民众的不变日常。

自神农立教、后稷教稼，农业就已成为华夏文明的基石。时至周公，农业呈兴盛之状，《尚书·周书·酒诰》中"矧惟若畴圻父，薄违农父"，其中农父就是西周时期专门掌管农事土地的官名。至春秋战国时期重农思想依然兴盛，如孟子"无违农时"，韩非"奖励耕战"。《吕氏春秋》专门拿出《尚农》《任地》《辨土》《审时》等篇讨论农事，也凸显了重农思想的延续性。其十二纪中，每一纪都涉及农耕问题，《孟春》言"善相丘陵阪险原隰，土地所宜，五谷所殖，以教道民，以躬亲之。田事既饬，先定准直，农乃不惑"，《仲夏》言"乃命百县雩祭祀百辟卿士有益于民者，以祈谷实。农乃登黍"，《季冬》言"命司农，计耦耕事，修耒耜，具田器"。纵观十二纪和专门论农之篇，《吕氏春秋》的农事思想不仅涉及土地耕种、土地制度，而且关乎天象农时、国家政治。

农耕生产是民众生存的主要方式，也是国家治理的基石。对农事的理解离不开务农之人，这一思维与意识，表面看与天象、农时相关，《当赏》篇① 明确提出，"民无道知天，民以四时寒暑日月星辰之行知天。四时寒暑日月星辰之行当，则诸生有血气之类皆为得其处而安其产"。尽管春秋战国时期经历了人文化育的历程，但自三皇五帝以来"天""帝"等自然力依然对民众具有惯性影响。加之这一时期战乱不断，地理环境、气温天象以及长久以来的民众生存习惯决定了农耕思维的延续性。这一思维，通常看来就是，在土地等可变量较能控制的情况下，农事更依赖天时、天象、温度、环境等因素。

基于民众对农耕生产、自然天象的认识，很容易产生一套理解思

---

① 本书采用陆玖译注的中华书局版本的《吕氏春秋》。因其有十二纪、八览、六论，共 160 篇文章，在引用具体某篇章时，不再具体列出《吕氏春秋》与该篇的名字，而只列篇章名。如：《吕氏春秋·当赏》直接引用为《当赏》。参见陆玖译注：《吕氏春秋》，中华书局 2011 年版，第 899 页。

路。"飘风不终朝，骤雨不终日"（《道德经》）、"凡农之道，厚时为宝"（《审时》），耕种养殖与天象、环境关联紧密，因而，对天象的观察和理解，逐渐成为保障农业生产生活的一部分，而天象在具体的生活实践中，往往以"时"被把握。在这一思路下，天时就成为人们做出行为选择的主要依据之一。《史记》有记载："夫春生夏长，秋收冬藏，此天道之大经也，弗顺则无以为天下纲纪。"可以看出，在天象变化、天时顺应与农业生产、民众生活的关系中，"时"①已经溢出农耕社会这一生产方式，转向生活、生存领域。

值得我们注意的是，对农事的理解，尽管以"时"为切入点可以进入一个关于知时、得时的行为状态。但是，根本上，农事、农时的重要意义还在于其政治性。农事不保的民众，他们的生活容易陷入困境、心思极不稳定，且整个国家政治统治的根基可被动摇。一个国家的政权合法性一般建立在基本的农业安定、物产丰富、民心凝聚的基础上。由于农事问题是威胁一个国家政权合法性的底线。保障基本的农业生产，关系民众安定、国家稳固。②作为底线思维，农业对于国家治理、政权政治而言具有基础性作用。

对时的把握，彰显出天道意识。由重农时发展出来"得时者"这一生存状态，相比较"先时""后时"，唯有"得时者"的行为效果最好。

---

① 关于时的论述，在古代文化中一直被传承，自《易经》"观乎天文，以察时变"、《黄帝内经》之"因任自然"到司马谈《论六家要旨》的"春令言生，冬令言死""春生而冬死，夏乐而秋刑（古者大刑用甲兵，故秋多言兵），其取义何也？曰此所谓春生夏长秋收冬藏也"，而后《春秋繁露》认为"其因四时之序而配以事，则古者天人之学也"。可以说，《吕氏春秋》在此脉络中，是内嵌其中的一个思想史节点，其时的传承主要表现为：重农时。参见《尚农》《任地》《辨土》《审时》等篇。陆玖译注：《吕氏春秋》，中华书局 2011 年版，第 960、967、974、981 页。

② 《吕氏春秋之农学》就专门探讨了农业与国家政治的关系，认为政权的更替、政体的转移皆受制于农业经济发展程度。参见孙谦六：《吕氏春秋之农学》，载《农村经济》第 2 卷，第 2 期。

而得时来自于"养之天"。"夫嫁……养之者天也。"(《审时》)"时"经常与"天"连用，不少文本也习惯性地以"天时"来表达人们对天象物候的观察和理解。这实际上凸显了天道之于人事生活的贯通，一旦时成为行为的依据，守时就内在地蕴含在生活中。通过观察天象物候的变化以得时，进而得时以成事。因而，在这一语境下，出现了守时而行、应时而动的思维方式。

总体上，为了增加生活的稳定性和安定感，人们会格外重视天时。而天时不仅与天相关联，也包括生活秩序的参与。这是天道的律动性。在具体生活中可通过观察天时以理解物候的变化，而后进一步行动。符合天道的律动性而行动，依此应时而动，那么人们往往能获得一定的"善"或"好"的效果。在《吕氏春秋》的文本中，因为效法天道，得以得天时，就可能会在生活中呈现好的结果。否则，悖逆天地之大道，就只能"福日衰，灾日降"(《序意》)。这对于个体修养功夫而言依然如此，在修身、齐家、治国、平天下的具体路径中，个人也可通过洞察天时而发掘自天道而来的律动，因而，效法天道、洞察天时，并以之作为个人和社会行为的基本准则，这自然而然地会产生一种天道与人道的一体性建构。从这个意义上，效法天道以设立人道就成为《吕氏春秋》教化思想的源头，由"道"而"德"的德性，是实现一体性构建的关键。

以"德"为核心的教化正是在天道思想之下发展而来，如同高诱所言，《吕氏春秋》"以道德为标的，无为为纲纪"，教化是德性之教，因着农耕社会的生产方式可建构起"德"的合理性和合法性。"道生德蓄"而来的"德"性意识，通过"得"而"德"。那么，通过效法天道实现教化，"以事适时""应时而作"，在理解时与事的关系、随时把握时机的过程中，可实现个人的德性觉醒，进而达成教化的基本效果。"是以老弱之力可尽起，其用日半，其功可使倍。"(《任地》)

由此可见，传统农耕社会的生产方式，决定了尊天道以把握天时是人的基本生存方式。通过效法天道、得天时，因而守时而行、应时而动，这会促进实现农事的稳定、社会的安乐。这种社会效果的达成实际上离不开《吕氏春秋》的教化思想，只有效法天道，教化中的"德"通过"天道"之"得"而实现，并且在持续不断的每个人的"得"中，以应时而动的方式外化为一种普遍的秩序，甚至每个人可通过把握天道的律动性，发掘个人内心之"得"，并持续不断地以得天时的方式进入这种秩序，这就是"德"和普遍的、建立于本性的"秩序"的来源。可见，《吕氏春秋》教化思想的核心在于"德"和"序"。

第二节　个人主观条件

除了吕不韦所处的时代环境以外，其行商经历、雄才伟略、果敢特色、革新意识、深谋远虑等性格特质以及他网罗门客的编纂行为，是《吕氏春秋》能够成书的直接原因。"人文社会科学研究都涉及到人，而人既是群体的又是个体的，既是历史的又是现实的，既是抽象的又是具体的，既是理性的又是情感的。"① 研究《吕氏春秋》教化思想离不开对吕不韦这个人的认识。写成于 20 世纪 30 年代的《中古思想史长编》（胡适）、《秦汉史》（钱穆）等以及相关的专门论著如《吕不韦》《吕不韦传》等，都特别强调吕不韦本人的东方文化背景。这个充满传奇色彩又敢冒天下之大不韪的商人，生于公元前 292 年，卒于公元前 235 年，他经商时富可敌国，后凭借嬴异人（秦庄襄王）这个"奇货"成功地弃赵适秦并走上仕途，后官居宰相，食邑万户，成一方翘楚。

---

① ［美］劳伦斯·马奇、［美］布伦达·麦克伊沃：《怎样做文献综述：六步走向成功》，陈静、肖思汉译，上海教育出版社 2011 年版，第 5 页。

一、人生阅历涵育其果敢特色

历史上，对吕不韦的评价可谓见仁见智。《史记·吕不韦列传》评价"孔子之所谓'闻'者，其吕子乎"，《论语》对"闻者"解释如下："夫闻者也，色取仁而行违，居之不疑，在邦必闻，在家必闻"（《论语·颜渊》）。"色仁行违"一词充分说明了"闻者"的表里不一。而我们从《史记》将吕不韦定性为"闻者"，可知太史公对吕不韦并不待见。不仅如此，汉代以来，关于吕氏诸如大奸商、政治投机分子、阴谋家等负面评价不绝如缕。后世，吕不韦的形象也很具争议性，其功过是非，颇具传奇色彩，世人多褒贬不一。直到近代，郭沫若在《十批判书》中肯定吕不韦是中国历史上的大政治家。由此，"画风"才明显好转。学术界对他在政治、思想、文化、军事、农业等的贡献持有肯定态度——认为他"开创了汇通百家的学风"①。后来学术界就以政治家、思想家定性吕不韦。②

吕不韦的"闻者"、奸商、投机分子等历史形象，其实与他一开始的商人身份密切相关。相传吕不韦之父吕耕向鬼谷子学习经商之道，后来经营珠宝生意。吕不韦自小成长于商业环境中，③至成年以后，遂辗转各国经商。据《史记·吕不韦列传》《战国策·秦策》等记载，吕不

---

① 邹贤俊：《吕不韦在秦统一事业中的贡献》，《华中师范学院学报》1982年第1期。
② 在《中国思想家评传丛书》中吕不韦以"思想家"的身份存在。
③ 对商人的偏见，孟子已明确提出，他认为"有贱丈夫焉……征商自此贱丈夫始"（《孟子·公孙丑下》），后来朱熹注曰"后世缘此遂征商人也"。后来齐国管仲变法，提出"四民分业，士农工商"，他认为"士农工商四民者，国之石（柱石）民也"（《管子·小匡》）。这一政策是对不同社会阶层以职业来划分和管理，他那时并未区分职业的先后本末，并主要采取重商政策以兴齐。此时，对商业、商人的敌视则有所缓和。至战国，农业、手工业有所发展，私营商业兴盛，商人也更活跃。当时的社会环境，已慢慢脱离孟子重农抑商的思想限制，所以会有很多由政入商的卿相。像吕不韦这样以经商之道进行政治投机的人，能够获得这一社会环境的容忍。只是自商鞅变法就提出"重农抑商"的秦国，吕不韦的社会形象还是会受影响。

韦在韩国时"家累千金"、富甲一方；至赵国行商，曾富可敌国。易货牟利乃商人本色，吕不韦因经商、获利、家产万贯而闻名。的确，他是个十足的商贾，重获利与投资，颇有功利主义者的作风与思维头脑。而吕不韦由商入政的转折点，就在"人弃我取""奇货可居"这两个成语上。

吕不韦的果敢胆识在入赵为质的秦国公子嬴异人身上展现地淋漓尽致。公元前 265 年吕不韦入赵，当他了解嬴异人艰难处境、秦赵时局后，吕氏与其父有如下对话，① 吕问："耕田之利几倍？"父曰："十倍。"问："珠玉之赢几倍？"答曰："百倍。""立国家之主赢几倍？""无数。"（《史记·吕不韦列传》）一问一答，惟妙惟肖。吕不韦本着"人弃我取"的经商之道，确定嬴异人为"奇货"后，他被投资胆识与牟利本色驱动着一步步走向秦国的政治中心。吕不韦做出了帮助嬴异人回秦、送赵姬给嬴异人、助他取得安国君（秦昭王之子、嬴异人之父，登基后仅在位 3 天就去世）信任等一系列操作，最终称心如意地让嬴异人继位，而他自己成为秦国宰相。可以说，经商之道训练了吕不韦精准的判断力、观察力、预测力以及果敢、革新的气魄，奠定了他一生的行为作风。② 纵观吕不韦一生，风险与投资、获利与成本都是他作决定的考虑因素。

不仅如此，经商也培养了吕不韦的"用众"手腕与政治抱负。表现之一是，善于凭借外人以实现最大价值。"物固莫不有长，莫不有短。人亦然。故善学者，假人之长以补其短。"（《用众》）在社会生活中，吕不韦考虑到秦实现大一统的需要，注重思想上的汇总和一统，因而广罗门客，集众之力，借助他人的思想智慧和文化视野凝练而成

① 《战国策·秦策五》对此事亦有记载。
② 与农耕文化对农民性格特征的养成不同，因农耕需要，农民往往在个性上多保守、勤恳、厚重、少欲、安土重迁等，相反地，以吕不韦为代表的商人则舍本逐末，"舍本而事末则好智，好智则多诈，多诈则巧法令，以是为非，以非为是。"（《上农》）对吕不韦这样的商人，当时的主流评价较负面，我们也就可以理解。参见陆玖译注：《吕氏春秋》，中华书局 2011 年版，第 960 页。

《吕氏春秋》。另外，吕不韦进入政治核心圈以后，看到了思想的光辉与其历久弥新的效果，因此仿照"战国四公子"广罗门客，著书立说，试图青史留名。当时"魏有信陵君，楚有春申君，赵有平原君，齐有孟尝君，皆下士喜宾客以相倾。吕不韦以秦之强，羞不如，亦招致士，厚遇之，至食客三千人。是时诸侯多辩士，如荀卿之徒，著书布天下"（《史记·吕不韦列传》）。不仅如此，以《吕氏春秋》为秦国的大一统提供一套涵盖天地古今之事的政治参考书，也是吕不韦在思想上"用众"的结果。

表现之二，《吕氏春秋》中的"善假人者"也是吕不韦个人经历的写照。"善假人者遂有天下""天下无粹白之狐，而有粹白之裘，取之众白也。"（《用众》）他在经商活动中，通过"善假人"而获利，在认识赢异人后通过"善假人"而步步高升、身居国相之位。① 在具体的政治操作中，吕不韦在赢异人即位（前250）后直到秦王赢政亲政（前238）以前，担任国相，并一手遮天，自公元前249年为相到公元前235年饮鸩而亡，为相十余年间，他大权在手、魄力毕现，一展政治宏图，这为秦一统天下奠定了雄厚的经济和政治基础。

吕不韦将自己从商人成功谋划为国相，展现了他"用众"的政治手腕，同时，他行商经历所涵育出来的果敢的判断力与雷厉风行的做派亦是他的一大特质。而他融合九流十家所作《吕氏春秋》，实则具有深远的政治抱负。《吕氏春秋》的教化思想多涉及用众之力、重民、仁爱等，对自然秩序和政治秩序都有深刻的思考。

_____

① 当吕不韦在赵国发现赢异人（赢政的父亲秦庄襄王）时，异人由于在秦国不受宠并被发配到赵国做人质。秦赵在长平之战以后，由于秦国白起坑杀40万赵军，赢异人差点被赵国处死。但是，吕不韦却通过结识异人、赢其信任、助其回国、辅佐其即位等一系列谋划，他最终在异人即位后，实质性地掌握了秦国的政权。正因为吕不韦的商人本性，他通过结识赢异人，改变了自身的社会地位。成语"奇货可居"正是由此而来。

二、见字如面之文本褒贬二重性

对《吕氏春秋》的评价，随着吕不韦在历史上的沉浮而不断变化。文本与思想之间的关系，一直以来备受关注。[①] 在学界，《吕氏春秋》与吕不韦之间的关系直接影响相关思想的传承。二者在很长一段时间都被捆绑在一起，荣损相随。

通过吕不韦的生平可知，在其担任秦相期间虽然政权在握，实则缺少过硬的政治功绩，历史上闻名的长平之战（秦赵之间）早于吕不韦入秦以前；"焚书坑儒"的铁血手段后于吕不韦。当《吕氏春秋》完成后不久吕不韦就被罢相，可以说，这一文本的政治生命很短。《报任安书》记载"不韦迁蜀，世传《吕览》"，是指在吕不韦被罢免至蜀地以后，《吕氏春秋》才流传开来。自公元前239年完成，《吕氏春秋》的流传尽管有"一字千金"的佳话，实则伴随着吕不韦的边缘化而不断被边缘。毕竟，吕不韦与秦王政见不合，嬴政对吕不韦心存嫉妒、疑虑和忌惮，所以《吕氏春秋》的政治冰霜期在所难免。吕思勉对吕不韦与秦王政之间的关系曾做过合理假设："使秦终相不韦，或能行德布化，以永其年，不至二世而亡，使天下苍生，不蒙其荼毒，未可知也。"（《经子解题》）郭沫若亦认同于此。那么，《吕氏春秋》教化思想在当时的现实生活中的意义和价值到底如何？其蕴含的思想光芒又如何？尽管《吕氏春秋》终未能服务于大一统的秦王朝，直到秦二世覆亡以后，《吕氏春秋》的教化价值才有了彰显空间，其影响甚至延伸到了汉武帝时期。

在历史上，对吕不韦的评价褒贬不一，一直到唐朝，负面评价居多。基于此，《吕氏春秋》也曾一度消沉、难登大雅之堂。

在此基础上，学界对吕不韦的政绩有不同认识。吕不韦共辅佐秦国

---

① 参见谢文郁：《如何处理思想和文本的关系？》，《中国社会科学报》2005年1月26日。

三朝帝王，在秦庄襄王和秦始皇年幼时，吕相独揽朝权十余载，权倾天下。不仅如此，他在秦王政登基后，依然手腕强悍、善于笼络人心，《史记·吕不韦列传》记载吕不韦被罢相后，"诸侯宾客使者相望于道，请文信侯"。通过吕不韦饮鸩自尽，其舍人窃葬，可见吕不韦对人心笼络之甚，他情商高名望大，有较强的领导天赋和沟通交流能力。这是他的社会活动与政治声名所带来的附加效果。

至于吕不韦本人的政治功绩，一直以来流行两种观点：一是，吕不韦的政治作为为秦国的强盛和一统天下奠定了基础。郭沫若支持这一看法，他提出吕不韦的政见"对于秦国的政治是一种改革"，当然他亦承认由于"秦国内部也有莫大的阻力存在"，吕不韦"在政治上的施设没有留下什么"。[1] 二是，吕不韦奉行黄老之道，将有所为而有所不为作为其政治理念的核心。庞慧支持此观点，她认为，"如果根据《吕氏春秋》，推测吕不韦或有改革秦政治传统之心，也许不误，但一定要说吕不韦必有改革秦政治传统之事，则嫌于穿凿"[2]。可以说，吕不韦虽然思想灵活、果敢有魄力，但同时在当时的社会政治环境下，也有政客的诡谲多变、狡猾圆融，他有所为有所不为的思想个性亦受限于当时的政治经济基础、逃离不开那个时代。洪家义曾评价"吕不韦的悲剧是秦王朝的悲剧"。

不可否认的是，吕不韦心系政治，并通过《吕氏春秋》为秦王政出谋献策，这是吕不韦主持编纂此书的意图。而关于《吕氏春秋》的定性，学界一直观点驳杂。较突出的是政治类著作、集百家之言并偏重某家（主要是儒道）的学说或是融汇百家并自成体系的集大成之作等。[3] 我

---

① 郭沫若：《十批判书》，东方出版社1954年版，第341页。

② 庞慧：《吕不韦和〈吕氏春秋〉》，《河北大学学报》2007年第1期。

③ 值得一提的是，胡适在《中国中古思想史长编》中提出，杂家是道家的前身，道家是杂家的新名。参见胡适：《中国中古思想史长编》，上海古籍出版社2014年版，第26—27页。

们知道，在战国末年至汉初的时代背景下，杂家兼采诸子之学，因其融合杂陈成为独树一帜的综合学派，后来赵蕤曾著《反经》综述杂家。《吕氏春秋》之"杂"符合当代的社会发展趋势、时代迭变特色，《吕氏春秋》对自身之"杂"的认识很清晰，同时又试图建构一个"上揆之天，下验之地，中审之人"宏大体系。以至于后人评价其"兼儒墨，合名法""于百家之道无不贯通"。实际上，《吕氏春秋》的教化思想是在百家之杂中不断彰显汇通，这种自成体系又集大成的文本是其独特性之所在。

尽管对吕不韦的评价褒贬不一。然而，一些《吕世春秋》的评价者也有完全客观的立场。太史公以行动区分吕不韦与《吕氏春秋》的思想。即便他称吕不韦为"闻者"，《史记》还是称赞《吕氏春秋》"备天地万物古今之事"；汉代的高诱为《吕氏春秋》作注，而后，该书在朝代的更替中越发星光熠熠，他评《吕氏春秋》"大出诸子之右"。《汉书·艺文志·诸子略》将《吕氏春秋》列为当时的九流之一，称之为杂家，所谓杂家是诸子中鲜明存在的一派。可见，吕不韦的个人形象对《吕氏春秋》的影响很大，幸好，《吕氏春秋》的历史价值还能够彰显于思想史之中，并对汉代黄老之道的梳理传承、贯彻实施发挥了至关重要的作用。

认真区分吕不韦和《吕氏春秋》是宋代以后的事情。在宋以前，还没有明确的学术思想成果之分，也未明确界定二者区别。自宋以后，对吕不韦与《吕氏春秋》的版权之争有两类认识：一是，吕不韦与《吕氏春秋》是明确的编纂与被编纂关系，毫无疑问，吕不韦是主编，书出自吕氏之手。此观点在宋元明清时甚是流行。二是，《吕氏春秋》是吕不韦招集众多门客编纂而成，一说吕不韦作为主编在编纂过程中没有任何贡献；一说吕不韦不仅对书本进行统稿，提供基本思想的指导，还对书的观点有倾向性影响。后一种观点自20世纪以来较为流行，并逐渐成为学术界的主流。在这个意义上，梳理吕不韦个人的经历和思想，与我们研究《吕氏春秋》教化思想的关系极为密切。

三、深谋远虑酝酿其秩序意识

《吕氏春秋》是为秦王嬴政实现一统霸业而提供的一套涵盖天地古今之事的政治参考书。这与吕不韦强烈的想为新天子创立法制的意图不可分割，以法天地为指导，最终回归现实政治、服务于秦国的统一大业。① 所以，在《吕氏春秋》中既有对效法天道和自然秩序的独特理解，又包括其对现实秩序的思考。这实则凸显了吕不韦的深谋远虑。

我们知道，《吕氏春秋》② 成书于公元前239年，而嬴政于公元前238年亲政，由于嬴政加冕不久就致力于铲除吕不韦集团与嫪毐集团，吕不韦最终在公元前235年饮鸩而亡。嬴政通过打击嫪毐因而一举削弱嫪、吕两个集团。嬴政对吕不韦下达的最后一个诏令是"君何功于秦？秦封君河南，食十万户。君何亲于秦？号称仲父。其与家属徙处蜀"（《史记·吕不韦列传》）。此诏牵扯出了吕不韦与嬴政之间复杂的君臣关系，加之与嬴政之母赵姬的亲密关系和嬴政的生父之谜。如此种种，让嬴政将吕不韦之功一笔勾销，这令人心痛。最终，这位纵横驰骋、位及国相的吕不韦竟以毒酒终了。由此可见，吕不韦的政治手腕、革新精神固然强悍，但由于涉及了政治问题，最终沦为炮灰。

从吕不韦的个人经历来看，他在政治生活方面虽有革新精神，但其深谋远虑之思可能因为涉及了与嬴政的情感，依然未能让他脱离惨死的结

---

① 郭沫若在《吕不韦与秦王政的批判》中提出《吕氏春秋》是吕不韦表达自己的思想和政见，与秦传统尤其是秦始皇唱对台戏之作。参见郭沫若：《十批判书》，东方出版社1954年版。

② 《吕氏春秋》成书以后还有一则流传久远的营销佳话——也是成语"一字千金"的来历。吕不韦令人悬挂《吕氏春秋》的书简原稿于城门，布告天下：若有人可改动一字者必以千金相送。在情景营销的助推下，《吕氏春秋》的思想得以迅速传播。这实则凸显了吕不韦的周全思虑。

局。从《吕氏春秋》之中，笔者试图还原吕不韦的生活背景以更好理解文本。在社会治理方面，秦国重视法家思想，当时社会残留了不少法家思想的文化传统，其中商鞅变法之严苛令人动容。而吕不韦倡导"兼儒墨、合名法"治国，他试图在原有"法家"思想的基础上，引入儒家的"仁义"教化。"历史哲学，特别是黑格尔所代表的历史哲学，认为历史人物的表面动机和真实动机都决不是历史事变的最终原因，认为这些动机后面又有应当加以探究的别的动力；但是它不在历史本身中寻找这种动力，反而从外面，从哲学的意识形态把这种动力输入历史。"① 在《吕氏春秋》中，基于先秦依法治国，进而开辟教化治国，在社会治理中实现法治、教化之双轨并行，这是《吕氏春秋》在既定社会秩序中，回归天道精神，并进一步思考、丰富教化与治理的关系的主要表现。

正是在这样的时代背景下，吕不韦试图在《吕氏春秋》中以其开创精神、革新精神和进取精神承担时代使命，开启一种全新的、融合百家的"秩序"。

其一，《吕氏春秋》效法天地的思想，在其文本中有完整体现。作为点睛之篇的《序意》明言，"凡十二纪者，所以纪治乱存亡也，所以知寿夭吉凶也。上揆之天，下验之地，中审之人，若此则是非、可不可无所遁矣。""十二纪"以春夏秋冬作为引子，每一季节由三部分组成，共12部分，效仿一年的12个月。同时每一部分又以数字5为篇幅数，效仿金木水火土五行。而八览、六论各以相应的数字8和6作为篇幅数。除"审分览"散失一篇，另加统揽总书的《序意》篇，共计160篇。十二纪、八览、六论的编写体例明显参照阴阳五行、天地四时，体现了效法天地的思想。实际上，《吕氏春秋》统摄天、地、人，其主题明确，内容散而不乱，不断践行法天地思想。它试图归纳出治乱存亡的

---

① 《马克思恩格斯文集》第9卷，人民出版社2009年版，第303页。

历史经验，形成寿夭吉凶原因的深层认识，解释并验证天地人之间的一切现象，以便呈现是与非、对与错、可与不可等道理。① 不少人直接认定《吕氏春秋》为杂书，殊不知其内在具有逻辑性、规律性和秩序性。②

其二，在具体内容上，《吕氏春秋》试图建构的秩序，这首先通过"天道"体现出来，天道在《本身》《重己》《重生》《情欲》《尽数》《先己》《审为》诸篇以贵生而彰显；因贵生而贵己（个体）的思想在《贵生》《先己》《论人》《谕威》《决胜》《审己》《本味》《必己》《察今》《执一》诸篇；因贵生而行的思想则集中于《精通》《应同》《精谕》《具备》《贵信》《壹行》诸篇。不同的研究者对《吕氏春秋》的评价参差不齐，但不可否认的是，《吕氏春秋》的天道思想及其"生"之起点能够实现一种贯通，在这个视角下古今、天人能够得到沟通。东汉高诱认为此书"大出诸子之右"，司马迁言其"通古今之变，成一家之言"；近代的刘咸炘说，《吕氏春秋》"以生为本，己身为主，诚感为用"；香港教授何志华也同样认为，《吕氏春秋》主旨是"贵生""养生"，这些基本想法无不显露一种"生命价值"，正是在"生"的意义上，《吕氏春秋》试图建构的道德才有具

---

① 在今人看来，这种思维方式或许是有问题的，但所以有问题，乃是因为我们的思维方式是由近代自然科学建构起来的。在自然尚未取得现代对象化的意义之前，自然是在生活意义中呈现的。自然的变化既赋予生活以意义，生活也同样为自然的变化赋予意义，因此，自然的变化能够支配人的所思所想。理解到这一点，能让我们更深刻地理解"天—地—人"三才之于古人的整体意义。正是因此，余敦康先生把中国文化视为"天—人"的解释体系。参余敦康：《中国哲学的起源与目标》，首都师范大学出版社 2016 年版，第 173—267 页。

② 《四库提要》最早发掘到吕书内部的秩序，"夏令多言乐，秋令多言兵，似乎有义，其余绝不可晓"（纪昀《四库全书总目提要》）。许维遹在对《吕氏春秋》做集释时说："夫《吕览》之为书，网罗精博，体制谨严，析成败升降之数，备天地名物之文，总晚周诸子之精英，荟先秦百家之眇义，虽未必一字千金，要亦九流之喉襟，杂家之管键也"（《吕氏春秋集释·自序》）。可见，在文本的编排上，《吕氏春秋》主要通过效法天道而实现一种"秩序"。

有生命力的保障，而教化也就不会仅仅沦为对生命本性、道德本性的戕害，那么由此实现的秩序、治理才有源源不竭的动力。

实际上，吕不韦在入秦以前，辗转于魏国、赵国行商，而韩、赵都是新兴国家，它们不像燕国一样受到传统王权政治的惯性约束，反而具有明显的创新活力。三家分晋以后，韩国跻身诸侯行列。赵国则是秦国实现大一统最大的障碍，是战国末期唯一能够与秦国在军事实力上相抗衡的国家。这两个国家都有明显的封建化进程，初步确立君主集权制。在韩、赵、秦等国的经历对吕不韦主持编纂的《吕氏春秋》也会有所影响。①《吕氏春秋》在天道之下，以道德之"生"呈现一种"秩序"意识，其教化的根本就在于回归生命本性、道德本性。因贵生而养生，养生以治身，治身以齐家，齐家以治国。这样一来，《吕氏春秋》的教化思想首先是在尊重生命基础上，形成的贵生、养生、治身、齐家、治国的教化体系，以"道德"本性实现个体、家庭、国家以及天下的协同治理。在传统的家国同构的逻辑理路中，"生"之全实际上内在蕴含了德性之全，因而《吕氏春秋》提出自教和他教的治身方式，"欲胜人者，必先自胜；欲论人者，必先自论；欲知人者，必先自知"（《先己》），"利不可两，忠不可兼。不去小利，则大利不得；不去小忠，则大忠不至"（《权勋》）。

由此可见，《吕氏春秋》的教化思想，以及建构的社会秩序、践行的社会治理，发源于天道，植根于生之德性，教化于"身—家—国—天下"，情系于国家治理，这实则凸显了广博雄厚的格局、深刻的人文关怀和远大的政治抱负。

---

① 从秦魏角度来分析秦国大一统实现的原因，加入地缘政治、魏国具体的军事战争、魏国赵国韩国（三家分晋以后）的关系，形象又具体地还原了秦国大一统前夕的政治军事格局。请参赵鼎新：《东周战争与儒法国家的诞生》，北京联合出版公司2020年版。

第三节　理论思想条件

作为封建大一统的第一个王权专制政权，秦王朝在实现统一以前的政治、经济、文化状况都值得我们认真研究；而思想文化作为当时政治经济的最基本反映，理应备受重视。《吕氏春秋》作为这一时期的典型作品，不仅表现了秦国的思想文化状况，更是对春秋战国时期多元文化的汇总与融合，其内涵丰富多元，其意义格外深邃。

通过对文献的历史性梳理可发现，《吕氏春秋》的主要指导思想是道家，确切地说，是黄老道家。《吕氏春秋》在指导思想的传承上，具有很明显的黄老道家特色。①《吕氏春秋》效仿天道，又扬弃道家消极避世的不争思想；以顺应自然、因循天道为指导，兼容儒、墨、法、名、阴阳等各家思想作为主要内容，开创了天、地、人三位一体的精密杂家体系。尽管黄老道家（先秦的文子以及《管子》《黄帝四经》）也试图糅合不同的几派，但未像《吕氏春秋》这般兼容九流十家。作为集大成者，《吕氏春秋》需要更为兼容的思想理论，才能涵纳如此多元的思想派别，这主要表现在：效法天道是自老子以来的道家一脉相承的思想宗旨，《吕氏春秋》在继承的基础上予以创新；生生为本，是由道而德的创生性；执摄政教则试图以"天道立人道"，通过天道而厘清教化，进而从人道中树立明确的道德意识，这让探讨秩序问题成为可能。

---

① 一直以来，学界对《吕氏春秋》以哪一派思想为根本指导的争论，层出不穷。因其效法天道，在总体指导上经常闪现道家的光芒又得历代思想家的崇道评论，因而不少学者言其以道家思想为指导。但是，由于秦汉黄老道家是对道家的传承与创新，且已融合多派思想，践行政治社会治理之目标，因而，也有一些学者提出《吕氏春秋》以黄老道家的思想为主线。

一、效法天道：顺应天之道

老子在《道德经》中提出"人法地，地法天，天法道，道法自然"，开启了"法""道"的先河。后代注家对"法"有不同理解，老子的弟子文子提出"古之得道者，静而法天地，动而顺日月，喜怒合四时"。（《文子》）以文子为师的范蠡直接践行法、道。① 曹魏王弼以"法"为"法则"，而多数注家解为"效法"，明代徐学谟则认为"效法"不妥，"天地无心，难称效法二字，况于道之恍惚窈冥者乎？愚意此不过次第其文，总形容一大字耳。法，则也，即'惟尧则之'之义。"（《老子解》）南宋董思靖认为"法"是相因之义，"推其相因之意，则是三者皆本于自然之道。"（《道德真经集解》）明代洪应绍认为"予谓法非效法之法，乃如心法、治法之法耳"，他将"法"作名词解。实际上，对"法"的认识和理解，往往离不开"道"。

在老子之后，庄子有《天道》篇，"天道运而无所积，故万物成；帝道运而无所积，故天下归；圣道而无所积，故海内服。"由此可见，天道、帝道、圣道以及霸道、王道等皆可自成体系，通过天、帝、圣可呈现"道"之自然属性。在注解"道法自然"时，王弼认为"道不违自然，乃得其性"，这与河上公"道性自然"一致。因此，王弼所说的"法自然"，就有两重含义，既指遵循道之自然本性；又指遵循万物之自然本性，即道无为于万物。徐学谟在《老子解》中提出"道在自然中，故其大法自然。道即自然也，故言四大，而不言五大"。在这一思想脉络中，道的自然本性就与万物的自然本性关联起来了，即道随顺万物之自然就是让万物各得其所安。可见，"道"的本性是自然。而"效法天道"与"效法天地"在这个意义上，

---

① 应用于社会治理、政治生活和人事礼仪，其中，有名的事例是：范蠡辅助越王勾践以三千甲兵吞吴复仇，功成名就后，范蠡急流勇退、丢官弃爵、财富三聚三散又能富甲一方，这是效法天地、遵从自然律动行人事的道家典型。

就有相似之处。其中，庄子在《天道》中，就是将二者混同使用。只不过，天道更具有哲学之本源义，而天地更凸显天地人三者和合咸当。

《吕氏春秋》成书以前的黄老道家思想，在当时社会生活中具有较大影响，名噪一时的稷下学宫是其主阵地；1973 年出土的《黄帝四经》，融合阴阳家、道家，具有明显的效法天地、自然主义的倾向，又注重社会功用、关注南面之术，是典型的黄老道家之作。"故唯执（道）者能上明于天之反，而中达君臣之半，当密察于万物之所终始，而弗为主。故能至素至精，（浩）弥无刑（形），然后可以为天下正。"（《皇帝四经》）它将道与法度很自然地结合起来，相比道的超越意义而言，更着重社会秩序的建构，"道生法。法者，引得失以绳，而明曲直者（也）。"（《黄帝四经·经法·道法》）《黄帝四经》很自然地引进了法家思想，将"顺势而为"践行在社会功用层面，对政治治理和社会秩序有进一步的促进；在思想史的角度，由道而法、由治身到治国，这在当时大融合的背景下涉及自然秩序到社会秩序的思考和探索。而《吕氏春秋》因袭黄老道家，并未仅仅停留于南面之术的研究，而是追溯道的超越意义，吸收战国末年其他学派的思想，融合编纂阐释而成杂家。其中，道的超越意义是《吕氏春秋》对《黄帝四经》的进一步继承与糅合，这种超越源头的追寻在思想史意义上具有不可替代性。①

《吕氏春秋·情欲》篇直接提出"古之治身与天下者，必法天地"，同时又称"已备天地万物古今之事"。其法天地思想是天道立人道、人道秩序的来源，具有源头意义。

---

① 一直以来，学术界对《吕氏春秋》思想派别的研究是一大重点。其中，道家主导说、儒家主导说、法家主导说的呼声都很高，而孙以楷、胡孚琛所认为《吕氏春秋》以黄老道家为主，也有一定的意义。毕竟黄老道家本身就融合了道、法家等思想，注重政治治理、南面之术，这在《吕氏春秋》中也是以"刑名之术""审名责实"表现出来。但是，相比《黄帝四经》对社会功用的重视，《吕氏春秋》在"天道立人道"上更加广博深邃。

这一方面与当时的自然地理环境和历史人文背景相关。在古代农耕社会生活中，"务耕织者，以为本教也。"（《应同》）农耕、种植作为古人基本的生活方式，他们必然需要更多地关注天地四时的运化。吕思勉在先秦的相关研究中，对此尤重视："万物生于宇宙之中，我亦万物之一；明乎宇宙及万物，则我之所以为我者，自无不明；而我之所以处我者，亦自无不当矣。"① 陈来先生在天象与人的生存问题上，认为"天象是人类生存依赖的对象，也是人类心灵敬畏的对象"②。但从基本生存意义上来看，重农耕、保收成需要关注春生夏长秋收冬藏等自然节律。如果参照天地节律进行农业生产，那么产出可观；反之，违背农时，将会生灵涂炭。

逐渐地，在天地节律中，法天地思想实现了从农耕生产到社会生活的过渡，甚至是全覆盖。如前所述，正是通过长时间的观察、积累、验证和分析，人民逐渐相信：基于天地的节律而行，生存和生活所获得的效果更佳。如：顺时而行，则四时不乱、灾害不生、百谷生发、万物可期；逆时而动，则青黄不接、风雨不时、兵戎四起、天殃人祸。在此强大的农耕思维、天地节律背后，很容易形成一种精密细微的人事安排。③ 在这个意义上，法天地是以天地律动为参照系对万物进行网络化的覆盖，这种全息视角关联万物的方式让《吕氏春秋》在效法天地的框架中，纳入世间的是非分野、庞杂微小。④

其中很重要的一方面，就是现实制度。《序意》篇记载，"良人请问

① 吕思勉：《先秦学术概论》，译林出版社 2016 年版，第 5 页。
② 陈来：《古代思想文化的世界：春秋时代的宗教、伦理与社会思想》，生活·读书·新知三联书店 2009 年版，第 70 页。
③ 请参安继民：《中华文明起源的地缘反思》，《焦作师范高等专科学校学报》2009 年第 1 期。
④ 胡适赞同《吕氏春秋》主旨在于"法天地"，"上揆度之天，下考验与地，中审察于人"，因此他总结为"天曰顺，顺维生；地曰宁，宁为固；人曰信，信维听"。参见胡适：《中国中古思想史二种》，北京师范大学出版社 2014 年版，第 33 页。

十二纪。文信侯曰：尝得学黄帝之所以诲颛顼矣，'爰有大圜在上，大矩在下，汝能法之，为民父母。'盖闻古之清世，是法天地。"吕不韦把黄帝作为学习榜样，通过黄帝教诲颛顼的事例，引申出效法天地的合法性。在《圜道》篇又说"天道圜，地道方。圣王法之，所以立上下"。在这里，通过效法天道进而立人道的思想，几乎呼之欲出。一方面，效法天地实则是《吕氏春秋》教化所需要的理论支撑和超越性源头。通过效法天地变化、日月盈昃的节律，推论出万物运行的至简原则，进而整理出一套基本的国家制度与社会运行的法则。实际上，不少学者都很清晰这一点，"将道家思想作为治道的根本。吕不韦的真实意图只是为治道设计一个哲学上的理论支撑"①。另一方面，社会生活中的制度建构、礼法准则总离不开理论的溯源，从自然节律、天地法则中寻找生活标准的建构自古就有文本依据和先贤案例，在《吕氏春秋》中也有大量相关记载。那么，效法天地在此意义上，会化身为旧朝礼法的代言者，加之，它自身在一时一地会成为宗法礼制的正当性来源，其在实行中就很容易化约为践行旧朝礼法、先贤规范、传统思想。② 因而，效法天道也必然会面临自然秩序与现实秩序之间的张力。

无论如何，我们可以肯定的是，由老子、庄子、文子、黄老道家到《吕氏春秋》《淮南子》，其中的效法天道思想一脉相承。如王弼所注《道德经》中，"人不违地，乃得全安，法地也。地不违天，乃得全载，法天也。天不违道，乃的全覆，法道也。道不违自然，乃得其性，法自然也。""天、地、人、道"四大各得其所，由天道立人道的秩序具有合理性，《吕氏春秋》正是在贯穿这一思想脉络。当然，在传承、延续这一思想脉络的同时，《吕氏春秋》糅合历史人文故事，探讨"法先王""法后王"，融汇多元思想理论，

---

① 许富宏：《吕氏春秋：四季的演讲》，上海古籍出版社 2009 年版，第 6 页。
② 法家把老子的"静因之术"改良为君主治臣的权术。可以说，道家是站在士的角度看思考问题，法家是站在君的角度进行思考，所以二者得到了不同的结论。

回归天道之生生不息，对天道—人道秩序又有深刻的思考。

二、执摄政教：天道立人道

《吕氏春秋》对四季中每个季节设三篇纪，每纪含五部分内容，根据四季的属性和五行的展示而彰显对天道的效仿。在这个意义上，通过十二纪可"纪治乱存亡也，知寿妖吉凶也"。（《序意》）"一阴一阳之为道，继之者善也，成之者性也"（《易经·系辞上》），通过效仿天道，一方面在人道层面可继承天道之大德；另一方面，若能通过人道进一步落实和诠释天道，以人诠释道，道在万物（人）中，"人能弘道，非道弘人"（《论语·卫灵公》），天道还会进一步在人道中呈现并践行其生命精神。我们在谈论效法天地时，内在地包括了天地人三才的互动，《吕氏春秋》自述为"上揆之天、下验之地、中审之人"，天地人三者在《吕氏春秋》中是结构性的存在。因而我们在谈及效法天地时，就将天道以同构的方式贯彻到人道，人道又以自身的存在状态彰显天道。

通过效法天道，人道可实现无为而治的效果，"天曰顺，顺维生；地曰固，固维宁；人曰信，信维听。三者咸当，无为而行"（《序意》）。天道的具体辐射之网贯穿了阴阳五行思想。李家骧认为，阴阳家思想在《吕氏春秋》中有全面铺设之势——通过阴阳五行的范畴铺展到万事万物，构建了一个恢宏博大且具有系统性的结构。① 这主要表现在以下三方面：政治统治、社会治理、祭祀娱乐。从天道立人道的角度看，此三者与天道具有一体同构性。

政治统治、社会治理、祭祀娱乐与天道自然的一体性建构最早出现在儒家经典《礼记·月令》，据记载，人们根据一年十二个月的具体分

---

① 李家骧：《中外"〈吕氏春秋〉学"评考综要（上）》，《湘潭大学学报》1998 年第 6 期。

布而进行农事、政治、经济等活动，《吕氏春秋》沿袭这一思路，其篇章布局直接体现了春夏秋冬四季的气候变化和天文现象，其条理明确、细致入微，而其后的人事布局皆根据气候、物象而安排。董仲舒的"春者天之所以生也，仁者君之所以爱也；夏者天之所以长也，德者君之所以养也；霜者天之所以杀也，刑者君之所以罚也。……天有春生夏长冬杀，人也有仁慈德爱刑罚，天有是理，人有此行"（《汉书·董仲舒传》），是对这一思想的进一步继承与发展。

具体而言，第一，政治统治与天道具有一致性。《圜道》篇通过"天道圆，地道方。圣王法之，所以立上下"明确记载了天道与地道是确定人道的原则，并由此确立为臣之道。同时，根据天道立人道还具有价值判断的意义，"主执圜，臣处方，方圜不易，其国乃昌"（《圜道》）。在政治社会中，每个人效法天道而确定其基本行为，在具体的角色中会呈现出一定的道德意识；同时，"先王之立高管也，必使之方，方则分定，定则上下不相隐"（《圜道》）。在论述臣子如何处其位时，《吕氏春秋》特别强调，一个人需要依照自天道而来的道德意识而行为。

毕竟，古之先贤尧舜等身体力行（将帝位传给贤明的人，还根据臣道设立官职）"天道立人道"。在天道即人道的角度，君臣的具体设置、国家组织结构的安排皆需参照天道，在此过程中，逐渐形成一种道德意识。只有依此行为，这才被认定为"好"或者"善"。在这一逻辑思路下，效法天道立人道，则君臣守位，国民相安；反之，悖逆天道自然，倘若君臣易位、不守其职，则天灾人祸、民不聊生、祸患四起、国无以治。[①]

---

①　葛兆光用历朝历代大量的案例和文本证明，在古代中国，对昼夜秩序的遵守同时是对政治社会秩序的维护。他核心阐释了传统秩序自身的内部调节以及具体表现。然而，现代商业社会已经脱离传统农业社会对昼明夜晦的需求，转而大肆背离这一秩序，他认为这是传统农业社会与商业社会的区别导致了这种状况。但是，他并未对这一秩序如何在当代社会存在，指出一条出路。参见葛兆光：《古代中国关于白天与夜晚观念的思想史分析》，《台大历史学报》2003 年第 32 期。

第二，社会治理与天道具有一致性。"天地不能两，而况于人类乎？人与天地也同。"（《情欲》）《吕氏春秋》将社会治理的正当性建立在天道准则的遵循之上，治国的价值取向、社会的治理方略、人事的具体安排等都来源于天道。效仿天道自然，则社会治理就能形成确定的准则。社会治理与天道自然的一致性并非空穴来风，这在《吕氏春秋》所描绘的社会生活中随处可见。

在"十二纪"中，以冬季为例，由于在五行属性中，冬季是采取与水相关的属性。因而，在这个季节，社会种种作为都应合乎水的属性。而水之属性包括理性、严谨、杀伐、果决、冷酷、收藏等，那么，在孟冬时节顺应天道的具体社会治理方式，就是收敛、杀伐、肃杀、包藏之类。具体来看，在经济上，往往号召民众以收藏积聚为主，安心休养生息；在政治上加固城防，警戒边境要塞，为死者考虑并提倡节俭。在社会教化方面倡导"闭敛"性质的道德诉求，如忠信、廉洁等。以上这些是为了第二年的春之萌动而"闭藏"。① 同时，践行天道立人道，除了在社会治理方面有一定的秩序依托以外，以此秩序也会相应形成一套价值判断标准，即：效仿天道自然则风调雨顺、五谷得安；反之，则民不聊生，灾祸横行。

第三，祭祀礼仪与天道的一致性。《吕氏春秋》"十二纪"中，每一纪的本纪都会提及祭祀，祭祀在当时社会备受重视，"以给郊庙之事，无有所私"（《孟春》）、"以犬尝稻，先荐寝庙"（《季秋》）。在篇章布局上，"十二纪"都是以祭祀为先，且把物品中的最优者奉于祭祀，这是效法

---

① 在秦统一六国后，嬴政自称始皇帝，关于他的历史功绩有世人皆知的易服色、书同文、车同轨、统一度量衡等，这些社会变革的行为其理论基础皆与天道、人道的贯通有关。应邹衍的五德终始说，秦王朝属五行的水属性，水的卦数为六，在颜色上是黑色，故而易服色为黑衣，文本记载关于秦人尚黑也可为此证明。同样地，"车同轨"的法令是以六尺为车的宽度，驾车之马为六，除此以外还有六尺成一步的规定。

天道的一种方式。在具体践行时，天道立人道的秩序又通过阴阳五行的思路被进一步建构，这在《吕氏春秋》的本纪中都有明确记载。举例来看，在秋季祭祀时，需符合"秋"的属性。秋收、收藏、收获、完成、圆满等是秋天的意象，其属性在于收敛到极致以凸显肃杀之气，因此有杀伐、战争等意象。在人事层面，百事乃遂是其表现。因而按照文本的这一思路，秋季祭祀的相关安排都应符合这种属性。祭祀用品需保证四方而来，财物不能匮乏，这是因为金秋属性之一为圆满，那么匮乏就必然是大忌；在服饰用具方面，秋意象昭示了白色服饰，那么，祭祀时的配饰、器具等一律以白色为主，包括君王佩戴白玉，使用具有尖锐、锋利等特征的器具。这是秋天祭祀时所遵循的标准。

以冬与秋做对比，冬令盛德在水，因着水的属性，在祭祀用品、服饰、方位、数字等方面就需要采取水的意象。如天子祭祀会以肾脏（在身体器官方面，水的属性为肾脏）为祭品；六是水在数字方面的规范性表述，"天一生水……地六成水"（《尚书大传·五行传》），因此凡所涉数字均以六为吉；祭祀时天子的马、车、人所用衣物、佩戴的饰品等皆为黑色（在颜色方面，水之属性为黑）；因水在五行方位上属北，祭祀方位则选择北郊。那么，冬季祭祀就是依照水的属性而行为。这是秋冬祭祀时，基本准则的不同，通过《吕氏春秋》来看，这种不同主要在于顺应不同的天时。这种效法天道、应时而为的状况尽管在具体行为上有巨大的差异，但在原则上都是效法天地。可见，祭祀之礼与天道自然的一致性，与政治统治、社会治理方面的思路是一致的。

以上主要通过政治统治、社会治理、祭祀礼乐与天道的一体性关联，具体分析天道立人道。我们可以明确的是，《吕氏春秋》的具体篇章结构、对人事的清晰梳理、人伦生活的基本建构等都有一定的来源——天道。正是通过天道的律动性，人们寻求到人道的合理性。由此可通过超越性的"天道"而实现人道秩序的建构。其中，道德是由天道到人道的人文化表达。除了通过阴阳五行直接效法天道以外,《吕氏春秋》在政治统治、社会治理、祭祀礼仪中进一步细化其内容时,阴阳五行之维就成为一种方向性指引,而"道德"则因着"道生德蓄"而成为天道立人道的人文化表达。

三、天人相应:教化溯本性

效法天道自古就容易引申出一种位置意识。"天尊地卑,乾坤定矣,卑高以陈,贵贱位矣"(《易经·系辞上》),"君子素其位而行,不愿乎其外。素富贵,行乎富贵;素贫贱,行乎贫贱;素夷狄,行乎夷狄;素患难,行乎患难"(《中庸》第十四章),甚至后代的司马光也有"言君臣之位,犹天地之不可易也"(《资治通鉴》),《吕氏春秋》也就不例外了。效法天道、执摄政教与天人相应是《吕氏春秋》教化思想的哲学基础,三者有共生的独特文化背景。"天人相应"实则是天道立人道的另一种展示。在效法天道的视角下,个体行为不仅是"合适"的,还带有"善"的价值判断。《吕氏春秋》主张"能养天之所生而勿撄之"(《本生》),遵从天之所生、回归天之所生的本性,那么,人就有可能顺其清,进而践行道德。

"道之真,以持身;其绪余,以为国家;其土苴,以治天下"(《贵生》)。《吕氏春秋》与道家的道法自然不同的是,它虽然效法天道,但又吸取儒、墨、法、阴阳等思想,认为人不是消极等待、一味回溯的,更应在行动中有意识地践行道德——养天之生,"始生之者,天也;养成之者,人也"(《本生》)。养天之生的过程,实际上就是以道践行德的过程,那么,其中就必然涉及教化问题。由养天之生不断实现自教或他教,而这种教化又会不断促进人们理解并觉醒自身的"道德本性"。

《吕氏春秋》提出效法天道自然,并以此建构了明确的道德意识,在具体的教化过程中，人作为社会性的存在，其生活必然需要由个人拓展到他者，即实现"成己成人成物成化天下"，那么，如果每个人都能意识到"道德本性"，不同人的道德本性也就有了一种普遍性的规范。无论是诸侯、士大夫抑或妻妾、嫡庶等皆能在教化过程中构建一种普遍性的、立足于道德本性的、被众人所认同的"秩序"。这种普遍性的"道德本性"的普及，就是一种"秩序"意识的建构。这不仅涉及个人位置感和分寸感的确立，同时是个人积极走出"道德本性"而去实践，这就关系个人与他者的互动。因此，根本上，个体"道德本性"的觉醒以及"秩序"意识的普遍化需通过"教化"进驻到人们的具体生活。

但是，"故先王之法，立天子不使诸侯疑焉，立诸侯不使大夫疑焉，立适子不使庶孽疑焉。疑生争，争生乱。是故诸侯失位则天下乱，大夫无等则朝庭乱，妻妾不分则家室乱，适孽无别则宗族乱。"（《慎势》）这种道德本性和"秩序"，在春秋战国时期被界定的层次分明。而这往往涉及了"先王之法"，也就是说，效法天道在被具体践行时，教化之理论往往是先王之法，天道也就在一定程度上化约为先王之法。那么，《吕氏春秋》所提出来的天道本身具有的"应时而为""守时而行"的具体特点也就荡然无存。可见，在天道自然的影响下，人很容易建立道德本性、"秩序"意识。但在具体落实时，却容易受到等级、尊卑、是非等观念的影响，往往被以先王之法、祖宗家法、名分等形式确立。而这也是其局限之所在。

总体而言，《吕氏春秋》所建构的道德本性主要来源于对"天道"的理解，这是天人相应的表现。国家的治理有赖于天道与人道的沟通，人们在效法天道时自觉发现自身的"天命"归宿，进而诞生了道德本性的一种位置感或"自我定位"意识。这种道德本性并非一成不变，通过效法天道而时刻保持律动性的健行不息，人因而在大化流行中不断理解道德本性、应时而动并在其中确立自身。而后又通过"成己达人"的路径从自身走出，在社会中实现一种错落有致的秩序，即在人与人的自我确立中，道德本性意识在社会的范围内就形成了错落有致的秩序性存在，人在合理的秩序中也就形成了一种秩序意识。但是，此处的秩序在建构的过程中，尽管是诉诸天道而行，但在具体的落实中，会先在的在一定的现实秩序（社会制度、政治观念、祭祀礼仪）之中呈现并受到相应的价值评判标准（法先王、天权威系统等）的影响。

道德本性是实现天道与人道的中间环节，直接体现《吕氏春秋》所提到的"天人相应"。同时，在天道立人道的具体践行过程中，教化是回溯天道的主要方式，并贯穿于觉醒道德本性这一过程之中。在《吕氏春秋》看来，天道思想辐射人道的方方面面，那么，在具体落实中，不管它沿袭或改良九流十家的哪些具体思想，在贯彻执行时都需要效仿天道并践行教化，以激发道德本性的觉醒。由天道到道德本性再到秩序的这一教化过程，既涉及了《吕氏春秋》教化思想的理论基础，涵盖了"天人相应"的总体思路，又是关于养生、修身、齐家、治国的一套基本治理方式。

第二章 《吕氏春秋》教化思想的
内涵与特色

在生活中一些人可能会被各种世俗名望所熏染，故而需不断在节欲养性的过程中回归道德本性。由于，道德本性是效仿天道时所呈现的最初的"无极"① 状态。那么，在具体生活实践中，能够回归的本性其实已远非"无极"状态下的原初本性，故而，依托于天道，凭借对天道的效仿并确立起来道德，进一步，在不断回溯天道中明确道德本性，而回归道德本性即是回归天道自然状态下的道德。这在概念界定中会被具体呈现。

在界定"教化"概念的基础上，总结教化在具体践行中所体现的道德特色，即："复归本性""贵因而教""厚时为宝"，从本性、时间、场域的角度考察道德本性与教化，这是教化的特色所在。其中，"贵因"主要涉及"因境而异""因其时势""因材施教"。而"厚时""复归本性"则是在道德意识下，对教化的时机和本性进行考察，后者具有"生命性"和"时代性"的特点，能够在场域的"入境"和"化境"中实现教化主客体的合一，故而促进教化的最高境界——"习用而不自知"。这是《吕

---

① 来自《易传·系辞上传》："易有太极，是生两仪，两仪生四象，四象生八卦。"因此常见的说法是，无极生太极，太极生两仪。按照孔颖达的说法，"太极谓天地未分之前，元气混而为一，即是太初、太一也。"在这里无极是一种无限性、无规定性的状态，类似于天地的含混与混沌。

氏春秋》教化思想的重要面向。

第一节　教化的内涵

对教化的概念界定，从本体层面看，是来自天道的自然展现；在现实应用中，教化往往关乎现实秩序，是维护现实秩序的一种方式。因而，对《吕氏春秋》教化思想的研究需格外关注"教化"的两个面向——天道之自然秩序和现实（人间）秩序。教化之必要性在于民众作为发蒙对象，往往需要进行复归天道的教化才可能对现实秩序有所理解，在此基础上唤醒其基本的道德本性、呈现自然秩序，这对他们理解自然秩序和现实秩序之间的张力有巨大帮助。在这个层面，教化就有两方面意义。一方面，《吕氏春秋》教化思想是多元性与复合性相结合的道德本性的复归；另一方面，教化思想是养成性与连续性相结合的过程性教化。

一、"服民以道德"与"渐民以教化"

对教化的界定，离不开天道"生生"。我们可以从"道"生"德"蓄的角度入手解读以天道立人道的实践抓手——道德，而后再从治理、本性两个不同的角度分析教化。

（一）"道"生"德"蓄

由上文可知，《吕氏春秋》以（黄老）道家为主线，老子《道德经》最早提出"道"，"有物混成，先天地生。寂兮寥兮，独立而不改，周行而不殆，可以为天地母。吾不知其名，强字之曰：道，强为之名曰：大。大曰逝，逝曰远，远曰反。故道大，天大，地大，人亦大。域中有四大，而人居其一焉。"(《道德经》第二十五章)"道"早于天地而生，成为天地之母，但又不是天地的主宰，"为而不恃，长而不宰"，拣尽寒枝又不栖。那么，"道"是什么存在状态？"道之为物，惟恍惟惚。惚兮恍兮，其中有象；恍兮惚兮，其中有物。窈兮冥兮，其中有精，其精甚真，其中有信"（《道德经》第二十一章），模糊、恍惚、独立，甚至具有化育特质。我们在上文对"法""道"进行历史梳理，对"道"已有所认识。实际上，"道"既作用外物又不主宰，貌似什么都是又什么都不是。① 东汉许慎在《说文解字》中提出"所行道也""道者人所行"，将"道"作为所走的路，后来的"道路"正是来源于此。在此基础上，"道"被拓展为道理、规律等。通过随顺万物之自然，"道"让万物各得所安。

"得即德也"，这是对"德"最基本的认识。一方面，在万物各得所安的前提，把握其天道自然之节律，一旦将自然节律内化于心、外化于行，也就实现了"道"之"得"。庄子和东郭子曾就"道"和"德"进行了一次精彩对话，东郭子问庄子："所谓道，恶乎在？"庄子回答："无所不在。"东郭子问："期而后可。"庄子回答："在蝼蚁。"曰："何其下邪？"曰："在稊稗。"曰："何其愈下邪？"曰："在瓦甓。"曰："何其愈甚邪？"曰："在屎溺。"（《庄子·知北游》）"道"之无所不在，消弭了是非、对错、善恶、好坏、形色、音声、高下等，内在于万物之中。② 另一方面，

---

① 可把"道"理解为一种尚未得到界定的、尚未被抓住的原初状态。一旦在思维中抓住它，它就呈现为"天""地""人"，这也就是有界定、有思想的状态。在这种理解下，我们能够理解老子为何对"道"采纳这些整体性的、"描述性"的语言，而非规范性的、界定性的语言。西学界王路、熊林等人将"存在"翻译为"是"就是采取这种研究思路。可参阅谢文郁：《巴门尼德的 Ἐστιν：本源论语境中的"它是"》，《云南大学学报》2012 年第 2 期。

② 如同庄子，施莱尔马赫在《论宗教》中对上帝在一切事物之中亦有同样的论说。道和上帝一样，不是可界定的对象，因而也就不从属于价值的规定，屎尿是脏东西，脏只是我们界定的结果，而屎尿自身则无所谓脏。参见尚文华：《从自主性到接受性——论施莱尔马赫的新宗教观》，载《基督教思想评论》第 22 辑。

"道"之呈现就是"德"。天地万物所表现出来的自然本性，来自于对"道"的认识和效法，因而呈现出"如是"之德。

可见，循着万物固有节律而行即是"德"。在这个意义上，"德"是万物本性的彰显。"天生蒸民，有物则则，民之秉彝，好是懿德"（《诗经·大雅·蒸民》），老子言"道生之，德畜之，物形之，势成之"（《道德经》第五十一章），《吕氏春秋》提出"德也者，万民之宰。"（《精通》）由"道"而"德"，万物依据各自的本性而实现其"道德"的存在，因着天地运化，万物得以生长、养育、成熟、收敛。这个过程就是按照"天道"而实现的万物之"道德本性"。可见，"道"成为万事万物孕育、涵养、创生和发展的节律；"德"是效法"道"而实现物之本性、德性。"道德"作为恢复天地万物的本性，则是指万物实现其天性本然的状态。

"道德"之天性使然，让"教化"之回归自然本性、德性成为可能。由于"教化"在具体化的过程中有两重含义，由道而德的"生生"意识会在现实的政治化、行政化、阶级化中呈现失落状态，而援引"教化"可激发"道德"的生命性。因而在《吕氏春秋》教化思想的研究中，"道德本性"又具有生命的特质。在现实实践中，通过"教化"可不断回归人的"道德本性"。因此，研究"教化"的主体思路可以梳理为：本性清净——染尘纳垢——效法天道——去欲全性——教化有方——觉醒道德本性——呈现秩序。

（二）"变逆为正"之教化

《易经·蒙卦》以"初六，发蒙，利用刑人，用说桎梏，以往吝"而言教化。需要启蒙的人，他们往往通过"刑"以便形成"桎梏"。所谓"刑"，是古代一种制陶的用具、铸器的模板或沙范，主要是作为明确的规范和严谨的秩序而存在，此处隐含了"教化"的意蕴。战国末期，所谓的规范，一般指通过法的惩戒措施和仁爱的感化体系，实现恩威并济的效果。镣铐和书本，两种截然不同的手段都会走向相似的目的——实现不同层面的教化。对于蒙昧之人而言，镣铐比书本的教化效果更直接、更好，所以，通过"刑"确定一种底线，让民众有所畏惧而不去逾矩，这是教化最初的目标。作为长久以来采用法家思想的秦国，其"刑"之教化系统多侧重镣铐，通过严刑峻法而教化。而《吕氏春秋》在融合与变革的背景之下，深刻思考了教化的多种可能性。

从《吕氏春秋》来看，"教化"不完全是对等的自然演化，相反，它体现了一种自上而下的引领、导向和改善。清代段玉裁在《说文解字注》中将"教"解为"上所施下所效"，在上位的操作、指引，下位者则效仿和模拟，一上一下表现出教化的等级性。"教行也。教行于上。则化成于下"（《说文解字注》），教化的这一特征受制于特定的历史文化发展过程，是具体文化形态的表现。"在文化的过程中，上对下是教化的运动形态。"①

实际上，在中国传统思想文化中，"教化"有以下特点。第一，从"教化"的运动形态来看，教化是由上到下的文化运动形态。第二，从"教化"的实施者来看，教化是由统治阶层强制力保证实施。第三，从"教化"的目标来看，教化最终实现对下层文化进行"变容改俗"甚至"安之若性"的影响。而《吕氏春秋》的教化从现实层面讲，有其局限性和时代性。在《吕氏春秋》中，"然而人君人亲不得其所欲，人子人臣不得其所愿，此生于不知理义。不知理义，生于不学。"（《劝学》）在《吕氏春秋》看来，学是教化的一种方式。但是基于特定的文化形态，在教化的现实过程中，教化主体往往是统治者，教化客体是被统治者，作为教化方式的学，其思想指导是带有统治阶级意识形态的，根本上失去了天道的超越维度，更缺失道德本性的觉醒。那么，在这种情况下，通过具体文化形态所呈现的教化，就往往具有阶级性，最终将引发现实秩序的局限性。

---

① 任聘:《文化·教化·演化》,《民俗研究》2003 年第 4 期。

实际上，"化"还有变革与革新之意。《尚书·益稷》提出"懋迁有无化居。又革物曰化"，针对"从匕人"之"化"，尹黎云先生的《汉字字源系统研究》谓："（甲骨文的化字）让两个'人'字一逆一正，犹言使逆者变正，故化有'教行'义。"其"变逆为正"是一种性质上的强力变革，那么，"化"所具有的革新依据又是什么？

《周易·贲卦·彖辞》谓："观乎人文以化成天下。"《周易正义》曰："圣人观察人文，则《诗》《书》《礼》《乐》之谓，当法此教而化成天下也。""人文化成"的达成，需法《诗》《书》《礼》《乐》之教。《礼记·经解》篇，借孔子之口详细论述这一思想："入其国，其教可知也。其为人也，温柔敦厚，《诗》教也；疏通知远，《书》教也；广博易良，《乐》教也；絜静精微，《易》教也；恭俭庄敬，《礼》教也；属辞比事，《春秋》教也。"以六经而教人，这是经典文本之教化作用，有陶铸德行之意。南北朝时期的刘勰，在《征圣》《宗经》篇亦肯定圣人、经典的意义，并以"五经"阐释教化，"致化惟一，分教斯五。"①

《吕氏春秋》的教化思想一方面符合"天道"节律，并与社会生活直接联动。《知化》篇提出："凡智之贵也，贵知化也。人主之惑者则不然。化未至则不知；化已至，虽知之，与勿知一贯也。"正是通过"化"之强力变革，人之思想意识才可能完全改变，因而才是真知，故而能行。相反，如果"师操不化不听之术而以强教之，欲道之行、身之尊也，不亦远乎？学者处不化不听之势而以自行，欲名之显、身之安也，是怀腐而欲香也，是入水而恶濡也"（《劝学》），教化的内容和方法都有迹

---

① 在传统思想文化中，学习经典、效法圣人是一个基本的思想文化传承。尽管到了战乱的南北朝时期，刘勰依然在回溯这一传统，他在《文心雕龙·宗经》中将《易经》《尚书》《诗经》《礼记》《春秋》列为所要学习的五经，并对五经的意义给予高度肯定。他力主学习以受其熏陶。"至根柢槃深，枝叶峻茂，辞约而旨丰，事近而喻远；是以往者虽旧，余味日新，后进追取而非晚，前修文用而未先，可谓泰山遍雨，河润千里者也"。

可循。在以师而教化的情况下，"胜理""行义"不仅可以使"师位尊"，还能实现"人文化成"。另一方面，由教化而生成的民风是教化的革新特色的表现。① 宋代欧阳修曾说"服民以道德，渐民以教化"（欧阳修《三皇设言民不违论》），实际上，这是将道德内化于教化之中，又是道德精神化为日常实践的表现。因而，以德性感化、在潜移默化中引导和教导民众，都可以让民众回归其德性。

二、依"本性觉醒"来"教化正民"

老子提出"失道而后德，失德而后仁，失仁而后义，失义而后礼，夫礼者，忠信之薄而乱之首"（《道德经》第三十八章），当"道"失去效力，便诉诸德；当德无力后，采用仁；之后是义，最后是礼。在理想层面，道处于最顶层，由道——德——仁——义——礼形成一个由上而下的阶梯式治理链条。在社会现实层面，老子曾把道、德、仁、义、礼作为社会治理状况的衡量标准，道是德之源，德是高于仁、义、礼的道德建设原则，仁义其次，最后是礼。当社会失去了基本的治理之道，民众被欲望迷惑了合"道"而行的道德本性，官贪民私、社会纷乱、人欲横流之时，仁义之士才会倡仁义以救济。

《庄子·马蹄》篇曾描述天人相安、人物相安的基本状态，"当是时也，山无蹊隧，泽无舟梁；万物群生，连属其乡；禽兽成群，草木遂长。是故禽兽可系羁而游，鸟鹊之巢可攀援而窥。夫至德之世，同与禽兽居，族与万物并"，但是，《吕氏春秋·明理》却笔锋一转，直接地揭露出社会的失道境况，"故至乱之化：君臣相贼，长少相杀，父子相忍，弟兄相诬，知交相倒，夫妻相冒，日以相危，失人之纪，心若禽兽，长

---

① 李元方：《"乐"之"化生"与"化成"》，《中国音乐学》2012年第1期。

邪苟利，不知义理"。如果不能合"道"而行、觉醒道德本性而为，人们往往容易堕落到弑父杀君、妻离子散的混乱局面。虽然这是很极端的一种走向，但不得不说，《吕氏春秋》正是看到了道德的内在价值，因而才会理解失道对于社会生活的影响、教化①对于人间秩序的必要性。

那么，《吕氏春秋》教化思想的目的是什么呢？《中庸》开篇，"天命之谓性，率性之谓道，修道之谓教"说的正是这种本体论层面的"教（—化）"。教，本就是在对天命之性的领受中的自我调整，进而不断地重新回到天命之性。这是中国传统文化有着开放性和更新性的根源。而《吕氏春秋》的教化思想融合了儒道思想文化资源，通过效仿"天道"，以觉醒个人道德本性，最终试图实现由道而德的人性塑造。其中，民众作为"教化"的发蒙对象，往往需进行复归道德本性的"教化"，这个过程实质也激发了他们的道德觉醒。

《吕氏春秋》中的道德，是教化、生化的根本，②"天地大矣，生而弗子，成而弗有，万物皆被其泽，得其利，而莫知其所由始。此三皇五帝之德也"（《贵公》）。三皇五帝以其自身效法天地大道的行为作为典范引导、教化民众，以呈现"德"之本性，通过自教显其德性、而后成化天下。在这个角度，"道德"是根于个人本性的生命力和创造力。③ 这

---

① 《中庸》开篇，"天命之谓性，率性之谓道，修道之谓教"说的正是这种本体论层面的"教（化）"。教，本就是在对天命之性的领受中的自我调整，进而不断地重新回到天命之性。这是中国传统文化有着开放性和更新性的根源。

② 实际上，以德教化的核心自古已有。《封禅》篇称："戒慎以崇其德，至德以凝其化。"吴林伯先生认为，这里的"凝"用典出自《尚书·皋陶谟》："庶绩其凝。"孔安国传："凝，成也。"以自教而彰显其德性，而后成化天下。显其道德本性以教化、教化以显其道德本性，这自古就是教化是两条进路。

③ 梁漱溟先生曾不遗余力地进行相关论述，他认为"道德"是生生不息、创新不已的生命本性，道德的生命本性，是能够贯通"天道"和"人道"的一种潜质，加之"教化"的无形化育，因而有助于实现个体道德本性的觉醒。参见梁漱溟：《朝话：人生的省悟》，世界图书出版公司 2013 年版，第 138 页。

种教化立足于"学"，保证了基本的"理义"方向，不仅仅是理论的构建，更是在人伦生活中实现人文关怀的方式。若是实施教化者为失德之人，很容易"师操不化不听之术，而以强教之，欲道之行、身之尊也，不亦远乎。"（《劝学》）由此可见，效法"天道"实现个体道德本性的觉醒，实际是以德性贯通理论与实践。

教化的另一种方式是通过他教以显其德性。当教化主体实施教化时，如果不了解其客体的道德本性，就很容易导致道德本性的缺失，在教化过程中可能会导致事倍功半。"故乱国之使其民，不论人之性，不反人之情，烦为教而过不识，数为令而非不从。"（《适威》）因而，他教的一个重点在于，了解教化客体的道德本性、反求人之常情，以此教化人民并激发其本性。

那么，如何才能了解人的本性并依此施行教化？一方面，"审顺其天而以行欲。"（《为欲》）顺应"天道"而回归个人的道德本性，这是行为的前提。一旦回归个人本性、效法天道而行为，可能会获得意想不到的成果，"三王不能革。不能革而功成者，顺其天也。"（《为欲》）通过顺天而实现的"教化"也就有"天时"之效，因而会得到不错的结果。另一方面，分辨个人天性的过程就是教化之所在。"性异非性，不可不熟。"（《适威》）每个人禀赋不同，因而视具体状况而确立道德本性。从自教角度，需在尊重个人道德本性的同时，与他者不断建构共同体意识，并调整自身的道德本性，实现道德的安放。从他教角度，教化可激发民众明确其道德本性，而个人明其本性的过程，实际上也是一种潜移默化的教化，这最终促使民众理解自然秩序和现实秩序。①

---

① 另外，陈来曾明确提出天道的秩序性，"狭义的天道即是天空的秩序，而广义的天道，则使这一秩序同时体现在地上和人间。"请参陈来：《古代思想文化的世界：春秋时代的宗教、伦理与社会思想》，生活·读书·新知三联书店 2009 年版，第 87 页。

　　由此可见，本性是一种内在"道德"的觉醒。钱穆在《论春秋时代人之道德精神（上）》一文中提到，"法律风俗之下，无真道德可言。道德则必为其一己之事，必属诸其人一己内心之自由，故道德乃惟以自求己心之所安耳"①。在他看来，道德更是属于内在的，而非外在的。"凡属道德行为之主宰精神，乃必由内发，非外发，亦必系对内，非对外。"② 以内在的道德本性自发生成外化的礼仪约定和行为规范。在教化中，内与外的顺序不可颠倒，并非外在的礼仪产生了内在的精神典范，而是内在的道德仁义自发刺激了礼仪的生成。当人们效仿"天道"而行时就能一定程度觉醒"本性"意识，而他们内在的道德自觉足够且充盈，也就从内在保障了自我教化。进而，再以目标、方法、行动等维度构建外在的行为标准，那么，外在的行为规范和一个人内在的道德品质可实现一体性建构，这是"教化"的理想效果。

　　然而，在具体生活中，教化往往带有明确的被加工了的价值导向，"其视富贵也，苟可得已，则必不之赖。高节厉行，独乐其意，而物莫之害。不漫于利，不牵于势，而羞居浊世。"（《离俗》）《吕氏春秋》在教化目标上也会宣扬一种超离世俗的高风亮节，并以极端的案例（为礼自杀、为义自杀等）展现这种价值。这是引导人民、成全当时政治生活的一种手段。在庄子看来，这种状态是脱离了"道"的立场、失去了"本性"意识。③ 在这种情况下，个人实则无法效法天道，因此也就失去从

---

① 钱穆：《中国学术思想史论丛》，安徽教育出版社 2004 年版，第 176 页。
② 钱穆：《中国学术思想史论丛》，安徽教育出版社 2004 年版，第 175 页。
③ 庄子认为"以物观之"或"以俗观之"（《庄子·秋水》）都会造成本性的丧失。所谓"以物观之"，是观念、思想、角度迷惑于特定的物理状态或物质利益，也即囿于个人成见并从主观意志出发，戴着有色眼镜看待外物，从而自是而非他，贵己而贱他，因而形成是非、贵贱、高下、优劣的观念。所谓"以俗观之"，就是从流俗的观点来看，是贵是贱，不由自己决定，而取决于外在习俗的因素。以上两种观点，皆未从天道角度理解本性，终致使本性失落。

道德本性角度实现"教化"的可能。①

在这个意义上，"教化"一旦失去道德本性意识的觉醒和保障，必然会由一种开放性的律动、敬畏性和秩序性演化成为一种社会规范、固化的仪式和僵死的限定。"在于形成一个若不从其他一切社会领域解放出来从而解放其他一切社会领域就不能解放自己的领域，总之，形成这样一个领域，它表明人的完全丧失，并因而只有通过人的完全回复才能回复自己本身。"② 没有"道法自然"的无为心境，缺少"大德曰生"的生生之气，悬置"仁者爱人"的恻隐之心，更无"舍生取义"的浩然之气，那么"教化"在现实生活层面更多地沦为一种自上而下的手段、工具，更确切的是成为一种政治律令、社会规范和限制性的律法。可见，是非之彰，道之所以亏；上用智慧治，下便以计谋应。一旦上下都偏离了真诚质朴而崇尚文饰机诈，如此便使天下失去了"教化"的真诚，最终导致大的败坏。从现实情况来看，"教化"在封建时期，很容易沦为形而下的政治统治工具。

三、从"变容改俗"到"安之若性"

《吕氏春秋》教化思想对于当代社会的价值，具有可能性的原因主要在于它区分了本性之"教化"与封建制下的具有意识形态性质的阶级性教化。这是由教化自身的两重特质决定的。本性之"教化"是过程性、

---

① 这是《吕氏春秋》在天道生生所践行出来的"贵生""重己"思想与教化内容所涉及的具体的儒家"礼义"之间的不兼容性。可见，《吕氏春秋》之杂有一定优势同时也会带来杂而不章的可能，不同思想内容上的冲突说明了这点。但是，在我看来，凸显"义"之高风亮节，是《吕氏春秋》试图容纳当时各种社会思潮的一种方式，并且涉及了生与欲、生与义之间的冲突与深刻思考。从这个意义上，这对我们进一步理解《吕氏春秋》教化中的道德本性所涉及的自然秩序和社会秩序有重要意义。

② 《马克思恩格斯文集》第 1 卷，人民出版社 2009 年版，第 17 页。

开放性的存在，是教化多元性与复合性相结合的过程；而具有意识形态性质的阶级性教化服务于当时社会的大一统政治，具有明显的统治性、封建性色彩。

一方面，《吕氏春秋》教化思想的过程性存在，是回归天道，并不断践行其道德本性的教化。因其有效性与合理性，社会伦理道德、现实秩序也就成为过程性存在，具有活力、拥有更新的可能性。当然，必须要承认的是，《吕氏春秋》的这一"教化"特性更具本体意义，是理想主义的描绘。在本体高度，教化内含一种向上的生命力，亦是创造力。梁漱溟先生曾以深刻的人文关怀论述此问题，"人在生活中能实践乎此生命本性便是道德。'德'者，得也；有得乎道，是谓道德；而'德'则正指宇宙生命本性而说"①。

另一方面，在基本的伦理秩序中，"道德"往往被归纳为一种行为规范或普遍遵循的法则，主要落脚于人与人之间的关系处理。当前，教化论者的基本思路，正是通过向全体社会成员普及哲学和道德伦理知识，弘扬人文精神，塑造完善人格，以增强社会成员的道德意识、道德观念和道德自觉性，改善他们的道德行为能力，提高其道德水平和道德境界，达到净化道德环境、推动社会主义精神文明建设的效果，从而提高整个社会的文明程度。然而，实际上，道德并不仅仅是规范社会生活和人类行为的意识形态，更是立意于哲学本体论高度的凝聚力和向心力。中国特色社会主义先进文化建设需回归道德"本性"和那一套自然秩序，并由此激发当下社会主义道德建设的开放性、过程性。

可以说，千年以来的文化历史对"道德"的发挥是特定的——伦理型文化构筑了具体的历史的人文精神内涵，即：道德——具足生命力和活力的本体存在，在人伦之维成为一套制约日常生活的基本准则。基于

---

① 梁漱溟：《人生的三路向》，当代中国出版社 2009 年版，第 126 页。

"礼"的层层社会构筑，道德也就成为一种受限于相应社会存在的意识形态；因封建礼教的固化，道德少有创新并缺失生命力，此设置以"礼"所内化的规矩和条框外化成了道德伦理的规范和约束，故成为难以突破的藩篱和障碍。因此，道德需要回归到本性的高度，以释放其生命意蕴和人文关怀。而《吕氏春秋》的教化思想所采取的正是效法"天道"节律，并以此律动为基本参照体系而实现由道而德的教化。在道德回归本性的情况下，"教化"以一种本性的存在而脱离封建社会的土壤、统治阶级固化的意识形态。因此，在这个意义上，"教化"成为一个开放性的体系和过程性的存在，研究《吕氏春秋》教化思想及其当代价值也就具有了可能性。

《吕氏春秋》的教化思想需通过本性觉醒而实现。马克思认为"道德的基础是人类精神的自律，而宗教的基础则是人类精神的他律"①。道德作为人类精神的自我觉醒，既需要落实于生活实践又要避免生活实践中的形式化、政治化以及其他限制性色彩。从"天道"、本性的角度理解教化，可以有效分辨回归本性的"教化"和经由统治阶级过滤的"教化"，这是探讨"教化"之于现实秩序的意义所在。

一方面，实践层面的教化因其自身阶级性的特质，呈现出一种自上而下的运动形态。《吕氏春秋》在这个层面的教化并不看重下层文化自身的运动，实际上，统治阶层考虑到政治需要反而会自上而下贯彻一种特定的文化形态。由于这一时期的民众缺乏一些基本的道德意识、人格理想，缺少基本的道德本性觉醒的条件，故而容易被统治阶级灌输各种带有政治色彩的观念、理念，此时民众受限于自身和外在环境的影响，无法效仿天道并觉醒自身的"本性"意识，也就无法从自教角度实现教化。而统治阶级出于政治考量和社会治理的角度，往往会对人民进

---

① 《马克思恩格斯文集》第 1 卷，人民出版社 2009 年版，第 15 页。

行一定程度的愚化。"夫民无常勇，亦无常怯。有气则实，实则勇；无气则虚，虚则怯。……怯勇无常，倏忽往来，而莫知其方，惟圣人独见其所由然。"(《决胜》)这样的教化多体现统治者的意志，主要是指上层文化对于下层文化的作用力，基本上不指下层文化（民俗文化）自身的运动形态。民众的生活、人格的修炼和社会的稳定性更多被看作检验教化效果的一个试金石，而上层文化对于下层文化的作用，主要出发点是监督、塑造有利于统治阶层的教化环境和教化效果，因而，这是经过统治阶级过滤的教化，并非遵从"天道"且实现个人道德本性的教化。古代社会中的教化多涉及统治者的引导、统领、说教，一般都带有愚化色彩。因此，使用教化的概念需明确其不同的含义。

另一方面，实践层面的"教化"往往需特定的实施者，《吕氏春秋》的教化是由统治阶层的强制力保证实施。通过由上而下的下贯与通达，可看得出，教化与被教化的分野，显示出教化具有自上而下的一种约束力。这种约束力因为政治层级和社会职权分工等因素的影响，容易形成一种强制力。《广韵》就记载"教，训也"。《玉篇》也有"教，令也"的论述。"教化"在这种情况下形成了一种必然性，是不得不为的道德训诫。《礼记·曲礼》亦有相似记载，"教训正俗"。《蔡邕独断》言"诸侯言曰教"。这是一种明确的威慑力、约束力、强制力保证实施的"教化"。然而，如前所述"教化"是在"天道"中实现民众自我道德本性的觉醒，由此达成由"道"而"德"的本性显现，于人事层面就是恢复个体的道德觉醒。这绝非在统治阶级的政治思想下实现屏蔽掉道德本性的一种"教化"。可见，由强制力保证的自上而下的"教化"与效法"天道"之下回归个人"道德本性"的"教化"明显不同。

在中国特色社会主义文化大发展大繁荣的新时代，中国特色社会主义文化拥有最先进的文化因子。因而，道德本性意识下的"教化"（不论自教还是他教）都可促进民众最终实现"变容改俗"甚至"安之若性"

的影响。①《华严经音义》（上）引《珠丛》释"化"云："教成于上而易俗于下谓之化。"（《尔雅义疏·释名》）舍弃教化自上而下的强制力保证、去除统治阶级对教化的干涉，在"天道"影响下直接觉醒个人的"道德本性"意识，才是当代"教化"的真谛。研究《吕氏春秋》教化思想及其当代价值需要在"道德本性"意识中实现古代与现代的穿越，在"教化"中实现个人的"道德"本性，且呈现人与人在生活中的"秩序"意识，这是"教化"在现代社会的价值所在。

梁漱溟在《人心与人生》一书中指出，克鲁泡特金与孟子都有共同的倾向，即"把人们知善知恶比作口之于味、目之于色，从切近平实处来说明道德，而不能把它说向高不可攀，说向神秘去"②。道德的根本之处不仅是形而上的一种超越，更在于现实生活的踏实致用。于现实生活中，道德除了可从个体角度进行纵深挖掘以外，还可从群体角度探究。人终究是群体性的存在，而道德也必然牵扯群体。人不仅是个体的存在，同时又是群体的生存、活动，马克思正是通过批判费尔巴哈感性的人的观点，总结了人之所以区别于动物的本质就在于其社会性，指出"在其现实性上，人是一切社会关系的总和"，道德是关于人的道德，是社会的产物，因而道德还需从社会群体的角度落实。那么，对于教化而

---

① 与此相对，汉景帝时期《文翁兴教》的例子涉及当时的统治者以一种主管德行教化的官员（文翁）而实施"教化"，这里的教化始终贯彻了统治阶级的意识。文翁选取有志之士，对他们进行德性的塑造和打磨，以此推行蜀地的教化，最终把民风野蛮落后的地方教化成祭祀不绝的文雅之地，这直接凸显了"教化"落地于现实而被统治阶层所利用的状况。"蜀地学于京师者比齐鲁焉。至武帝时，乃令天下郡国皆立学官，自文翁为之始云。文翁终于蜀，吏民为立祠堂，岁时祭祀不绝。至今巴蜀好文雅，文翁之化也"。由于资源分配不均、社会身份的差异，引导民众、教化民众是古代社会统治阶级所必然面临的选项。可见，古代社会的"教化"更多符合统治阶级的意志，而效仿"天道"而实现"道德"意识的觉醒有助于使民众实现"变容改俗"甚至"安之若性"教化效果。
② 梁漱溟：《人心与人生》，上海人民出版社2011年版，第10—11页。

言，在"各守本位"的同时，实现人与人之间的"秩序"意识就尤其重要。

总之，《吕氏春秋》教化思想的当代价值研究还在于区分"道德本性"意识下的"教化"与封建制度所实施的"教化"。前者是形而上学层面的由道而德之道德，又被梁漱溟先生称为是人心根本处所无由来的一股向上的力量和精神。对道德进行了形而上学的提拔，是《吕氏春秋》教化在"天道"视域下的必然选择，符合个人"道德本性"意识的教化不仅促进个人"自得其位"，也能实现民众皆持守"道德本性"时所实现的一种社会"秩序"。这是教化对社会现实以及生活实践的最终达成。《吕氏春秋》教化思想在这个意义上具备一定的人文关怀。而封建专制统治下的"教化"在封建政治的影响下必然打上统治阶级的烙印，这与道德最本真的"通乎性命之情"相违背。因此，我们还需明确区分为封建统治服务的教化与效法天地、回归"道德本性"的教化。

第二节　教化的特色

《吕氏春秋》教化特色，凸显了《吕氏春秋》在教化方面的独一无二之处。一方面关系到化的本体意蕴，效法天道之生生不息、大化流行。另一方面，这种独特性因为传承而积累了一种势能，故而在历史社会变迁与思想史研究中都不可忽视教化所内含的意蕴。唯物辩证法推崇想问题、做事情时一切以时间、地点和条件为转移，《吕氏春秋》作为先秦诸子的集大成之作，尤其注重教化时能够有所凭借（时间、地点、条件）。自荀子就对此有一定传承，"登高而呼，臂非加长也，而见者远；顺风而呼，声非加疾也，而闻者彰"（《荀子·劝学》），他认为君子应当"善假于物"。《吕氏春秋》提倡复归本性、贵因、厚时，其教化思想尊重对道德本性的复归，更注重教化所凭借的力量——"因时因势"

（"一切以时间地点条件为转移"），并以此建构境、时等当下场域。这实则凸显了《吕氏春秋》教化思想的生命性、机缘性和时代性特色，其当代价值的研究也缘于这一特色，而这又是《吕氏春秋》教化内涵所自带的一种规定性。

一、复归本性：教化的"生命性"

黑格尔在研究人的本质时，将人纳入绝对精神实现自我的一个环节。在他的思想路径中，人的实践性、能动性等仅是绝对精神早已编排好的一个发展方向，只是作为工具或路径存在，人只能在既定的道路上前行。这是黑格尔绝对精神对人的能动性的阉割与宰制。在这种情况下，人与动物无疑具有高度一致性，他们都是被安排在一个严密完整的逻辑体系之中，只得按照剧本承担各自的角色，并且被剥夺了超越性、仅存有动物性。这样的存在失去了鲜活的生命能动性和创造力。若人仅仅作为精神性的抽象存在，就缺失血肉丰满的真实生命感。《吕氏春秋》教化思想有其生命性，在于其个体"道德本性"意识的觉醒离不开"生命"现实的融入。《吕氏春秋》教化思想是在本性清净——染尘纳垢——效法天道——去欲全性——教化有方——觉醒道德本性——呈现秩序的体系结构内进行的，其中，效法天地、去欲全性、觉醒道德本性必然离不开生命的鲜活与真切，得益于此，最终实践的"教化"具有一种生命感。

《吕氏春秋》的教化思想有其万变不离其宗的生命性，生命性的维度作为可以生发的基点，生长出可上可下的张力空间，向上贯通天道，下泽尘世生活，由此实现天地人相参。向上的生发能够实现超越性的精神价值需求，进驻现实则是体验生活气息的饱满人生，当下生命性的真实体验则可糅合超越性与现实性，进而激发一种在场感。以礼乐为例，礼乐的践行离不开发自内心的真实体悟，作为教化生命性的发散维度之一，礼教与德教、乐教、法教等皆是融入内心且觉醒个人"道德本性"意识的一种实践。这种生命感向上生发可至形而上的自然之道，下及尘世亦能成为礼乐治国的良方。由此可见，礼乐是《吕氏春秋》教化思想中生命感的一种表达形式。

道德与生命的关系必然引发教化的生命性。一方面，道德本于生命。《吕氏春秋》的"道德"生命力直接体现在思想、实践中，是活脱脱的生命学问。行为上，"天道即人道"直接通过"道德本性"和"秩序"铺设到人世的生活中，以此实现教化；思想上，通过"道"与"德"的关系，不断回归道德本性的"教化"，故能唤起人的本性复归。这因而能将"教化"实践出来。王维在《〈吕氏春秋〉中的音乐美学思想研究》一文中承认"《吕》书中的各家学派之所以能够兼容并包的学理基础——生命本体论"，并称赞生命本体的重要性，"有了这一生命本体，道家的自然之理与儒家的道德伦理才有了贯通的可能"。① 尽管他未明确提出生命与道德的关系，但生命本体的挖掘是道家与儒家相贯通的可能性所在。而《吕氏春秋》教化思想中对"教化"的挖掘也是实现其当代价值的关键所在，其中"道德"的生命性就是其当代价值研究的一个支撑点。

"从'所欲有甚于生者，所恶有甚于死者'的意义来说，道德高于生命。因此应该承认，道德本于生命，而在一定意义上又高于生命。"② 在个人的思想中，除了现实生活、物质需求、个人利益以外，还有各种精神的追求，如人格意义、生命价值、人生理想等。"道德"源于个人的生命存在，在保证生命的基础上而实现道德的建构。生命与道德相比具有优先性，而道德又在生命进一步外放的过程中成全了生命自身。从这个意义上，道德具有超越性。当个人人格受到玷污的时候，为了个人

---

① 王维：《〈吕氏春秋〉中的音乐美学思想研究》，《音乐与表演》2016 年第 3 期。
② 张岱年：《心灵与境界》，北京联合出版公司 2014 年版，第 222 页。

的尊严和人格的光洁,坚决不从、宁死不屈等是一种闪亮的道德人格、生命气节。可以说,将个人的生命进一步拓展、放大,这是通过道德人格实现生命拓展的一种方式。

在具体生活实践中,教化也会面临现实层面的问题。汉高诱曾说《吕氏春秋》"以道德为标的"。效法"天道"、去除物欲、觉醒道德本性的教化固然有其凝聚力和穿透力,但在现实生活中的道德往往成为一种形而下的固化标签。即:道德是处理人际关系的基本行为准则。从生物学角度来讲,人类的生存需要生命力的支撑。具体来看,人的存活需要满足基本的欲望,如马斯洛需求层次理论中衣食住行的需要、安全的需要等。我们知道,色声香味触觉会引发人的基本欲望,欲望的进一步扩大就成为需求,满足各种不是为了维持基本生命的欲望就形成了利益。人与人之间由于利益角度不同,容易引发冲突和不可避免的混乱。因此,就需要一定的道德规范,以协调、约束人与人之间的关系。这是道德作为行为准则的基本根据。以上是对"教化"的一种固化的理解,实际上,因为生命的存在,产生了个人需求,而个人需求的达成往往还需要群体的交互沟通。

人是社会性的存在,在社会生活中,群居是人的基本生活状态。荀子曾有一问:"力不若牛,走不若马,而牛马为用,何也?"曰:"人能群,彼不能群也。"(《荀子·王制》)而满足物质需要是人之所以存在的现实基础,《礼记》记载"饮食男女,人之大欲存焉"。但是,仅有物质欲望的满足还不够,人更是精神性的存在,更应注重精神需要的满足。其中,对于群居性的人而言,社会化是其生存的必然途径,群体的存在和群体利益的维护必然需要一定的秩序,在中国传统社会发展中,以血缘凝结起来的伦理秩序在社会建构中起主要作用。那么,道德在这个程度上超越了个人的需求,迫切驱使个人在"道德本性"中去考虑社会的基本伦理,在这个层面,传统社会中,民族责任和集体利益往往更受重视，并且塑造着民族精神、家国凝聚力、道德人格。张岱年先生曾言，"民族的群体生命大于个人的个体生命。这是道德的一项基本原则"①。因此，在群体利益和个人利益发生冲突时，道德必然会约束人们自觉追求群体的利益，从个人的"道德本性"中，自发生长出一种伦理秩序，以此实现"教化"的社会化影响。

值得注意的是，群体利益的追求并非放弃个人利益的满足，个人也是群体的一部分，追求个人利益时注意考虑群体利益；而在满足群体利益时适当兼顾个人利益。在这种意义上，道德是群体生命的一种自觉，通过"道德本性"意识实现个体与群体的良性互动，故而实践出一种"秩序"。我们就是在此过程中践行"教化"。

但是，以上那种固化的"道德教条"现象太过严重，为了个人私利的状况频发不绝，教化在实践中往往存在严重的灌输、固化和禁锢的弊端。教化的刻板化现象相当明显：通过效法天道自然，进而将自然之道作为日常生活中的标准，以其实践、发掘个人的"道德本性"意识，这些在应用过程中已失去"道法自然"的鲜活。同时，由于在面对个人利益时，民众往往具有贪嗔之欲，在具体实践中很容易失去效法天道而来的"道德本性"。这种固化的存在易导致教化的生命性沦丧。因此《吕氏春秋》对教化思想的生命性赋予的"使弟子安焉、乐焉、休焉、游焉、肃焉、严焉"（《诬徒》）的"达师之教"，这作为达成教化生命性的境界在现代社会依然具有探讨的价值。

由此可见，道德本于生命，又高于生命。道德的生命性不仅来自于生命活动的存在，更是一种人格精神、道德境界的高扬；而《吕氏春秋》教化思想的生命性，正是在个人的"道德本性"意识中，凸显个人价值、群体价值的互动，展现了传统社会的伦理秩序及其可能性后果。

---

① 张岱年：《心灵与境界》，北京联合出版公司 2014 年版，第 222 页。

二、贵因而教：教化的"机缘性"

《吕氏春秋》教化之"因"最早出现于周朝文化系统崩盘之际，社会的伦理体系和信仰价值迫切需要思想上的巩固和加持。至春秋战国时期百家争鸣，各家各派得以自由抒发治世良方，他们在《吕氏春秋》里第一次得到统筹与融合。先秦的九流十家顺应秦王朝大一统的历史趋势，通过《吕氏春秋》弥合了森严的学术壁垒。教化之"因"正是提倡顺应时代潮流，汲取各家之优势，以"因"积极回应历史文化转型的时代性问题。

"因"并不是某一实体性的指称，相反，"因"更多的是在事物运行中的一种集确定性和可能性于一体的推进。贵因，即推崇所凭借之势。但凡可凭借之物，皆是处于联系中的对象，不管是人、思想、环境抑或一股必然性的趋势，无时无刻不处于因缘变化之中。通过现实生活中即时反映的"机缘性"而实施教化，这就需要考察"环境之因""形势之因""因材施教"等与教化相关的内容。

其中，环境是贵因的一个方面，"戎人生乎戎长乎戎而戎言，不知其所受之；楚人生乎楚长乎楚而楚言，不知其所受之。今使楚人长乎戎戎人长乎楚，则楚人戎言，戎人楚言矣。"（《用众》）环境对人的塑造有潜移默化的作用力。自孔子时就有"性相近也，习相远也"；墨子明确提出"染于苍则苍，染于黄则黄"，《吕氏春秋》在这方面多有因袭。另外，家喻户晓的"孟母三迁"直接凸显环境的作用，可以说，在当时的社会文化传统中有惯性的"环境之因"。《吕氏春秋》所提倡的"环境之因"，正是注重环境对人的作用和影响。在《吕氏春秋》看来，一个人的人格修养、道德素质与生存状态、生活环境不可分割，环境对人的塑造可谓举足轻重。

环境既然能够影响一个人的基本素质，相应地，通过把握环境，也可把握民众的基本教化情况。可见，环境能够反映民众的基本精神风貌和思想诉求。那么，在历史的现实的生存状况中，把握"天道"律动，认识并觉醒个人的"道德本性"，就需要"贵因而教"。这是激发个人"道德本性"意识的一种方式。

一直以来被称作复古主义的孔子，实则倾向符合当世之用的事物，"生乎今之世，反古之道；如此者，灾及其身者也。"（《中庸》第二十七章）"子曰：'吾说夏礼，杞不足以征也；吾学殷礼，有宋存焉。吾学周礼，今用之，吾从周。'"（《中庸》第二十七章）孔子强调的复礼实际上是要复归"今之用"的"周礼"。与此相反，《吕氏春秋》在教化中的"因"是与时俱进的机缘性考察，"三代所宝莫如因，因则无敌"（《贵因》），这是《吕氏春秋》教化思想的另一个特色。一方面，《吕氏春秋》的教化思想肯定"因"的重要性，尤其认可"因"在生存中的作用，故而专辟一章《贵因》进行论述，"善说者若巧士，因人之力以自为力，因其来而与来，因其往而与往，不设形象，与生与长，而言之与响，与盛与衰，以之所归。"（《顺说》）"因"的机缘性往往离不开具体的生活环境、当下的行为，多涉及具体生活实践，故而具有一种随物附形的流动性。

另一方面，《吕氏春秋》教化还肯定了所因之境对人精神品性的塑造。环境之因在于《吕氏春秋》承认不同的生活环境对人的外表体貌和精神品性有不同塑造。"轻水所，多秃与瘿人；重水所，多尰与躄人；甘水所，多好与美人；辛水所，多疽与痤人；苦水所，多尪与伛人。"（《尽数》）通过对轻水、重水、辛水、苦水的区分，以水中含有盐分和矿物质的多寡或水味道的轻重，体现出水质对人的身体的基本影响。就水的物理性状而言，不同水性对人们身体的作用有明显差异。然而，只有甘水能够给人最大程度的健康保证，因此在精神诉求上也会给人更多正向启迪。同样地，"大寒、大热、大燥、大湿、大风、大霖、大雾"等自然环境和状态，也会引起人身不同程度的变化，进而影响人的精神品质。《吕氏春秋》教化思想鼓励去除某种极端的自然状态，并生成"知本去害"的思想倾向，毕竟这七种自然环境的极端状况容易伤害精气的流通，直接伤害身体进而影响精神状态并引发严重后果。"七者动精则生害矣"（《尽数》），在这里，《吕氏春秋》的教化思想包含避免这种极端的意蕴。

所因之物除了环境以外，还有形势之因。在教化的具体实施中，巧妙凭借外力可实现事半功倍的效果。以此顺应时势说服别人，颇有欲擒故纵、随物赋形的精神。对外物有所凭借，通过因缘和合而推动事物的运行轨迹。"宋王，俗主也，而心犹可服，因矣。因则贫贱可以胜富贵矣，小弱可以制强大矣"（《顺说》），正因为有所凭借，像宋王这样的一位世俗君主，正是在凭借外物的基础上，才可以以小胜大、以弱敌寡、反败为胜。通过形势之因、因势利导可以在某种程度上出奇制胜。《吕氏春秋》中使用了很多案例，以深入浅出的方式呈现其教化思想。使用典型案例的方式，以适应多种读者的胃口，这对于《吕氏春秋》教化思想而言实际也具有形势之因的意义。

另外，形势之因还涉及"法先王"还是"法后王"的问题。"先王之法，经乎上世而来者也，人或益之，人或损之，胡可得而法？虽人弗损益，犹若不可得而法。"（《察今》）从"因"的角度来看，《吕氏春秋》教化思想并不认可先王之法，认为先王之法并非可"因"的对象，毕竟，先王之法"虽可得，犹若不可法。"（《察今》）但是，至于可"因"之物，它又认为，先王之法不可法，可法的是不断变化的"时"与"势"，"故凡举事必循法以动，变法者因时而化，若此论则无过务矣。"（《察今》）只有因循不断变化的情势，根据时间、空间、形势的发展变化，才可能行变通之理。在这个意义上，如果以前瞻性的眼光洞察运化的先机，并以此"法先王"，那么，"先王之法"也就落实在当下，"法先王"与"法后王"也可进一步联合并实现于现实的教化之中。

另外，因材施教还在于可以"因"先王之法的经验教训和历史价值，"故择先王之成法，而法其所以为法"（《察今》），只有"法其所以为法"，才能够从历史事件和经验教训中有所吸取，进而在教化中能够有所凭借。"管子得于鲁，鲁束缚而槛之，使役人载而送之齐，皆讴歌而引。管子恐鲁之止而杀己也，欲速至齐，因谓役人曰：'我为汝唱，汝为我和。'其所唱适宜走，役人不倦，而取道甚速。管子可谓能因矣。"（《顺说》）管子正是精确地把握了为役人唱曲子的节奏，通过节奏以引导他们快步行走，进而让自己脱离险境。可见，根据形势和时机变化进而快速准确地选择所"因"之势，对于后人而言，也是以历史为鉴而进行教化。

《吕氏春秋》教化思想不断将"因"系统化、理论化，并在此基础上促进其普遍化的铺设。"贵因而教"涉及了"因境而异""因其时势""因材施教"，这是《吕氏春秋》教化思想中具有机缘性、又符合时代精神的一个特色。

三、厚时为宝：教化的"时代性"

如前所述，"时"在《吕氏春秋》教化思想中，最初来自"农时"。对时的看重是古人效法天道、取法天地的典型标志，而时间观念的建立与古代农耕的自然环境密切相关。我们知道，"天为者时，而不助农于下。"（《应同》）在政治经济相对不发达的春秋战国时期，加上连年战乱不断，只有稳定了农业，才能进一步保证社会基本生活、战争胜利、政治稳定，而"天时"对农业的影响占据了首位。秦国像战国时期的其他国家一样，很重视时令，《吕氏春秋》中关于农业的篇章（《上农》《任地》《辨土》等）涉及了对时的推崇，根据时令变化进行耕种才能保障物质生产和人民生活，这是生存的基本。从国家治理的层面，"时"还关系战争时机、礼乐祭祀的节点、施政的机会等，社会生产与政治生活都在"时"上有明显表现。在这个意义上，"厚时为宝"与天道紧密相关，观察天时，才会在教化上把握时机，以便应时而动。①

《吕氏春秋》在"十二纪"的首篇，总会根据农作物生发荣枯的特征，以季节性凸显"时"的变化。再进一步，将这一特性渗透进生活的方方面面，"万物之形虽异，其情一体也。"（《情欲》）在万物与人类的关联中，人与万物虽然有不同的表现形态，但究其根本，他们的本性一致。"人之与天地也同"（《情欲》），人们效仿天道，而其律动性可通过天时予以把握，而天时又与教化时机有相关性。实际上，受限于古代农耕社会的基本条件，耕织是实现教化的基本方式之一，《吕氏春秋》教化思想也蕴含在农耕生活中。那么，"时"与人们的日常生活密切相关，当我们谈论现实秩序时必然离不开"时"的维度，"时"是生活现实、生存感受不可逃脱的网络，"刚柔者，立之本者也；变通者，趣时者也。"（《周易·系辞下》）

对"时"的理解，涉及四个不同的阶段——"待时而为""时至事生""审时度势""应时而行"。

首先，在《吕氏春秋》看来，来源于农耕生活的"时"，会养成民众"待时而为"的教化习性。"圣人之于事，似缓而急，似迟而速，以待时。"（《首时》）圣人并不在意具体的行为迟缓或迅疾，根本处，是要

---

① 早于老子之前的管仲就提出"农时"的重要性，他在《管子·权修篇》中说："地之生财有时。"只有"不失农时"，才能"然后富"。可以看得出，管子在公元前650多年时就将农时作为农事的保障。《庄子》在《山木》篇提到"时"，他自言："贫也，非惫也……此所谓非遭时也。""礼仪法度者，应时而变者也"，庄子的"时"明显有更深刻宽广的人生意义。而距离《吕氏春秋》年代较近的《黄帝四经》，在《经法·君正》中提出"人之本在地，地之本在宜，宜之生在时，时之用在民，民之用在力，力之用在节""毋夺民时，治之安"。这是通过"时"连接了农业与民众，以此更是凸显了"时"之于农业经济、社会治理的重要意义。可见，"时"的思想，尤其农时思想，在《吕氏春秋》中是一种的传承与发展。

合"时"而行。"农耕以时""无违农时",根据农耕生活所培养的"时"的精神以行动。具体看来,观察不同季节的属性,以践行具体的行为。例如,春季按照春之节气而行为,《吕氏春秋》教化思想因而在春季之"待时而行"强调重生、尊生,且给予生命极大敬重、对人身予以深厚尊崇,这是在"春时"意义上进行的教化。同时,去除情欲的干扰也可保存生的本性,这是教化遵循春时而动的另一种方式。除了根据明确的天时节律而教化,我们还在具体细微处根据天时变化的端倪,以提前预见未来的生活。例如,"秋早寒则冬必暖矣,春多雨则夏必旱矣。"(《情欲》)由此可知,通过寒凉暑热,在教化的细微处也能类推一些预见性状况,这是天时对教化所提供的参照。

其次,"时"与"事"的关系对教化的时机考察意义重大。"时"会影响"事"的发生、变化、发展乃至衰老、消亡,往往"时至事生"。"时"经常被作为"天时",其意蕴不仅是现代物理学意义上的时间,在时间之维还渗透了一种境遇、相互作用的力,以天地人三才的运化,把握万物在因缘际会中变化节点,一旦时机达到,则事件能够顺利地发生、发展。然而"时固不易得"(《首时》),参照"时"的教化需自明"法天地"的原理、觉醒个人"道德本性"。因此,顺应"时"的维度,实则是顺应"天道"而行,这是教化的特色。

具体来看,《吕氏春秋》的教化思想还有知时、应时的特色。"事之难易,不在小大,务在知时。"(《首时》)"知时"需"审时",这在农耕稼穑方面表现为:按照时节天序的变化并灵活观察农业耕织的具体时机而耕种,"得时之稼兴,失时之稼约。"(《审时》)相反地,倘若"为害于时"则会出现严重后果。"不当时"会对农业生产造成极大的损失,并破坏当时经济来源的保障,"所谓今之耕也营而无获者,其蚤者先时,晚者不及时,寒暑不节,稼乃多灾。"(《上农》)那么,这可能会增加社会治理的不稳定因素,青黄不接、民怨载道、人心不古等不利的政治局势、不利的社会发展状况频发。作为稳定统治的一种手段，"民农则重，重则少私义，少私义则公法立，力专一"（《上农》），农业作为根本，若舍本逐末不抓根本是不可取的，中国古代农业社会独特的历史背景决定了农时的重要性，而抓农业这个根本也需注重农业之"时"。

再次，"审时度势"是"时""事"关系的前瞻性提取。一旦对"时"有所了解和把控，对"事"的认知就拥有一种掌控感，对不同时机的可能性状况予以判断，不同参数的叠加最后交织到"时机"的判断，这直接作用于教化的时机以及效果。因此，密切把握"时"的状况，"事适于时"（《召类》），这是合规律性、合目的性、合客观天道规律的思维方式，如此才能"其功大""其德厚"。另外，知时、审时直接影响教化的效果。"如有常，枉桡不当，反受其殃。"（《仲秋》）悖逆天时的后果惨痛，"夫死殃残亡，非自至也，惑召之也。"（《重己》）其中招致祸患的一种方式是"逆"，即：逆自然规律而动、逆时机行事、逆人的本性而为等等，如"使乌获疾引牛尾，尾绝力勯，而牛不可行，逆也。使五尺竖子引棬竖，而牛恣所以之，顺也。"（《重己》）只有合乎"时机"、无违中节，则《吕氏春秋》教化思想就在尊天时、知天时、守天时中可事半功倍。

最后，"应时而动"还表现在社会工艺建筑方面，"百工咸理，监工日号，无悖于时"（《季春》），民众在日常生活中需尊天时而行，否则引发统治者发动机巧之心就易酿成大祸。尊天时而动的这一思想在田猎杀伐中也有显现，"田猎罿弋，罝罘罗网，喂兽之药，无出九门"（《季春》），春季遵从生发的属性，为了应合春之"时"则需严禁杀伐捕猎。同样地，如若君主不注重应时保养身心，则其身体不仅容易被万物消耗，尤其会因天下而消耗自身，如此亏生的行径必会让身体垮掉。不符合养生之"时"的结果就是"功虽成乎外，而生亏乎内"（《情欲》）。由此可见，对"时"的前瞻性把握还需"待时而明""应时而动"。依据"时"之维的可能性或必然性，进行"人事"的具体规划，以在教化中实现客观规律性与主观能动性的统一。只有如此，方能在"事"之前统筹布局并实现"与时携行"。通过洞察"道德本性"意识以把握教化的先行之机。

效法"天道"而行教化，需要觉醒"道德本性"意识，因为"时"是"本性"意识的一个表征，只有不失其时、应时而作，这些事宜的达成才会顺应天道，因此可以在"应时"的同时朝向好的发展方向。"凡举事无逆天数，必顺其时，乃因其类"（《仲秋》），在"应时"的把握中还可根据相似事物的发展、运化情况，以把握未知。因为在效法天道的视域下，祭祀、农耕、司法等事宜的进行都应顺天时而行，因此《吕氏春秋》教化中所有事宜都无逃其时，如若失去"时"的护持则容易引发灾殃。

然而，自"法天地"而来的"时"思想在今天是否还有存在的必要，这在马克思那里就有这样的回应："时间实际上是人的积极存在，它不仅是人的生命的尺度，而且是人的发展的空间。"① 在现代信息技术高度进步和发达之际，在农业生产方面，反季节粮食轻而易举就可满足民众需求；在科技发明大行其道的社会中，科学理性也占据了人们思维并成为强劲的发展势头，我们在农耕、种植等方面以反季节、反常态、技术化为支撑，那么"时"最初的开端——农业生产尚可悖天时而行，则教化也应适应时代性进行创新。

---

① 《马克思恩格斯全集》第 47 卷，人民出版社 2004 年版，第 532 页。

第三章 《吕氏春秋》教化
思想的主要内容

在《吕氏春秋》教化思想中，尊师包含在教化客体和教化主体之中。倘若教化主体无法在道德本性意识下付诸"理义""省己""自贤""知化"等具体的教化，未诞生"争道"的品质，则教化主体基本的素质值得商榷。由教化主体所主导的教化必然也受影响。而教化客体的"疾学"与"尊师"，一方面是客体道德本性觉醒的保障，在教化主体与客体的互动中，可增加客体的知识含量、促进其知识结构的建构，并在师道中传承一种道德精神、习染一定的道德人格，最终促进教化客体自身的本性觉醒；另一方面，客体以其问题意识激发主体反思，以教化效果回馈主体关于教化的方法，并实现教化主体的成长。在教化主体"视徒如己、反己以教"的教化中，最终可达到"主客同体"的效果。而实现教化主客体的互动可实现教化效果最大化。

在教化效果上，核心是达成"性命之情"的教化。以"生命"入手"修身以教"，后通过"孝行""忠信"以达到"至诚"精神的家庭教化，落实到"尊师重教"的师生教化以及"礼乐仁义"的社会教化，这是按照修身、齐家、治国、平天下的教化路径，所实现的由点及面、由个人到共同体的过程，实现了自我教化、家庭教化、师生教化和社会教化的整体性诠释。同时，《吕氏春秋》作为政治治世之作，其教化思想难免会以统治阶级的意志为主，这需区分《吕氏春秋》遵从"天道"且持守道德本性意识的教化与被封建统治扭曲的（天权威系统中的价值判断和道德规约）教化，后者是逐渐被封建统治固化的理论框架的条款规范，我们需要不断在这种研究中回归道德本性并持守"性命之情"的教化。

在教化方法上，无论语言方面的"听""说""案例故事""寓言教化"等艺术方法，还是人格上的教化引导等都是"有为以教"的方式；"无为而化"中教化核心在于"化"，"化"又以"无为"为主。一个有为一个无为，二者一动一静，有无相合，体现了《吕氏春秋》教化方法的"杂家"特色——和合。

第一节 教化的主客体

《吕氏春秋》教化思想最终要达成的效果是"自教"与"他教"相结合的教化目标，在效果上是达成"性命之情"的教化。以师为主的教化主体进行启发、鼓励和引导是教化的一个方面；以生为主的教化客体达成独立思考、判断分析、勤奋刻苦、自我觉醒等知识、思维和人格的目标，是教化的另一方面。在教化主体和教化客体的交互中，觉醒双方的"道德本性"意识，实现"生活即教育"，最终达成"性命之情"，这是《吕氏春秋》教化的效果。而"达师之教也，使弟子安焉、乐焉、休焉、游焉、肃焉、严焉"（《诬徒》）则是关于教化效果的理想化描述。孔子及其弟子们都向往通过"自教"与"他教"，最终实现回归自然的优游效果。《吕氏春秋》在这方面更多地吸取孔子的诉求。①

---

① 古希腊时期所开启的"博雅"教育（Liberal Education），又被称作自由教育，其拉丁文意为"适合自由人"，即从人的本性上进行开发和引导，旨在唤醒人的本性能量，也有《吕氏春秋》教化中"道德本性"的倾向。

一、"争道"而"省己"的教化主体

对教化主体的认识离不开对教师的考察。《吕氏春秋》"夏纪"专门用"孟夏纪"论述教师与学生。教师是教化主体的一分子，是教化得以实施的保证。"师尊则言信矣，道论矣"（《劝学》）。尊师不仅是"疾学"的保证，也是社会信任、道义彰显的标志；对教师的尊重程度直接意味着社会的教化状况、政权的信任程度和文明的发展水平，可以说，尊师的程度成为衡量社会发展的重要指标。

尊师是教化中主体、客体确立各自"道德本性"并实现教化效果的一种表征。"主体性的基点着眼于人，是人作为活动主体的质的规定性，是在与客体的相互作用中得到发展的自觉、自主、能动和创造的特征。"[①] 作为教化链条的主体，教师对"道德本性"的领会可促进"道义"的展现，而"道义"展现的主要方式之一是追求理胜义立。并且，教师受到尊重的首要前提是"理胜义立"，"故为师之务，在于胜理，在于行义"（《劝学》）。道义是教师自身觉醒或明确其本性的方式，倘若教师无法在"道德本性"意识下付诸"理义"以实现教化，则不能实现教师自身的道德，也就无法促进对学生的教化，更无法在人格方面给予社会以影响，则容易引起"遗理释义"的后果——失掉了"天道"，且缺失"道德本性"意识而解释"义"只能是空洞的。这种情况下的教化，只能造成"欲人之尊之也，不亦难乎"（《尊师》）。不能以己之力回归"道德本性"并促进教化的实施，则难以实现"理胜义立"。

由此可见，实行道义和觉醒道德本性之间能够相互促进。教师实行道义，可以有效促进社会成员对教师的效仿和学习，唯有如此，老师所

---

① 郭湛：《主体性哲学——人的存在及其意义》，中国人民大学出版社 2011 年版，第23页。

维护的事业和理想才能确立。在《吕氏春秋》看来，教师本身是"道义"的化身，追求理胜义立是教师自身品质的首要保证，也是保障社会文明程度的一个标志。"师生主客体关系中的主体性的形成遵循的是天人对立和主客体对立的规律，师生主体间关系中的主体性的形成遵循的是天人和谐或合规律性与合目的性统一的规律。"①

教化主体健全的素质是进行教化的保证。"师尽智竭道以教"（《劝学》）。这又是教化主体的存在宿命和价值体现方式。马克思认为，"如果你想感化别人，那你就必须是一个实际上能鼓舞和推动别人前进的人"②。因此，品行自贤是教化主体的前提条件。贤人（不一定都是明确的老师身份）是教化的主体之一，自贤是贤人常见的一个特点，自身贤明意味着贤人嘉德懿行、才能超群，他们自然而然可以独当一面。然而，过犹不及，倘若自贤过火则是自负。过于刚愎自用、自以为是、功高自傲，甚至过分自傲的教化主体则容易轻视他人优势，夸大人短，喜于己长，"不知而自以为知，百祸之宗也。"（《谨听》）停留在这一层面的自负，往往酿成远人的后果。反之，若对自身不够认同，则是自卑。"自卑者不听"，自卑的教化主体即使通达"天道"，若无法实现自我认同就难以获得他人的信服和尊重。自卑之人一旦自我主体性不强恐怕也无法更好地传递思想、实行道义；也就无法有效的影响民众，难以实现化民成俗的教化。自卑和自负可谓"失之毫厘，谬以千里"，只有品行自贤才是恰当的选择，"故贤者所恶于物，无恶于无处。"（《壹行》）教化主体只有认识自身"道德本性"而进行教化，才会以"自贤"居之。

其次，自省是教化主体必备的特质。曾子的"吾日三省吾身"，曾文正公的"反躬自省"，都体现了自省。自省是对教化主体"自贤"的

---

① 郝文武：《师生主体间性建构的哲学基础和实践策略》，《北京师范大学学报》2005年第4期。
② 《马克思恩格斯文集》第1卷，人民出版社2009年版，第247页。

一种反思和中和，对于教化主体过分倚重自身，"自省"具有迫切的存在意义和使用价值。"古之事君者，必先服能，然后任；必反情，然后受。"（《务本》）自贤主体和反省主体的一个相同点是主体需奠定一定的学识基础，故而能够意识到"贤"的重要性，至于如何对待"贤"，二者态度迥异。自贤之人从正面看待一身的才华，是一种正强化。但正面的视角很容易让人囿于自我，甚至成为井底之蛙。省己之人时刻把他者、他物当作镜子以正自身，并以自身才能支撑起反省自身的可行性和合理性。省己是从反面角度去除自身藩篱，以他者、他物等外在的投射和反馈达成自我认知，并不断实现自我更新、自我调整。对教化主体而言，这种方式能够有效融合"自贤"的品质，多角度摒弃偏见、放下成见，更好实现"道德本性"的回归并在监督自身中实现"自教"和"他教"。

再次，听言是教化主体结合修德与学习的表现。我们知道，省己的实现需教化主体开放视听、吸纳良言，即听言。"太上知之，其次知其不知。不知则问，不能则学。"（《谨听》）听言是了解事情本身的一个端口，可促进主体明晰事情的本质和内情，"不知事，恶能听言？不知情，恶能当言？"（《听言》）听取别人的言论是丰富思想的一种方式，人作为社会化的存在，思想的多元是社会存在的必然，听言不仅是进一步提升个人思维的平台，更是教化的重要内容。这可以为"道德本性"意识的觉醒提供多方面的依托并以此拓宽思维视角，进而达成教化中的自教。"所以要当先生，就得先当学生，没有一个教师不是先当过学生的。而且就是当了教师之后，也还要向人民群众学习，了解自己学生的状况。"① 在《吕氏春秋》中，有这样一个自教的案例。武王大胜殷纣以后，仔细询问俘虏殷商亡国的原因且"避席再拜之……此非贵虏也，贵其言也。"（《慎大》）武王通过听言实现"自教"，因而他即使对待俘虏，都

---

① 《毛泽东文集》第八卷，人民出版社 1996 年版，第 324 页。

相当尊重。

不仅如此,教化主体还需先见之明,以此"知化"——不仅成功预测事物在未来的发展方向,还能真正了解、礼遇、任用有道之士。师者可知贤,因而有道之士才会把智能全部贡献出来,以实现贤人教化。所以,教化主体对教化客体"必礼必知",这是对教化主体的要求。其二,教化主体往往具有察微知著、考察事物端倪的能力。"凡治国,太上知始,其次知终,其次知中。三者不能,国必危,身必穷。"(《察微》)留心观察细枝末节,教化主体往往能够防患于未然,激发社会教化的长远效果。其三,教化主体能谨慎对待琐屑微小的事情,"故凡乱也者,必始乎近而后及远,必始乎本而后及末。"(《处方》)"慎于小"的主要目标是取信于民,在教化的过程中,慎于小可观察教化对象的反应、状态和境遇,"合抱之木,生于毫末;九层之台,起于累土;千里之行,始于足下"(《道德经》第六十四章),如此可及时调整教化的方案、理念、路径等,促进教化效果的最大化。

教化主体最终应实现"使弟子安焉、乐焉、休焉、游焉、肃焉、严焉"的效果。在《论语》中有关于孔子让子路、曾点、冉有、公西赤几个学生各言其志的记载,不管是"拯救千乘之国""致富一国之民"还是"以礼乐教化"的志向都不及曾点的"莫春者,春服既成,冠者五六人,童子六七人,浴乎沂,风乎舞雩,咏而归"(《论语·先进》),孔子一句"吾与点也"直接使教化的本性彰显。《吕氏春秋》也深刻认同这一点。的确,教化不是强制性地实施某种措施,不是功利性地达成某种效果,更不是政治统治和社会治理的手段。相反,《吕氏春秋》所强调的教化实际是要达成一种各安"道德本性"的效果,这一目的让人"达乎天性"并让人安然地将教化所回归的道德本性作为贯穿生活的德性目标。"人之情,不能乐其所不安,不能得于其所不乐。"(《诬徒》)

在这个意义上,回归道德本性的教化,其最高品质是"争道"。"争道"也即效仿天道并实现与道合一，这是寻求个人的"道德本性"意识，并在此意义上实现教化主体与客体的合一——"师徒同体"，落实到现实生活中就是在"道德本性"意识下行"理义"。以师生关系为例，教师不追究学生的基本出身、社会地位、阶级属性、个体差异等，对学生一视同仁，可谓不论贫富贵贱、愚笨睿智而裁决学生的受教育权，最终以"争道"实现自教与他教。与"争道"相反的是专争"尊卑贫富"，倘若教师以分别心对待不同的学生，甚至阿谀奉承权贵之家，溜须拍马富贵之后，却故意刁难品行高洁之人，这可能引发教师品行问题并进一步出现教化危机，这也是教化客体可能出现学业败坏、道术废弃的原因所在。一旦教化主体失去自身的"道德本性"，无法在教化方面给予客体良好影响，不仅不值得尊重，还应当作为害群之马受到清算。可见，"争道"是以"天道"作为最高的评价标准教化学生，在这种情况下主体不会以分别心对客体划界，只有具有"道德本性"意识的教化主体在教化中才会"名号显矣，德行彰矣。"（《尊师》）其中，对"道"的认定确立了教化主体的"道德本性"意识。而教化主体的具体操作，如"理胜义立""自贤""省己""听言""知化"等优越的自身素质都能促使教化主体不断在教化中实践其"道德本性"，最终实现"安焉、乐焉、休焉、游焉、肃焉、严焉"的本性回归，并在互动中激发教化客体觉醒"道德本性"，以此实现教化。

二、"疾学"而"尊师"的教化客体

"欲名之显、身之安"则需尊师。尊师是教化"争道"的表现。尊师一方面是疾学的保障，"故往教者不化""召师者不化""卑师者不听"（《劝学》），一旦教化客体对待主体不予以应当的尊重，要么呼之即来挥之即去，要么轻视主体且忽视其教诲，则是"不听不化"，这无法实施合宜的教化，自然也就不可能出现良好的社会风气。而"不化不听"之术只能证明教化客体对个人的"道德本性"意识处于蒙昧状态，且缺少教化的作用，甚至由于"道德本性"的迷茫而失去"疾学"的体会，这就很难予以教化。另一方面，尊师是教化效果的一个指标，意味着教化主体和客体的"道德本性"意识实现觉醒，且教化达到一定的效果。"天地君亲师"是宗法社会基本的尊崇对象，而尊师是宗法社会无形的人伦纽带，天子去太庙祭奠先圣都会"则齿尝为师者弗臣"（《尊师》），将君主和老师并列且尊师在人臣之前，这是《吕氏春秋》中尊师重学的表现。天子尚且如此尊师，而况平民呢？

至于如何尊师则涉及"事师之犹事父"的具体行为。颜回曾以自身行动诠释尊师，当孔子被困于匡时颜回去得最晚，孔子误以为颜回已死掉，而颜回以"子在，回何敢死"来表明对老师的尊重之心，在颜回看来，尊师就像对待父母一样，故而老师"尽智竭道以教。"（《劝学》）具体来看，《吕氏春秋》的教化还从细节处对尊师提出了如下几点要求：对教化客体而言，尊师的首要之处是"学"。"凡学，必务进业，心则无营。"（《尊师》）学习就是为增进学业，不管努力背诵、认真倾听，抑或积极发问、认真思考、细致分析、探求老师所讲道理，都是以"尊"为前提的"学"，"尊"时刻贯穿在"学"中。"它把我的那些愿望从观念的东西，把那些愿望从他们的想象的、表象的、期望的存在改变成和转化成它们的感性的、现实的存在，从观念转化为生活，从想象的存在转化为现实的存在。"[①]在"学"的过程中才可能实现"得之无矜，失之无惭，必反其本。"（《尊师》）在"尊"的前提下，勤奋谨慎、扎实推进，客体能够在学业上有所收获并提升知识素养、人文修养，这又是对教师最大的尊敬。

[①] 《马克思恩格斯文集》第 1 卷，人民出版社 2009 年版，第 246 页。

其次，尊师还需从心、神、形等方面对待老师。尊重老师、敬重老师的人格还需要我们合理应对与老师相处的过程，包括日常生活、人事起居等方面的境况。《吕氏春秋》列举了不同的日常生活境遇，以求从心、神、形等方面对老师面面俱到。"生则谨养，谨养之道，养心为贵；死则敬祭，敬祭之术，时节为务。此所以尊师也。治唐圃，疾灌浸，务种树；织葩屦，结罝网，捆蒲苇；之田野，力耕耘，事五谷；如山林，入川泽，取鱼鳖，求鸟兽。此所以尊师也。视舆马，慎驾御；适衣服，务轻暖；临饮食，必蠲洁；善调和，务甘肥；必恭敬，和颜色，审辞令；疾趋翔，必严肃。此所以尊师也。"（《尊师》）历数对待老师生前死后、衣食住行等方面的细致举动，《吕氏春秋》教化思想中的尊师还包括，在不同的情况下对老师严肃恭敬、和颜悦色、言辞谨慎、举止有度等，总之，《吕氏春秋》教化思想要求客体从心、神、形、行等方面实现对老师的尊重。其中，在生活起居方面对老师应该有礼貌，这是态度上的尊重。"必恭敬，和颜色，审辞令，疾趋翔，必严肃。"如此这般，"名号显""德行彰""身之林""道之行"的教化效果才能实现，这因此成为树立良好社会风尚的一种保证。在生活上给予老师悉心照顾和帮扶，"视舆马，慎驾御，适衣服，务轻暖，临饮食，必益蠲洁，善调和，务甘肥"（《尊师》），在出行驾车、耕种养殖、衣物饮食、卫生环境等，可以给予老师力所能及的帮助，将尊重的态度蔓延到行为上，自然地就会产生这些举止行为。在日常起居、衣食住行方面让老师心安怡乐，因此老师能够将更多精力放在学生的教化和学业的探索上。①

当然，在精神层面，尊师主要是尊重老师的学术成就、学业探索和

① 学界在这方面有相关论述，但是偏重于讨论穷困学生与富贵学生在老师生活起居上，有不同的对待方式。其中，刘元彦提出判断的标准在于教化客体能否接受理、义。参见刘元彦：《〈吕氏春秋〉：兼容并蓄的杂家》，生活·读书·新知三联书店2008年版，第150页。

精神劳动。而尊重不仅是恭敬、敬仰等态度形态，更为重要的是谨慎地接受老师的教化，这就需将老师毕生的精神成果不断传递下去，并身体力行、付诸实践，如此才是最高意义的尊师。"君子之学也，说义必称师以论道，听从必尽力以光明。听从不尽力，命之曰背，说义不称师，命之曰叛，背叛之人，贤主弗内之于朝，君子不与交友。"(《尊师》)

教化客体内在地践行"知人者智，自知者明"，则需善于学习（"疾学"），学的主要标准是全天之所生。"故欲胜人者，必先自胜；欲论人者，必先自论；欲知人者，必先自知。"(《先己》)"善学者"不仅自知，也能知人。在"学"的过程中能够打通自教和他教。"无丑不能，无恶不知。……丑不能，恶不知病矣，不丑不能，不恶不知尚矣"(《用众》)，知人则可以用众，与众人的相处既能够教化他者，吸取众人之精华又可提升自身。一方面，作为教化的一种方式，教化主体可在疾学中用众人之力以反省自我、理解自我，并在扬弃的基础上达成更佳的教化效果。① "不能学者，从师苦而欲学之功也，从师浅而欲学之深也。草木、鸡狗、牛马，不可谯诟遇之，谯诟遇之，则亦谯诟报人，又况乎达师与道术之言乎？"(《诬徒》)

这种自我实现是教化中"自教"与"他教"的结合，主要在成己达人中实现。古代的不少君王正因不自知，无法明确个人的"道德本性"，又不肯听取良臣献策最终酿成"败莫大于不自知"的后果。自知是一项技术活，君主想要自知则需依靠自我的智慧，通过圣贤文章或生活阅历的积淀，客观评判自身，才有可能客观严谨、公正不阿地认知自我。同

---

① 与黑格尔绝对精神的运行路径相似，通过否定之否定的扬弃之路，可回归自身。马克思在谈论共产主义时，正是受到黑格尔的影响。社会主义是"人向自身、也就是向社会的即合乎人性的人的复归，这种复归是完全的复归……是人和自然界之间、人和人之间的矛盾的真正解决，是存在和本质、对象化和自我确证、自由和必然、个体和类之间的斗争的真正解决。它是历史之谜的解答，而且知道自己就是这种解答"。参见《马克思恩格斯文集》第1卷，人民出版社2009年版，第185—186页。

时，虚心纳谏、选贤任能，君主在颁布具体政策法令、实施教化时，也有接受他者直谏的机会，这是实现自教的一种方式。当然，身边人的"耳边风"也有负面效果，这需要分辨。

按照《吕氏春秋》教化思想，教化客体对教化主体的尊重并非盲目。教化客体对教化主体的谦卑、恭敬态度在一定程度是可取的。但上升到盲听、盲信、盲从并固化为完全顺从、依附的程度则失去了教化的灵活性。"道德本性"意识的觉醒并非是个体完全在某一位置上正向认可，相反，遵从"道德本性"的教化是灵活、多变并尊崇最根本的"天道"，而非固定不变的程式规约。《吕氏春秋》教化思想否定教化客体的这些行为：不管在何处都赞扬教化主体；完全听从主体的命令；自觉认同主体的行为。若是客体失去基本立场并一味听取主体的意见，教化就带有古代礼法社会的捆绑和束缚。

《吕氏春秋》教化思想所追求的教化效果是在"本性"意识下力图实现对"道德"的觉醒，由于"教化"带有强制性和封建性色彩，对主体的遵从在封建社会几乎成为一种必然的规定，这是教化自本性之始、后成为固定的程式化状态的一种弊端。单方面的绝对遵从教化主体不一定是觉醒"道德本性"的表现。因为，教化主体也需要不断回归"道德本性"的状态，并不断在过程中达成自教。"君子之学也，说义必称师以论道，听从必尽力以光明。听从不尽力，命之曰背；说义不称师，命之曰叛。"（《尊师》）《吕氏春秋》明确指出，在谈论某些道理时若没有引申老师的话并加以阐释，没有将老师所教诲的尽己之能发扬光大，就是背叛老师的表现。文本还提到，对于背叛之人需从精神和肉体两方面同时进行惩罚。除此以外，在社会人际关系方面，这也会被他人鄙视。在政治生活中，君主则会抹杀他们晋升的渠道并阻止这种人为官。这是《吕氏春秋》教化思想中深受传统文化习俗约束、积淀的较为落后的一面，这需要被中国特色社会主义文化所扬弃。

可见，尊师、疾学是教化客体接受教化的一种方式。另外，在具体行为和精神诉求方面，客体不仅从心、神、形等方面尊重老师，同时也尊重老师的学术成就、学业探索和精神劳动。这是教化客体在"道德本性"意识下尊师和疾学的表现。而遵从"道德本性"意识的教化也同样意味着，教化客体可以在现实生活中敢于直面教化主体的各种思想，并在此过程中生成独特的思路，而非在封建强权的压力下一味迎合主体。

三、"去尤""用众"以促"主客同体"

教化主体和教化客体之间的互动不断促进教化的达成，二者进一步实现的"主客同体"会通过成己达人建构一种和谐的"秩序"。善于进行教化且有资质实施教化之人往往自身素质也较高。相反，不善于教化的人，有两种可能，一是他们具有自教的能力，也能达成相应效果，只是在他教方面经验不足。另一种可能是，他们自身修养不足，难以实施他教。进而以功利心态对待教化客体，这就容易造成主客二者间的隔阂，最终导致"师徒异体"（主客异体）。《吕氏春秋》教化思想中，对主体自身修养的要求一般较高。在教化主体"视徒如己、反己以教"的教化中，最终达到"师徒同体"①主客同体的效果。"对于对象—我们的体验和对于主体—我们的经验之间完全不对称。前者揭示实在存在的一维并相当于单纯充实着对为他的原始体验。后者则是被历史的，沉浸在加工过的宇宙和特定经济类型的社会中的人所实现的心理经验；它不揭示任何特殊的东西，这

---

① "师徒同体"是《吕氏春秋》教化思想中关于主客体的特色，"所加于人，必可行于己，若此则师徒同体。"（《诬徒》）由"师徒同体"中"人之情，爱同于己者，誉同于己者"可推知符合此特性的教化主体与客体也可实现"主客同体"。

是一个纯主观的经历。"①

不管是教化主体还是客体，他们会面临一个共同的问题——认知都有一定的局限性，这也就是在效法"天道"自然之下，不断觉醒"道德本性"的必要性之所在。实际上，从认知的角度进行分析，不断拓展认识的过程就是不断去除自我偏见的过程。《吕氏春秋》崇尚不断去除一己之见，以发展的眼光去创新和超越，这是在效法"天道"自然的状态下，不断觉醒个人"道德本性"意识的直接呈现。其中，比较常用"去囿""去尤"以呈现教化，同时以"知化"实现对客观律动的把握、并进一步应用于未来。毫无疑问，"人们的社会存在，决定人们的思想。"②不断拓宽认知边界，在思想上超越现实的社会存在是去除个人偏见的一种方式，在这个意义上，教化客体就不仅是教化的对象，同时也是教化主体不断拓宽自我边界的一种实现手段。当然，在《吕氏春秋》所涉及的教化中，个人不能仅仅作为手段存在，这是另一问题，在此先不展开。

《吕氏春秋》教化思想倡导"用众"，核心是取人之长补己之短。这是教化主体与教化客体"师徒同体"的演变方式。"用众"的前提是他人有可取之处，"先王知务之不可全也，故择务而贵取一也。"（《举难》）主体对客体不是一味输出，吸取众人的长处并进行有选择的输入是可行的。"用众"还可有效去除教化主体的私心，"去私"作为《吕氏春秋》教化思想中"天下为公"的对立面，必然是教化的一个面向。去除私心是摒弃成见的第一个步骤，《序意》篇明确提出，"夫私视使目盲，私听使耳聋，私虑使心狂。三者皆私设精则智无由公"。以私心去做事容易蒙蔽智慧，在做事的过程中也很难以长远眼光行事。同时，长久以来不

① ［法］萨特：《存在与虚无》，陈宣良等译，生活·读书·新知三联书店1987年版，第537页。

② 《毛泽东文集》第八卷，人民出版社1999年版，第320页。

断固化的私心也容易形成成见，在成见中固守个人思想的一隅则很可能成为偏见。而偏见容易造成是非不分、忠奸不辨、良莠不齐等状况，这就不利于教化。

《去尤》篇以"人有亡铁者，意其邻之子"为例说明先入之见对认知的影响，缺乏对全局的把握，完全凭借自身的主观臆断去猜测，先入之见容易局限个人思维。缺乏对全局的认识，缺失事实依据又以自身仅有的经验、材料等为出发点进行判断，甚至盲目推理和分析，还容易引起个人主观偏见。"《去宥》篇认为没有了解（秦惠王之于东方墨者谢子一事）、听从坏人的话（荆威王疏远沈尹华的故事）、不加思考轻信他人之言（听邻父言枯梧不善的事）和贪图小利（齐人攫金为吏所缚的事）这些因素，是造成人们认识偏差的主观根源。"[①] 而《吕氏春秋》中邾君为甲[②] 的案例也说明，因主观偏爱易导致不正确认识。在教化主体与客体交互作用的过程中，双方不断吸取对方长处并合理改善自身的思维界限，以此认知事物就有可能更接近真理，因此才有"全其天""全其性"的可能。"故凡人必别宥然后知。别宥则能全其天矣。"（《去宥》）以上种种方式，如"去尤""用众"皆是在教化主体与客体交互的过程中促进两者的互动，并以"师徒同体"的方式激发"道德本性"意识，故而实现教化的最大化效果。

人的认识容易在长久的积淀中不自觉地设置局限，"目故有不见也，智故有不知也，数故有不及也。"（《别类》）这一方面是个人主观偏见造成的，这是认识必然面临的课题，在不断的实践、认识、再认识、再实

---

① 陈兴安：《〈吕氏春秋〉教育思想摭说》，《天津市教科院学报》2005 年第 1 期。

② 邾国曾用帛制作甲裳，公息忌认为丝绳作甲可事半功倍、性价比较高，因而成功进谏邾君。整个邾国采用丝绳新法，公息忌的家人同社会民众一起也制造丝绳以促进新法实行。然而，接受奸佞之人蛊惑的邾君竟认为公息忌之所以进谏是因其家人制作丝绳。最终，邾君因个人的思维局限而放弃丝绳作甲的新法。

践中，我们难免会羁绊于某一阶段而暂时安于某种认识。"对客观必然规律不认识而受它的支配，使自己成客观外界的奴隶，直至现在以及将来，乃至无穷，都在所难免。认识的盲目性和自由，总会是不断地交替和扩大其领域，永远是错误和正确并存。"①这种认识最终需要落实到实践，毕竟实践是检验真理的唯一标准，并产生新的认识；另一方面，社会现象、众多杂乱的个体性纷繁复杂，人类社会的发展规律、人类思维规律、自然界的发展规律又难以直接结合客体当下的生存境遇，这也是认识局限的原因。毕竟，"世之听者，多有所尤，多有所尤，则听必悖矣。所以尤者多故，其要必因人所喜，与因人所恶。东面望者不得西墙，南乡视者不睹北方，意有所在也。"（《去尤》）只有在个人认识的不断深化中，在对世界、自然和认识规律的不断理解中，提升认知和拓展思维才有可能接近真理。因此，在教化中实现主客的交互，这对教化的双方而言都是去除认知局限性的一种方式，因而实现教化主体与客体的统一。一旦"师徒异体"（主客异体），主客体之间很容易产生二心，认知亦不会有太大突破，那么教化效果就难以保障。

教化主体与客体之间是否关系合宜，本身具有不确定性。"凡遇合也，合不可必。"（《劝学》）但可以肯定的是，教化主体本身的品质决定了教化的效果。其中"争道"是教化主体的最高品质，"理义确立"是其行为方式。而真正有利于最佳教化效果的则是主客体在"全天""全性"方面的交互，在二者的互动中能够促进"道德本性""秩序"意识的不断明确化。之所以主客体间能够实现"师徒同体"还在于人与人在精神上能实现精气相通，"精气之集也，必有入也。"（《尽数》）教化主体与客体在一定的场域中，精气不断流通、交换并促使主客体间的精气在运动中不断发生相互作用，"精气之来也，因轻而扬之，因走而行之，因

---

① 《毛泽东文集》第八卷，人民出版社1996年版，第326页。

美而良之，因长而养之，因智而明之。"（《尽数》）《吕氏春秋》强调"精气"的客观性和应用性，若教化主体以"去私""去尤""去宥"的心态面对精气的运行，而教化主体对此稍加引导，则能够让主客体之间的精气达到鼎盛状态。① 其中，诚是其主要表现。

"盖天下之本在身。春为生长之始，故《孟春》《仲春》《季春》三纪之下，皆论立身行己之道。而《孟春纪》先上本之于性命之精焉。"② 这种性命之精在身体保养方面可以延长寿命，达到"真人"境界，"精气日新，邪气尽去，及其天年。此之谓真人"（《先己》）。在主客体交互方面则能够达到至诚的感通，孩子和母亲之间最易引起至诚感通，所以申喜能够根据乞讨者的声音悲凉而认出乞者为自己的母亲，正是在于心有所感、有所动。如同父母和子女"一体而两分，同气而异息"（《精通》），教化主客体在性命之精方面也有感通。钟子期通过击磬人的悲凉乐声，能够断定他悲惨的经历和身世，"神出于忠而应乎心，两精相得，岂待言哉？"（《精通》）古语常言"精诚所至，金石为开"也有此意。在主客体的交互中，若是达到"无以害其天则知精，知精则知神，知神之谓得一"（《论人》），如此进行教化则主客体更能体会"道德本性""秩序"意识，进而在主客交互中实现其教化。

但是，主客同体并不意味着主客无区分。主客有分同样蕴含在《吕氏春秋》的教化思想中，当然，主客之间的区分也不能说明"主客异体"。所谓主客有分是在"主客同体"意义上各有分职。"先王之立高官也，必使之方，方则分定，分定则下不相隐。"（《圜道》）定分职一直是《吕

---

① 徐复观提出："生命之中精来自天之精……精为万物所同具，固一之精，故可通与万物。既可通于万物，则可收不言而万物自化之效。"可见，在他看来，精气可贯通天地万物，因而实现万物的关联。参见《中国哲学思想史两汉、南北朝篇》，台湾学生书局 1985 年 8 月再版，第 47 页。

② 吕思勉：《先秦学术概论》，译林出版社 2016 年版，第 204 页。

氏春秋》教化思想所强调的，按照这一思想，教化的主客体各安其位、各司其职、各守其命，因而国家昌泰、人民安乐，这是《吕氏春秋》教化思想的一贯逻辑。"命太尉赞杰俊，遂贤良，举长大；行爵出禄。必当其位"（《孟夏》）、"处其职、治其事以待主，主无不安矣；以此治国，国无不利矣；以此备患，患无由至矣。"（《圜道》）《吕氏春秋》教化思想是在效法"天道"自然下，实现个人"道德本性"意识的觉醒，并通过成己达人实现社会共同体"秩序"的建构，因此，主客体的交互就是在"道德本性"的觉醒中实现交互，这是在教化中区分了主客体。

第二节　教化思想的具体内容

《吕氏春秋》教化思想效仿"天道"自然，通过"道德本性""秩序"意识的回归与建构以实现其教化。由于受限于传统社会的"内圣外王"思想，《吕氏春秋》教化思想以修身、齐家、治国、平天下为基本内容。修身是通过效仿天道，回归人的本性并建构基本的"道德本性"意识以实现教化；安身立命作为《吕氏春秋》教化思想所崇尚的基本生命观，涉及重己、先己、重生、贵生、适欲、养性等既保养身体又实现精神恬淡的教化效果。为了修身就先养生，为保证身体的持续更新，对"己"与"生"的重视是保养生命的手段，是修身的基础环节。而适欲、节性、去惑则是在精神层面去除不必要的物欲，通过回归本性而激发个体修身的精神境界，进而实现其教化。

齐家是于"家"中实现各安其分、恪守其职的教化；《吕氏春秋》教化思想吸收儒家之教化，以"孝道"为家庭教化的基石，通过忠信实现"至诚"精神。"至诚"对个人心性影响显著，一旦"至诚"通乎天性，则可实现"服人若化"的教化效果。这在"家国同构"的传统社会中有利于进一步通过家庭教化实现社会教化。

治国、平天下则是在群体利益、国家利益方面，以无私不恶、天下为公的道德精神和人格修养实现教化，其间也涉及平天下的道德诉求。这是《吕氏春秋》教化思想在学校教化、社会教化方面的诉求。学校教化在传统社会直接关系到明确的师生关系，因而学生的"疾学"与"尊师"是实现教化效果的保障。尊师重教开创了一个无所不包的宏大体系，通过古圣先贤的亲身案例，将这一教化推高到新的位置。而社会教化主要通过礼乐仁义等具体内容得以展现。①

一、自我教化：养生养性

研究《吕氏春秋》教化思想的具体内容必然涉及教化的基础所在，即修身。《吕氏春秋》的生命观是修身的开端。生命的存活与保养是修身的基础；修身能够促进精神人格的长养和培植，实现生命力的外放。生命是生命力的基础，生命力是生命的不断生发。生命需要以"养生"得以保全，而培植生命力则需在"养生"的基础上适欲、节性、去惑。以生命力的贯通、向上、生发督促生命之真，故而实现以修身为主的教化。

其一，养生是个人自我教化的关键。

养生可保持生命的鲜活。这有赖于养生理念的建构和认知。所谓养生，就是"去害""知本"。"何谓去害？大甘、大酸、大苦、大辛、大咸，五者充形则生害矣。大喜、大怒、大忧、大恐、大哀，五者接神则

---

① 这里涉及林安梧所总结的人伦共同体、社会政治共同体、文化教养共同体和自然共同体，而这四个共同体是循环成就，不断通过修身、齐家、治国、平天下而回环往复的。请参林安梧：《儒道佛三家思想与二十一世纪人类文明》，山东人民出版社2017年版。

生害矣。大寒、大热、大燥、大湿、大风、大霖、大雾，七者动精则生害矣"（《尽数》），"故凡养生，莫若知本，知本则疾无由至矣。"（《尽数》）养生既包括对身体的重视、对外物的取舍，也包括精神的修行。其中，身体是基础，"凡事之本，必先治身，啬其大宝。"（《先己》）重己不是对自身的高傲与自恋，也不是目空一切的自以为是，而是时刻保持天道的合宜并以己之身行乎德，立身为他人的榜样。另外，在弊端的根除和错误的弥补方面，以"先己"的态度才能"夫月形乎天，而群阴化乎渊；圣人行德乎己，而四荒咸饬乎人。"（《精通》）重视身体不仅关乎对待身体的态度，更关乎德行修为，通过重己、先己才能逐渐达到教化中的修身、治身。

《吕氏春秋》教化思想提出重生、贵生的观点，这被认为是自我教化中实现修身的根本。生命首先是社会实践的基础，对人而言，失掉生命将会一无所有。"倕，至巧也。人不爱倕之指，而爱己之指……今吾生之为我有，而利我亦大矣。论其贵贱，爵为天子，不足以比焉；论其轻重，富有天下，不可以易之；论其安危，一曙失之，终身不复得。此三者，有道者之所慎也。"（《重己》）我们不爱能工巧匠的手指，也不爱世间名贵的玉器珍珠，皆因为独属于我们的手指和玉器对我们是有利且有用。身体是其他一切的基础，从贵贱的角度，哪怕贵为天子的人，其身份也无法与生命相比较；就轻重而言，哪怕富甲一方的人也不能高于生命。《吕氏春秋》教化思想以谨慎的态度对待生命，"万物章章，以害一生，生无不伤；以便一生，生无不长。"（《本生》）若想养护生命有很多方法，若对生命毫不在意也有很多外物能妨害生命。生命与外物之间联系紧密，如何对待生命以持守个人的"道德本性"呢，这值得深思。

《吕氏春秋》教化思想中还包含孟子的"德义"思想，认为"生大于义"，这与"舍生取义"（孟子）有了天壤之别。《高义》篇教化民众以"义"行事，"君子之始也，必缘义，行必诚义"。《无义》篇提到"故义者，百事之始也，万利之本也……趋利固不可必也。"可见，《吕氏春秋》提倡义但又不把义放在最高位置的状态，在"生"与"义"之间抉择时，推崇"舍义取生"。在不同对象与"义"比较时，凸显"生"的重要性。同时，又大力呵斥求利心切导致违背"义"的情况。在《吕氏春秋》看来，"生"与"义"相互联系，按照六欲①的适宜情况和天性保全的程度，可以将其划分为全生、亏生、又生、迫生，而最后一个层级的迫生就近乎不义。这一分类，直接将"义"纳入"生"的系统，可见《吕氏春秋》对"生"的重视。②

　　重生、贵生不仅在身体、生命上下功夫，还在于效仿"天道"并回归"道德本性"——全天全性需要人的参与和实践。全天才能够全德——更好地效仿天道以实施教化。"故圣人之制万物也，以全其天也。天全，则神和矣，目明矣，耳聪矣，鼻臭矣，口敏矣，三百六十节。皆通利矣。"（《全生》）在这个一体化的体系中，全生与全德有必然性的联系。全生之人，精通天道，持守个人的"道德本性"，因而在人道的修为方面也会顺遂自然。"若此人者，不言而信，不谋而当，不虑而得；精通乎天地，神覆乎宇宙；其于物无不受也，无不裹也，若天地然；上为天子而不骄，下为匹夫而不惋。此之谓全德之人。"（《本生》）可见，《吕氏春秋》教化思想要求重己、重生，以此实现养生、修身，最终目的服务于全生全性并体悟天道，回归自我的本性，在顺应天道的过程中，持

---

① 《贵生》篇最早提出六欲，"所谓全生者，六欲皆得其宜者。"东汉高诱对其进行注释，"六欲，生、死、耳、目、口、鼻也。"可见，六欲是保持个人生命的基本需求。《吕氏春秋》对人的基本欲望持肯定态度。

② 胡适主张《吕氏春秋》的贵生思想主要受"杨生贵己"或"杨朱贵己"影响，而贵己是一种健全的个人主义，或称"贵己"主义。诚然，《吕氏春秋》受到杨朱思想的影响，很重视身体和生命，"身大于天下，生命大于天下"，把身体和生命放在至高的位置，这是因为身体和生命是伦理共同体、政治社会共同体和文化教养共同体的基础。

守"道德本性"并以自教和他教的方式成为全德之人。

其二，自我教化还需养性。

在《吕氏春秋》教化思想中，自我教化仅有养生不够，还需养性，故而需要恰当地对待欲望。如何对待欲望，这是《吕氏春秋》教化中养性的特色。欲望的调适涉及人性问题，儒家对人性的看法有性善、性恶的分野；墨家认为人性是要回到有善恶之前的状态，故素丝寻染；道家倾向于人性自然；而《吕氏春秋》对人性的认识因其以（黄老）道家思想为主线，故以道家对待人性的态度为主，其教化思想中对待欲望的态度与道家有一定相似性。关于人性善恶，晚于《吕氏春秋》的近代德国哲学家黑格尔表示，当有人说人性是善这句话时，是说出了一种很伟大的思想；但是他忘了，当人们说人本性是恶这句话时，是说出了一种更伟大得多的思想。黑格尔认为，提出性恶说要比性善说更伟大，因为恶是历史发展的动力。后来马克思则认为，"在黑格尔那里，恶是历史发展的动力的表现形式。这里有双重意思，一方面，每一种新的进步都必然表现为对某一神圣事物的亵渎，表现为对陈旧的、日渐衰亡的、但为习惯所崇奉的秩序的叛逆；另一方面，自从阶级对立产生以来，正是人的恶劣的情欲——贪欲和权势欲成了历史发展的杠杆，关于这方面，例如封建制度的和资产阶级的历史就是一个独一无二的持续不断的证明。但是费尔巴哈就没有想到要研究道德上的恶所起的历史作用"[①]。关于性善、性恶有如此多的辩论和思考，但是在延续道家主旨的《吕氏春秋》看来，无论性善或性恶都需还原至人的自然本性，因此需要适欲。除了适欲以修身（实现自我教化）以外，还有节性、去惑等辅助养性的教化。

那么，我们就需要考虑，欲求如何而来？随着生产力的发展、物质

---

① 《马克思恩格斯文集》第 9 卷，人民出版社 2009 年版，第 291 页。

财富的积累和文明程度的不断提升，脱离蒙昧的欲求越来越受到吹捧。老子早已言明，"甚爱必大废，多藏必厚亡"（《道德经》第四十四章），《吕氏春秋》则高呼"必先适欲"。以天子设置臣属的职责为例，臣子的设置本为保全性命、保养身体，可是某些糊涂的君主反而因臣属职位等丧命，背弃了养生初衷。这就是自我教化在养性方面的失误。同理，整顿军备是为了维护国家安全和民众生命，防患于未然。而有些国家却因而引发战争，丢掉百姓性命。也有些国家物质生活越丰富，反而越容易在长久的舟车劳顿中习惯了"招蹶之机"；以"烂肠之食"为珍馐佳肴；以"伐性之斧"为丝竹享乐，故而丢失了"道德本性"。《吕氏春秋》中的自我教化具有爱护生命的意义，并认为欲望容易成为养生、养性的大敌。"凡生之长也，顺之也；使生不顺者，欲也。故圣人必先适欲。"（《重己》）适欲不是像庄子一般化入自然而消极无为，完全因循自然并丢弃欲望；也不同于老子严苛的"见素抱朴""少私寡欲"。作为入世之人，欲望的存在是一种必然，衣食住行等基本生活需求的满足与欲望执着就在一念之间。欲望，是养生、养性无法避免的一个主题，恰当对待欲望需要智慧。

节性与适欲有一定的相关性。"昔先圣王之为苑囿园池也，足以观望劳形而已矣；其为宫室台榭也，足以辟燥湿而已矣；其为舆马衣裘也，足以逸身暖骸而已矣；其为饮食酏醴也，足以适味充虚而已矣；其为声色音乐也，足以安性自娱而已矣。"（《重己》）以圣王为例，哪怕珍馐美味、亭台舞榭、卧榻宫殿、管弦丝竹、宝马雕车等唾手可得，哪怕身居高位、享受无尽，但依然节制本性，不会完全将自身寄托于各种外物之中。因为，我们在享用外物的同时，也是被外物享用和占有。"五者，圣王之所以养性也，非好俭而恶费也，节乎性也。"（《重己》）《吕氏春秋》教化思想特别强调，节性是关乎生死的根本道理，圣王以调节性情并让它保持在适度的状态，不是背离天道去追求不可能实现的长生，而是保全天道以防夭折或损伤。我们这里以圣人为极端案例而分析节性，主要在于，若不节性，就等于将身体置于欲望的沟壑中，对心也是一种纵容，心的迷惑则从根本上动摇了自我教化，因而人就很难回到天道所赋予的"道德本性"上，自我教化都被肢解，而他教也就缺失了必要的衔接链条。

《吕氏春秋》教化思想所要求的节性并非完全消除本性欲求，而是让本性保持不偏不倚、不倾不斜的状态，节性所持守的是"天道"自然所赋予的"道德本性"，类似于上文所说的"中庸之道""合宜之行"，这能够让本性恰当、适宜地流淌，但又不会泛滥成灾。"圣人深虑天下，莫贵于生。……由此观之，耳目鼻口不得擅行，必有所制。譬之若官职，不得擅为，必有所制。此贵生之术也。"（《贵生》）耳目鼻口都有所制约，而心亦有所制约。节制欲望可恰当保持适宜状态，生命才会长生久视，本性也会天长地久。反之，一旦欲望横流、纵欲不止、欲壑难填，生命势必耗损殆尽甚至过早枯竭。有些人以不肯富贵、不求豪宅、不为名利、千金散尽、自然养心等实际行动去养生、养性，这种通过调适尽量去满足自己基本欲求，恢复自然天道的本性，是节欲的表现。

其三，去惑是自我教化的需要。

去惑则是在自我教化中摒弃这些问题。惑包括局限于自身观点和认知方式的思维、为了私利不惜牺牲他人的物欲、自恃聪明不知分寸的行为。首先，去掉主观偏见是客观认识事物的方法，不断清空自身各种观点的局限和弊端，尽量从更高的认知水平去观察和思考，才会慢慢去除迷惑。"夫人有所宥者，固以昼为夜，以白为黑，以尧为桀。宥之为败亦大矣。"（《去宥》）在思想上有所局限，自然会认为各种物欲、繁杂的人事是有利的，因而如蝇逐臭。殊不知，思维上的不足直接限制了本性的觉醒。"故凡人必别宥然后知，别宥则能全其天矣。"（《去宥》）其次，利益他人而忽略谋取私利的人很罕见，"伯禽将行，请所以治鲁。周公曰'利而勿利也'。"（《贵公》）但是，谨遵周公的教诲，利他勿自利可以去除不少生活中的迷惑。"人主自智而愚人，自巧而拙人，若此，则愚拙者请矣，巧智者诏矣。诏多则请者愈多矣，请者愈多，且无不请也。主虽巧智，未无不知也。以未无不知，应无不请，其道固穷。"（《知度》）那么，在《吕氏春秋》教化意义上的不惑之人，是指一个人能处于恰当的位置，而不会逾越职权，自然也不会因为劳累过度而伤害身体。一旦悖逆君道、罔顾臣道，最终只会把贤臣赶走。《吕氏春秋》善于从君道与臣职的角度对此进行论述，"惟不以天下害其生者也，可以托天下。"（《贵生》）在传统思想社会中，天下是最重之物；而对于君王而言，能够不以天下而害生，足以见得其对生命的重视程度，故而可以托付天下于君王。

养生与养性是在个人的"道德本性"中实现修身，其核心理念是"以物养性，非以性养物"。所以，重己、先己可彰显自我教化中对生命的重视，以此达到养生；通过适欲、节性、去惑以养性，实现自我教化中对本性的重视，二者并行故可实现修身。《吕氏春秋》教化思想在个人层面主要通过修身实现自我教化，贯穿养生、养性之道则得以"顺其性"而"达乎性命之情"。

二、家庭教化：忠孝齐家

由于"家国天下"的一体性构建，家庭在古代社会的教化中所占比重较大。正如马克思指出："一个人的发展取决于和他直接或间接进行交往的其他一切人的发展。"《吕氏春秋》教化思想在自我的维度主要表现为修身——养生、养性，在身心不二的基础上达到慎言、慎行、慎独。在家庭的维度上是忠孝；在学校的维度是尊重师道；在国家的维度是仁义、大公精神。"实际上，每一个阶级，甚至每一个行业，都各有各的道德，并且，只要它能破坏这种道德而不受惩罚，它就加以破坏。而本应把一切人联合起来的爱，则表现在战争、争吵、诉讼、家庭纠纷、离婚以及一些人对另一些人的尽可能的剥削中。"①《吕氏春秋》从家庭教化的维度提出以孝行为基石，以诚信作为教化的基本诉求。"义理之道彰，则暴虐奸诈侵夺之术息也"（《圜道》），《吕氏春秋》认定"暴虐奸诈之与义理反也，其势不俱胜，不两立"（《怀宠》），这一教化与奸佞狡诈之间容易此起彼伏，因而其教化力主舍弃虚伪奸诈，改善严刑峻法。

第一，孝行为本。

《吕氏春秋》教化思想的主要内容来自儒家，在家庭教化中，"孝道"是根基，处在教化链条的前端。《论语》不止一次提到"孝"，"父在，观其志；父没，观其行；三年无改于父之道，可谓孝矣。"（《论语·学而》）《吕氏春秋》继承了"孝"的思想，并认为"孝"应当是根本且处于首要地位。②"凡为天下，治国家，必务本而后末。"（《孝行》）同时，孔子不仅主张孝顺父母，还区分了对待父母的细微态度——孝与敬。对父母若只孝不敬就似牛马，"今之孝者，是谓能养，至于犬马，皆能有养，不敬，何以别乎？"（《论语·为政》）因此，对父母不仅孝，还应敬。《吕氏春秋》教化思想继承并发展了"孝"，"民之本教曰孝，其行孝曰养。养可能也，敬为难；敬可能也，安为难；安可能也，卒为难。父母既没，敬行其身，无遗父母恶名，可谓能终矣。"（《孝行》）孝同样也涉及"养"与"敬"的问题——并建构了养、敬、安、卒的孝的体系。这就要求，在家庭关系中，不仅是赡养父母，还要孝其心、孝其志、孝

---

① 《马克思恩格斯文集》第 9 卷，人民出版社 2009 年版，第 294 页。
② 孝为人伦根基，由孝进而实现"仁"。吴飞有关于这方面的分析与论证，参见吴飞：《论"生生"——兼与丁耘先生商榷》，《哲学研究》2018 年第 1 期。

其情，即使父母去世，也应处处谨慎，不给父母留下恶名也不为父母丢脸，这才是彻头彻尾的孝敬父母。由此可见，《吕氏春秋》教化思想中，对孝设置了严格的要求：态度恭敬、言行一致、始终为父母考虑，以此谨行孝道。

除此以外，孔子直接明确提出，"君子务本，本立而道生。孝弟也者，其为人之本与。"（《论语·学而》）《吕氏春秋》在自我教化的维度以养生、养性为主，而孝与重己也有密切关系。"父母生之，子弗敢杀；父母置之，子弗敢废；父母全之，子弗敢阙。故舟而不游，道而不径，能全支体，以守宗庙；可谓孝矣。"（《孝行》）我们通过曾子和孔子的对话可以看出，保全身体也是孝的一种方式，保全自己也是孝敬父母。另外，在《吕氏春秋》中，乐正子春下堂伤足的例子，也告诫我们"父母全而生之，子全而归之，不亏其身，不损其形，可谓孝矣。"（《孝行》）可见，"孝"实际上是作为变相的贵生要求，在人伦关系中被呈现出来。这是《吕氏春秋》教化思想中以"孝"为基础而建构的人伦关系。基于此，人既是"关系"中的存在，又能通过"关系"回归自身。一方面，我们在家庭教化中贯穿自我教化；另一方面，家庭所展现的人伦关系对于个人而言又是一种他教的方式，二者在无形中共同致力于《吕氏春秋》之觉醒"道德本性"的教化。

《孝行》是《吕氏春秋》中专门论述"孝"的篇章，其文字、思想与《礼记》的《祭义》相似，并直接引用了孔子、曾子等儒家的原文对话。那么，教化在家庭内部首先表现为良好的家风。宋人程颐就认为"人生至乐无如读书，至要无如教子"（《教子语》），家庭教化在《吕氏春秋》中占有重要地位，主要表现在：《吕氏春秋》教化思想将"孝"置于人伦的基础，虽然这与"孝"内在的功利主义、现实色彩有关，"夫执一术而百善至，百邪去，天下从者，其惟孝也。"（《孝行》）但是，我们必须承认，先秦的政治格局和社会治理格局内在地将家庭设置为基础，"孝"

作为家庭成员间增加凝聚力的一种方式，必然受到极大推崇。一方面，在效法"天道"自然的基础上，孝展现了人在家庭环境中的基本存在方式，即父母子女的基本血缘关系是可延伸出最自然的伦理秩序，那么，在"伦理关系"中通过孝可实现最基本的家庭教化。另一方面，孝是社会治理中血缘文化的治理需要，毕竟以家庭为基础的社会治理格局被实践证明为合理和有效的。"人主孝，则名章荣，下服听，天下誉。人臣孝，则事君忠，处官廉，临难死。士民孝，则耕耘疾，守战固，不罢北。"（《孝行》）孝能够实现现实的稳定性，且通过"伦理关系"还能够向四面八方不断延伸、建构秩序，因此，在家庭教化中，孝的地位牢固不可动摇。在孝的基础上，以家庭为单位不断推演开来，社会的治理理念会向仁义、忠君、诚信、治国逐渐发展。在这个意义上，孝就和修身、齐家、治国、平天下完全联系起来。处于社会治理链条顶端的孝，故而是"三皇五帝之本务，而万事之纪也。"（《孝行》）

第二，忠信有度。

"诚"在《吕氏春秋》教化思想中是极高的一个境界，"诚"可发乎人的本性，促进人与人之间的感通和影响，在"诚"的感通中持守个人的"道德本性"也就是教化的极高境界。"故君子诚乎此而谕乎彼，感乎己而发乎人，其必强说乎哉？"（《精通》）至诚之人，能够集中精神，故而养由基"诚乎兕"射穿石头，伯乐"诚乎马"故能相马，庖丁"诚乎牛"则游刃有余于牛。"石可破也，而不可夺坚；丹可磨也，而不可夺赤。……性也者，所受于天也，非择取而为之也。"（《诚廉》）"诚"在教化中有巨大的效果，可谓"至诚如神""至诚通天"，因而以"至诚"可实现个人"道德本性"的回归，进而更好地践行教化。

个人的心性通过行为和形象有所展现，可谓"诚则形"。而"至诚"更是心性的流露，"诚乎此者刑乎彼。"（《具备》）马克思认为："人作为对象性的、感性的存在物，是一个受动的存在物；因为他感到自己是受动的，所以是一个有激情的存在物。激情、热情是人强烈追求自己的对象的本质力量。"①在此情况下，尊重自身内在的情感，尊重他人的内在情感，以此审查他人或自己的言语与行动，就可快速判别其道德状况。"乃通于天，水木石之性，皆可动也，又况于有血气者乎？故凡说与治之务莫若诚"（《具备》）。诚是作为一种境界或意境存在于教化中，直抵人的心性。作为境界的诚有一种终极目的性，并非现实可轻易达成。诚作为教化的极高境界，从理论上讲，有"自诚明""自明诚"两种渠道达成，一旦通达"诚"的境界，则"得道之人，贵为天子而不骄据，富有天下而不骋夸，卑为布衣而不瘁摄，贫无衣食而不忧慑。"（《孝行》）而作为意境的诚，则可以通过心性的回归和真诚的感通实现。《具备》篇以慈母与幼子感通为例，提出至诚之心可让人体会到爱的感通，"故诚有诚乃合于情，精有精乃通于天。"（《具备》）一旦达到"至诚至精"，那么个人可通乎天性，一旦通乎天性，外物皆可改变，这就是"服人若化"的教化。

而心性的缺失会导致诚的失落，"说与治不诚，其动人心不神。"（《具备》）"至诚"的心性在现实生活中，往往表现为"忠""信"。《吕氏春秋》教化思想提倡在"道德本性"意识下使用非己之力，即借力实现教化。其中，信用和忠诚就是借力的前提。"三代之道无二，以信为管。"（《用民》）能够使用非己之力的原因是"信"。以"信"为准则，是国家兴盛之道。其中，晋文公讨伐原国的案例足以证明诚信的价值。晋第一次伐原，晋文公约定七日为期，过期以后哪怕原国很快不能抵挡也不再攻打，因七日之信晋文公宁可失去攻下原国的机会也要守信。"信，国之宝也。得原失宝，吾不为也。"（《为欲》）第二

① 《马克思恩格斯文集》第1卷，人民出版社2009年版，第211页。

次攻伐时约定攻下则止，原国却因晋文公的诚信而选择自动投降。同时，卫国得知晋文公的信用，也自动归晋。"文公非不欲得原也，以不信得原，勿若不得也，必诚信以得之，归之者非独卫也"（《为欲》），这是"攻原得卫"典故的由来。正是因为"信"，使晋文公实现了不攻卫而得卫。

"神出于忠而应乎心，两精相得，岂待言哉。"（《精通》）"忠"在乎心，由心而形，因此"忠"可通过行动表达，但这并非"忠"的全部。一般情况下常人不一定能做到尽忠，特殊情况下尽忠更难实现，毕竟，不为名利、不慕荣誉而尽忠很难得。"穆行之意，人知之不为劝，人不知不为沮，行无高乎此矣。"（《尽忠》）没有他者的监督与赞美也可以尽忠，甚至他者误会、嘲讽也能一如既往，这才能显示一个人的德性。那么，个人的"忠信"精神不因他人了解或误解而有所异样，"不以物喜不以己悲"的情怀是关乎"道德本性"的"尽忠"。我们知道，美好的德行固然可用之教化民众，在清明之世尽忠之人可利于国家，可是，一旦遇到乱世昏君则容易酿成愚忠的苦果。《吕氏春秋》以战国名医文挚为例来说明尽忠与教化之间的关系，他明知靠激怒齐王才能治好他的恶疮，而齐王病愈之际他必将死去，他为了成全太子的孝敬之心依然舍身救人。这种尽忠固然是一个人的优良德行，但不免"浊世难行"，颇让人痛惜。

忠、孝、诚、信都是从国家最小的单元——家庭中展现出来的，《吕氏春秋》的教化思想正是依托于人伦关系之上，以其基石性作用，给人提供基本的接受教化的环境，以家庭熏陶、人伦教养而接受他教；同时在生活中直接践行这种教化，又可以让人们在人伦关系中自我反省、不断觉醒"道德本性"，这又是自教的方式。在家庭教化和人伦关系中，忠、孝、诚、信的德性可直接展现自身，并不断得到更新。

三、人文师教：尊师重教

《吕氏春秋》对"教"格外重视，通过《劝学》《尊师》《诬徒》《用众》（一名《善学》）等四篇专论可知。另外，《当染》《至忠》《忠廉》《孝行》《下贤》《高义》《上德》等数篇也有所涉及。一方面，《吕氏春秋》的教化思想来源于以上篇目，这些大多数是关于教育的内容，因而自然地蕴含着教化的意蕴，但对教化思想的研究不能仅局限于此。毕竟，《吕氏春秋》以效法天道而贯通天地人"三才"，其教化思想通过"道德本性"意识与社会生活、人伦道德、政治治理等具有一体同构性。《吕氏春秋》教化思想也包括教育内容，这从文本中关于学生的品德与学业培养就可知晓。

《吕氏春秋》教化思想致力于实现政权良好的治理。教化的一个可行性前提在于，赞同墨家的环境决定论——以素丝可染说明"非独染丝然也，国亦有染""孔墨之后学显荣于天下者众矣，不可胜数，皆所染者得当也"（《当染》）。如前所述，《吕氏春秋》认为，教化的环境对一个人的道德品性有至关重要的影响，可实现移风易俗的效果。《吕氏春秋》倡导"疾学"，认为加强学习是实现人文师教的一个首要内容。

第一，"疾学"可以实现自教，并觉醒人的"道德本性"。孔子在《论语·季氏》篇，提到"生而知之者上也，学而知之者次也，困而学之又次也。困而不学，民斯为下矣"。对于一般人而言，生而知之者太少，大部分人不管是"学而知之"抑或"困而学之"都离不开一个"学"。《吕氏春秋》对"学"的倡导，延续了孔子遗风，明确提出"疾学"。"疾学"之于"学"明显多了一丝急迫感和力量感，"先王之教，莫荣于孝，莫显于忠。忠孝，人君人亲之所甚欲也。显荣，人子人臣之所甚愿也。然而人君人亲不得其所欲，人子人臣不得其所愿，此生于不知理义。不知理义，生于不学。"（《劝学》）"学"是知"理义"的前提，只有知"理义"

才能够忠孝得当。因此，"疾学"与"忠孝"教化相关联，教化能促使人更好理解"天道"，故而对"道德本性"的持守形成独特认识，可见，"疾学"本身就是教化的一种实现方式。

学习作为劳动的一种特殊形式，之所以说它能够通达天性，这在马克思、恩格斯关于劳动和实践的论述中可充分证明。"劳动创造了人本身。"[1]学习作为劳动的一种方式，能够让人实现自身，也即通达人的本性。"动物通过它们的活动也改变外部自然界，虽然在程度上不如人所作的那样。我们也看到：由动物改变了的环境，又反过来作用于原先改变环境的动物，使它们起变化。因为在自然界中没有孤立发生的东西。事物是互相作用的，并且在大多数情形下，正是忘记了这种多方面的运动和相互作用，阻碍我们的自然科学家去看清最简单的事物。"[2]通过学习这种劳动方式，可以促使人极大程度调动眼、耳、鼻、舌、身、意，促进人脑的使用和心灵的通达，而它们又会反过来对学习施加作用，因此不断循环往复以提升学习效果、通达本性。另外，从个体层面来说，学习是自教与他教相结合的主要方式。学习不仅是知识化的效果达成，更是在精神层面修养身心，而教师与学生之间的人文教化可促进"疾学"最大程度地发挥作用。

同时，"疾学"并非功利主义的诉求，而是快速通达人本性的一种方法。"天生人也，而使其耳可以闻，不学，其耳不若聋；使其目可以见，不学，其目不若盲；使其口可以言，不学，其言不若爽；使其心可以知，不学，其知不若狂。故凡学，非徒益也，达天性也。"（《尊师》）缺失"学"，眼、耳、鼻、舌、身等固定功用就不能发挥，这是最表面的意蕴。实际上，"学"还能够让器官回归本性，各个官能以回归自身

---

① 《马克思恩格斯文集》第 9 卷，人民出版社 2009 年版，第 550 页。
② 《马克思恩格斯文集》第 9 卷，人民出版社 2009 年版，第 558 页。

之能、养生养性的方式存在，因而在实现知识增量的同时，民众又多了一种践行天道自然的方式——以学习实现自教。除此以外，通达天性作为"疾学"的主要追求，被赋予崇高的意义，"能全天之所生而勿败之，是谓善学。"（《本生》）缺失学习的开放性、包容性，固化了已有的思维，一个人很难保全天性，而"疾学"可以达到这一目标。通过"疾学"，得以自知，"自知者明"，以"疾学"这种自教的方式可以让人自明、自显本性、自见其真。

第二，贤者是通过"疾学"自教而实现的初步成就，并且在一定程度上，为他教开辟领域。贤者作为一个国家治乱兴衰的重要引领者，在教化中具有举足轻重的地位，《吕氏春秋》的教化思想以"圣人之所在，则天下理焉"（《劝学》），一语道明贤者的作用。在教化中，"疾学"有专门的速成机构——通过教师作为专门教化者实现人才的培养，而贤者除了"疾学"以外还具备良好的道德修养，"利之大者，莫大于利人，利人莫大于教；知之盛者，莫大于成身，成身莫大于学。"（《尊师》）《吕氏春秋》的教化思想对教与学就做出明确界定。"教也者，义之大者也；学也者，知之盛者也。"（《尊师》）教化是德义的最高表现，而学习是智慧的总集。《吕氏春秋》教化思想涉及了教与学的作用、可行性、必要性。教与学作为教化的两个方面，能在交互中进一步促使民众回归本性，在持守个人的"道德本性"意识中，实现人与人的心灵沟通和本性教化，"反诸人情，则得所以劝学矣。"（《诬徒》）在教化中，实现人与人之间的沟通与影响，还能不断推动主客体间良性互动的关系。

其中，教化主体能以榜样人格的教化启发教化客体。"齐桓染于管仲、鲍叔，晋文染于舅犯、高偃，楚庄染于孙叔、沈尹，吴阖闾染于伍员、文义，越勾践染于范蠡、大夫种。此五君者所染当（受教化得当——引者注），故称霸诸侯，功名传于后世。范吉射染于长柳朔、王胜，中行寅染于藉秦、高强，吴夫差染于王孙雒、太宰噽，智伯瑶染于智国、张武，中山尚染于魏义、偃长，宋康染于唐鞅、佃不礼。此六君者所染不当（受教化不当——引者注），故国家残亡，身为刑戮，宗庙破灭，绝无后类，君臣离散，民人流亡。举天下之贪暴苛扰者，必称此六君也。"（《当染》）以君王为例，不同的国君选择的辅佐者不同，因而接受的教化熏陶也不同，国君的直接作为、国家政策的制定和基本行为都是教化他人的参照物，因而他们对当时当世的社会影响尤甚，这就容易酿成不同的国家命运和教化氛围。在中国传统社会，君王在国家治理和社会教化中居于核心地位，因而《吕氏春秋》在谈论效法天道自然并进一步践行教化思想时，同时提出有效防止君王昏庸而耽误社会治理和人文化育的状况。基于此，《吕氏春秋》教化思想特别重视选贤任能，在人才方面格外下一番功夫。善于教化的国家往往将治道运筹帷幄，"劳于论人，而佚于官事"（《当染》）；而那些偏听偏信奸佞小人之言，又缺乏长远教化眼光的君主，很容易丧失权威和人民的信任，故而不断走下坡路。由此可见，《吕氏春秋》以君王作为教化客体的极端案例，以此洞察榜样人格与教化主客体的关系，这有助于我们进一步深化对教化思想的理解。

第三，《吕氏春秋》在人文教化中的核心是"尊师重教"。其逻辑链条是：尊师——疾学——知理义。"圣人生于疾学，疾学生于尊师""此生于不知理义，不知理义，生于不学。"（《劝学》）在《吕氏春秋》看来，尊师是疾学的基础，疾学故而知理义。学习与知理义自然以尊师为首。疾学始于尊重老师，《吕氏春秋》列举了包括神农、黄帝、尧、舜、禹、汤、武王、文王、晋文公、楚庄王、齐桓公、勾践、阖闾等在内的10位圣人和6位贤者，通过事例说明他们的尊师之道。《吕氏春秋》将其与秦国状况相比较，并认为，少有人达到以上十圣人六贤者的尊师程度，因而秦国也就难以取得与圣人、贤者相似的成就。这里还隐含着尊师与道德人格、道德成就的关联性。

实际上，尊师本身就是教化的实现方式之一。"是故古之圣王未有不尊师者也"（《用众》），师是道的化身。对师不尊，道无能至，就更谈不上觉醒"道德本性"，"疾学在于尊师，师尊，则言信矣，道论矣"（《劝学》）。师是道的承载者，师之所以为师者在于对道的学习、领悟和对前人思想精华的继承，"人能弘道，非道弘人。"（《论语·卫灵公》）将师作为道德化身，又以师承载道，那么，尊师也就是践行道德本性的过程，这是《吕氏春秋》教化的另一个重要方式。师的参与为道的传递和弘扬提供了依托平台，于是，人可将思想、价值、理念以道为载体进行传递，进一步实现社会关爱和人文关怀的延伸。简而言之，尊师是重道的表现之一，尊师即是践行道。

另外，良好的道德人格、对老师的尊重都可促进"疾学"，《吕氏春秋》的教化思想涉及大量君主尊师的例子，还论述了颜渊尊孔子的案例，以此为榜样，《吕氏春秋》明确表达了学习的关键在于尊师。①《吕氏春秋》认为老师在教化中有举足轻重的作用，甚至还有妙手回春的能力。其中《尊师》篇阐明了由尊师和教学构成的一个通达自我、家庭、人文、社会领域的教化体系，"故教也者，义之大者也；学也者，知之盛者也。义之大者，莫大于利人，利人莫大于教。知之盛者，莫大于成身，成身莫大于学。身成则为人子弗使而孝矣，为人臣弗令而忠矣，为人君弗强而平矣，有大势可以为天下正矣。"（《尊师》）正是在这一体系中，教化的社会价值更加显著。由此可见，《吕氏春秋》教化思想之尊师重教开创了一个无所不包的宏大体系，通过古圣先贤的案例，将尊

---

① 孔子曾言，"三人行必有我师焉，择其善者而从之，其不善者而改之"，中国自古就流传"一日为师，终身为父"，韩愈的"师者，所以传道授业解惑也"、谭嗣同的"为学莫重于尊师"等都为老师的地位作了注脚，我们对老师的尊重和重视具有历史性的传承意义，因着社会结构中"天地君亲师"的序列，尊师也就成为一种历史积淀。

师重教推高到新的位置，成为有效规避衰世末运的一种方式。"入太学，祭先圣，则齿尝为师者弗臣，所以见敬学与尊师也。"（《尊师》）对老师的尊重，展现了对人文教养体系的重视。在现实生活中，作为教化的关注点的君王，对老师都尊重有加，何况民众呢？

四、社会教化：礼乐仁义

《吕氏春秋》继承了前人尊师重教的思想，其中《礼记·学记》作为中国古代最早的专门论述教育问题的专著，明确提出"发虑宪，求善良，足以謏闻，不足以动众。就贤体远，足以动众，不足以化民。君子如欲化民成俗，其必由学乎。"（《礼记·学记》）教化作为化民成俗的一种方式，在古代社会具有优先地位。"古之王者，建国君民，教学为先。"（《礼记·学记》）而教化的实施需要社会环境为保障，也就是，社会环境可促进或阻碍教化效果的实现，《吕氏春秋》列举历代兴衰更替的历史，用正反不同的例证说明礼乐治理、仁义环境对个人教化的影响。"舜染于许由、伯阳，禹染于皋陶、伯益，汤染于伊尹、仲虺，武王染于太公、周公。此四王者所染当，故王天下，立为天下，功名蔽天地。"（《当染》）因为所受教化得当，故而产生了舜、禹、汤和武王；相反地，一旦奸臣当道，障碍了国君的思想视野、心胸格局，则会出现教化熏染不当的昏君，如此这样的话，国家存亡就有一定危险性。"夏桀染于干辛、推哆，殷纣染于崇侯、恶来，厉王染于厉公长父、荣夷终，幽王染于傅公夷、蔡公榖。此四王者所染不当，故国残身死，为天下僇。举天下不义辱人，必称此四王者。"（《当染》）《吕氏春秋》用了不少案例在说这个问题。

第一，乐以养心。

礼乐是教化的一面镜子，在反映教化基本状况的同时又能促进教化的实现。《尚书·尧典》记载："诗言志，歌永言，声依永，律和声。"《吕氏春秋》关于诗书礼乐方面的教化，以音乐教化最多，其中，文本共有《大乐》《侈乐》《适音》《古乐》《音律》《音初》《制乐》《明理》8个篇目专门谈论音乐。"《仲夏》《季夏》皆论乐。乐盈而进，率神而从天，故于盛阳之时论之也。"①《吕氏春秋》认为音乐教化与社会治理、政治统治和社会风俗等密切相关，音乐贯穿于人的具体生活中。《季冬》篇重乐，命乐师大合奏而罢（结束一年的大合奏），这是以乐实现教化的一种方式。"凡音乐通乎政而移风平俗者也。俗定而音乐化之矣。故有道之世，观其音而知其俗矣，观其政而知其主矣。故先王必拓于音乐以论其教。"（《适音》）在《吕氏春秋》教化思想中，政治统治、社会治理可从音乐中窥探一二，通过对历史上各地区的案例总结，《吕氏春秋》发现，祥和安宁的音乐多诞生于太平盛世，而萎靡哀怨的音乐多在昏乱颠倒、佞臣横行的国家流行。

《长攻》篇提到的襄子（国君），通过"上与夏屋，以望代俗，其乐甚美"（《长攻》），而得出明确信息：在高处观察其他国家的风俗，通过音乐状况可以了知他们的政治情况。这一方面在于老国君对襄子在音乐和风俗方面的教化和引导，让他学会以乐观察民风民俗。同时，以音乐了知国家基本状况，也让人们进一步明确，音乐与社会教化之间的关系。另一方面，《吕氏春秋》将音乐教化放在长远的历史跨度中进行研究，呈现了音乐教化的历史发展意义。"故众正之所积，其福无不及也；众邪之所积，其祸无不逮也。"（《明理》）由此可知，音乐教化与国家治理、社会运行可以密切地关联在一起。

音乐在潜移默化中发挥着移风易俗的影响，调适音乐是实现教化的一种方式。由于音乐多是效仿天道自然而制作，其节律最能体现天道

---

① 吕思勉：《先秦学术概论》，译林出版社2016年版，第107页。

的运化节律。"欲观至乐，必于至治。"(《制乐》)靡靡之音多在荒淫无度之国盛行，而和谐雅音最能促进社会治理的良好运转、清明政治的实现。反过来，音乐是反映教化状况的一面镜子，"故先王之制礼乐也，非特以欢耳目、极口腹之欲也，将以教民平好恶、行理义也。"(《适音》)先王圣人制作音乐并非仅仅是为了丝竹享乐，也不只是满足一己私欲，实际上，音乐是效仿自然天道的节律而生成，那么，音乐作为教化的一种方式，也就是天道与人道相贯通的一个桥梁，作为"道德本性"回归的一个端口，通过音乐实施教化可辅助民众的道德熏陶和行为养成。

第二，礼仪内化。

《诗经》：言"相鼠有皮，人而无仪。人而无仪，不死何为？"(《诗经》)礼仪对人的重要性不言而喻。《吕氏春秋》继承儒家的重礼思想，将礼仪作为基本的生活方式。如果人不知礼仪为何物，就像老鼠之类的动物没有皮毛一样，缺乏廉耻。礼仪似穿衣戴帽的基本生活方式，是人的一种基本底线。礼仪在古代的社会氛围中不仅是一种仪式，且是判断一个人的社会地位、个人生活状况、心理状态等的道德标准。因此，礼仪在人世生活中作为基本的生活方式，甚至已经内化为行为处事的一般标准。在那种文化氛围中，通过礼仪可推知事态的发展状况。《吕氏春秋》的社会教化中就涉及礼仪教化，其中，有这样的例子，秦穆公时期有一次派兵攻打郑国，沿途国家的国民根据军队行军的礼仪阵仗，就能判断军队日后的动向，甚至可以此预测战争的输赢。在《吕氏春秋》中，礼仪不仅是外在的规范样式，更被当时的人普遍接受甚至融汇于心。在古代社会，礼仪是生活日常的一部分，通过礼仪，人们甚至可以于无形中彰显教化效果，因而，在当时的社会影响下，参照礼仪定人事也就是可能的。

"昔太古尝无君矣，其民聚生群处，知母不知父，无亲戚兄弟夫妻男女之别，无上下长幼之道，无进退揖让之礼，无衣服履带宫室畜积之便。"(《恃群》)《吕氏春秋》谈到，在没有礼仪的时代，上下尊卑浑然一片，社会缺少基本的人伦秩序。随着礼仪入心，发乎情而不断形成一种定式，后来逐渐衍生出夫妻、君臣、父子、兄弟、朋友间的礼仪。随着社会制度的演变，礼仪也就慢慢固定为一套维护人伦道德的秩序。一旦形成了固定的秩序，君臣、父子、兄弟、朋友、夫妻间的相处就很容易由随心而发，演变为一套行为标准和行为规范。这时礼仪由遵从"天道"并持守个人"道德本性"的律动状态，演变为实现社会治理所建构的外在制度规范。《吕氏春秋》重视作为礼仪的外在制度化，认为礼的产生是社会进步的表现，"先王所恶，无恶于不可知，不可知则君臣、父子、兄弟、朋友、夫妻之际败矣，十际皆败，乱莫大焉，凡人伦以十际为安者也，释十际则与麋鹿虎狼无以异。"(《壹行》)此外"同异之分，贵贱之别，长少之义，此先王之所慎，而治乱之纪也"(《处方》)，这是"礼仪"具体化为社会标准的基本情况。

然而《吕氏春秋》中礼仪教化的本真之意不是固定的制度与规范，而是没有外在多余的束缚且更多倾向于遵从"道德本性"、回归"性命之情"。因此，在教化中回到礼的"道德本性"，在"秩序"规范中回归人本身是问题的关键，即根据礼所确立的名分，是从心而生的，"凡为治必先定分，君臣父子夫妇六者当位，则下不逾节而上不苟为矣，少不悍辟而长不简慢矣。"(《处方》)时刻持守道德"本性"，那么，礼仪就不仅仅只是一套生硬、干瘪的制度规范，这正是通过礼仪实现教化的可能性所在。

第三，仁爱百姓。

由孝行自然延伸出"仁爱"的思想，《吕氏春秋》教化思想在孝行、仁爱、德义方面一以贯之，在内容上多体现儒家特色。在根本处则试图以"天道"生生回归"道德本性"。仁爱、孝行、德义等条目皆是在效法天道、回归"道德本性"下君民相通之处，君主"行德乎己"就能"圣人南面而立，以爱利民为心，号令未出，而天下皆延踵举颈矣，则精通乎民也。"（《精通》）正是由于，人与人之间的"道德本性"有相通达之处，则"孝"可拓展至"仁""义"。①

在教化内容上，《吕氏春秋》多承袭儒家思想，杂糅整合墨、法、道、阴阳、名等思想，偏重文治教化，通过孝敬父母的家庭伦理，将教化拓展到社会管理、国家治理的层面。从这个角度，《吕氏春秋》的教化思想就形成了以父母子女等血缘为主的横向教化体系和由君主臣民为节点的以君权天赋为主的纵向教化体系，具体而言，从家庭教化到社会治理的过渡中，需通过仁爱不断铺设其教化体系。因而，善待人民是《吕氏春秋》教化思想的理想成果。前者，是因"恻隐之心"（孟子语）、"民胞物与"（张载语），由爱自己的父母子女、爱自己的族类到爱物命，形成了以仁爱为核心的人伦共同体。后者是因为古时的君王有超出于"天道"律动以外的"天"的迷信性、权威性色彩，② 因而，在仁爱体系以外，形成了一套制约君王权力的超验体系。由此可见，纵向与横向体系实际上需要维护基本的人伦共同体。那么，保障国家安稳、君王无忧的外在方式就是得民心，这是帝制时期君王的首要目标。而只有站在人民的立场才能为他们着想，为民解忧，为民除患，因而才可能得民心。

《吕氏春秋》教化思想对"仁"有详细解释，"仁也者，仁乎其类者也。"（《爱类》）作为人类特有的道德情感，人与人之间的情感连接是"仁"的第一层意蕴，然而，《吕氏春秋》的"仁爱"并非根据人与人关

---

① 《吕氏春秋》把义放在相当高的位置。第一，全书充满对仁义的强调，提倡德义和用贤。第二，德义高于赏罚。参见陈丽桂：《〈吕氏春秋〉导读》，《哲学与文化》第25卷第10期。

② 君王一般都被称作"天子"；由君王颁布法令会以"奉天承运"昭告；而惩治奸佞小人时笃信"天网恢恢"；杀伐决断就搬出"替天行道"的大旗；神清气爽则曰"天清地宁"。由于受到儒家鬼神监督系统的影响，《吕氏春秋》教化思想也体现了天权威在道德监督系统中的作用。

系的远近亲疏而判定。"仁"者"爱人",爱他人是"仁"的基本品质,"仁于他物,不仁于人,不得为仁。不仁于他物,独仁于人,犹若为仁。"(《爱类》)"人"在"仁爱"思想中就独立出来。此意与墨家的"兼爱"(普遍无差等地爱人)相似。《吕氏春秋》教化思想所推崇的近乎无差别的爱,尤其表现在"仁爱百姓"方面,"故古之人,身隐而功著,形息而名彰,说通而化奋,利行乎天下,而民不识,岂必以严罚厚赏哉。"(《上德》)《吕氏春秋》教化思想吸收儒家有差等的爱和墨家"兼爱",主张仁爱百姓、爱护民众。这是"仁"在另一个维度的意蕴。在《吕氏春秋》看来,不管是墨子力阻公输班以防止楚国攻打宋国,还是神农氏鼓励耕织并亲力亲为的事迹,不管是从平民还是君主的角度,指向都是实现"仁爱"的教化。"故当今之世,有仁人在焉,不可而不此务,有贤主不可而不此事。"(《功名》)赵简子为救助一个人,杀了心爱的白骡子,并以肝脏为人治病,后赵简子起兵攻狄时,被救助人的部下勇猛进攻,保证了战争的胜利。赵简子以身作则并以仁义之心教化民众,鼓励民心向仁。"圣人行德乎己,而四荒咸饬乎仁。"(《精通》)只要以"仁义"行事,民众自然会归心似箭地投奔"仁义",这在无形中就达成了教化。

另外,得民心和失民心的主要区别就在于"仁爱百姓",以仁爱之心为开端,离不开对心的考量,"有必缘其心,爱之谓也。"(《适威》)仁爱发自内心才有可能与民众之心感通,故而容易以"仁"教化民众。《用民》提出"太上以义,其次以赏罚"。在如何对待人民的问题上,《吕氏春秋》主张仁爱和"义",再次之是赏罚。"故威不可无有,而不足专恃。"(《用民》)恰当的威严在教化民众中是可取的,"太上,下不知有之;其次,亲而誉之;其次,畏之;其次,辱之。功成事遂,百姓皆谓我自然。"(《道德经》第十七章)这种威严能够让民众自然而治,发挥民众的主观能动性,在效法"天道"的同时持守个人的"道德本性",也就不会因社会治理的高度集中、高压捆绑而失去活力,因此促进对民众的教化。一旦威严过度，则社会易紧张压抑、民心惶惶，那么，威严作为教化的一种方式也需遵从适度原则。

第四，称义有时。

《吕氏春秋》不仅将"义"作为单一概念，通过不同故事和上古祖先的行为典范，将"义"与诚信、仁爱、利人、忠君等概念内在地连接起来，并通过各种品质间的共性塑造一种道德精神。"士义可知故也，则期为必矣"（《壹行》），这是将"义"与诚信联系，通过被人瞩目和效仿的方式实现教化。"衣，人以其寒也；食，人以其饥也。饥寒，人之大害也。救之，义也"（《爱士》），救助人免于饥寒的祸害，是将"义"与仁爱相联系，体现一种仁义精神；"天下之士也者，虑天下之长利，而固处之以身若也"（《长利》），这是"义"与利人贯通；同时《长利》篇还提到戎夷免于让学生受冻，就脱下衣服给学生，而自己却被活活冻死的案例。这是利益别人、以仁爱的思想对待人的典型方式，这一道德精神结合了义、仁爱和利他，难能可贵。故谓戎夷"达乎分，仁爱之心识也，故能以必死见其义。"（《长利》）相反地，公孙鞅、郑平等人违背信义的案例则是教化的反面典型，理应进行批判，以此实现"义"的极大弘扬，"信之所及，尽制之矣。"（《贵信》）因此，在《吕氏春秋》中，"义"作为教化的内容不断以这种方式被推崇和弘扬。

而义兵，是《吕氏春秋》教化思想中"义"的典型，这与当时的社会背景有一定相关性。虽说秦国国力强盛，很早就具备初步统一六国的经济和政治条件。但战国末年，涉及国家利益和统一野心的各种战争比比皆是，与秦国有关的也不少。历史上以大将白起所率领的长平之战以坑杀40万赵军让各国为之战栗。秦国在吕不韦任相主政以前的主要思想氛围是法家，商鞅变法让整个社会弥漫在严酷的刑罚中，社会和民众都以紧绷的神经在生存和煎熬。社会在严刑峻法中虽井然有序，但这种失去活力的秩序更多带来的是扭曲和即将崩溃的紧张感。有例为证，一个人告诫他的邻居，让他们不要犯罪或者违反法律，否则劝说者也会跟着一起连坐。这种时刻可能发生的连坐让民众的生活压抑而紧张，严酷的刑法把人挤占得几乎失去生存空间。而国家在法律精神的支撑下也嗜好杀戮。梁启超曾将秦国类比为军国主义者，而将商鞅比作俾斯麦。可见，秦国刑法严酷、律法森严，当时在赵国的吕不韦也感受到了长平之战的残酷和狠厉，这直接影响他日后所推崇的义兵思想。

义兵的理论基础，一方面来自孟子的"王霸"思想，孟子所称的王霸思想，在重视百姓、维护农民的利益方面具有不可忽视的价值，因着仁爱，孔孟寄希望于思想教化和说服国君以实现"王霸"，不管是"王何必曰利？亦有仁义而已矣"（《孟子·梁惠王上》），还是"老吾老以及人之老，幼吾幼以及人之幼"（《孟子·梁惠王上》），孟子反对战争的思想贯穿始末。另一方面，墨家主张"非攻"并否定一切战争，因而反对"义兵"。墨子在对现实生活的体察中看到战争给人民带来各种伤害，甚至影响国家利益，因此主张"非攻"以有效避免各种类型的战争，其实质是追求"偃兵"。① 第三，以老子为代表的道家也反对任何形式的战争。"天下有道，却走马以粪；天下无道，戎马生于郊。"（《道德经》第四十六章）而庄子在文中以蜗角喻战争中的两国，对战争极其不屑。天下的统一和王霸的实现在于民心归顺，《吕氏春秋》教化思想主张"义兵"（杂糅了孟子的"仁政"、墨子的"偃兵"和"非攻"、老子的"反战"），在最大程度上减少战争的伤害。对君主昏庸无度的国家实施义兵，对其国人民而言反能获得一种救赎，这是实施"仁政"的另一种表达。"在《吕氏春秋》看来，一方面'义'可以对'利'的实现有着良好的促进作用，'义'是'利'。同时'义'又是冠冕堂皇的合于天地之'道'的（相对

---

① 偃兵是与"义兵"相对的另一个种情况，即偃旗息鼓、不要战争，与墨家的"非攻"一脉相承。

的），可以借'道'之势，从而实现和保有长久之'利'。这是'义'的
价值和功用所在。"①

《吕氏春秋》教化思想提倡以"义"对待战争，这一方面推崇正义
的战争，另一方面，它又把战争作为教化的一种方式。"义兵至，则邻
国之民，归之若流水，诛国之民望之若父母，行地滋远，得民滋众，兵
不接刃，而民服若化。"（《怀宠》）在《吕氏春秋》看来，正义的战争
可以解救人民于水火之中，正是看到了战争对民众带来的伤害，所以，
《吕氏春秋》从这个角度看到一线生机，它认为，不是所有战争都会对
社会生产和民众不利。因而，《吕氏春秋》的社会教化反对"偃兵"，这
不是完全反对战争，而只是反对那些非正义的战争。因此，这也就不同
于法家的战争思想——通过崇尚武力获得天下。而支撑"义兵"的主要
是儒家的"仁爱"思想。

"兵苟义，攻伐亦可，救守亦可。兵不义，攻伐不可，救守不可。"
（《禁塞》）《吕氏春秋》主张爱民如子，故而发动正义的战争，实质是
为战争寻找到合法性基础。人民选择仁义的君主，借助正义的战争脱离
苦海，自然"义战"可取。第一，此思想逃脱了固有偃兵和法家战争思
想的藩篱，独辟蹊径，以仁爱思想为核心，以人民利益为主要关注点，
当然最终目标是"王道"的统治。《吕氏春秋》甚至对可以发动"义兵"
的国家做了分析，凡是"五尽"的国家"皆将亡"，因此"义兵"可行。
"所学有五尽。何谓五尽？曰：莫之必，则信尽矣；莫之誉，则名尽矣；
莫之爱，则亲尽矣；行者无粮、居者无食，则财尽矣；不能用人、又不
能自用，则功尽矣。国有此五者，无幸必亡。中山、齐皆当此。"（《先
识》）"义兵"通过"义"与"仁"相贯通，并以此渲染其教化思想的社
会价值。根本而言，"义兵"试图为秦帝国的统一和赢取民心提供理论

---

① 王伟：《〈吕氏春秋〉思想新探》，天津古籍出版社 2011 年版，第 34 页。

资源，给当时处在战乱纷争中的人民一种安宁和仁爱。①

第三节　教化的基本方法

"大一统的帝国统治呼唤统一的思想文化模式与之相适应。在某种程度上可以说，《吕氏春秋》为此提供了方法论的启迪。"②"有为以教""无为而化"的是《吕氏春秋》教化的主要方法。作为杂家的开山鼻祖，《吕氏春秋》吸收与融汇的功夫可谓一流，故而在语言艺术、理论厚度和人格塑造方面皆可体现"有"的教化方法，在"无"的视角又以高频词"化"而展现另一种特色。

一、有为以教

其一，《吕氏春秋》教化方法推崇语言教化和理论教化结合。

语言的存在和使用既能促进人与人的沟通、交流，也有益于社会的合理运转。对于教化而言，语言是常用的方法。马克思对语言甚至给予了仅次于劳动的褒扬之意，"首先是劳动，然后是语言和劳动一起，形成了两个最主要的推动力"③，在人类社会的发展过程中，语言成为紧随劳动之后促进社会发展、人类思想进步、思维方式革新的第二助推力。在社会教化

---

① 在秦赵之战中，秦国白起曾坑杀 40 万赵军，当时在赵国经商的吕不韦因此事深受触动。后期他去了秦国并成为秦相的十几年间，各国一直处于战乱纷争的局面。因而，他在编纂《吕氏春秋》的时候，提出的"义战"，渗透了他个人的社会期望。请参孙立群：《解读大秦政坛双星——吕不韦与李斯》，中华书局 2007 年版，第 35 页。

② 修建军：《吕氏春秋与中国文化》，《孔子研究》2001 年第 4 期。

③ 《马克思恩格斯文集》第 9 卷，人民出版社 2009 年版，第 554 页。

中，语言有其通论的"文以载道"之能。凭借其先天的优势和与生俱来的作用力，语言被亲切地称为"事物的神迹"。《左传》记载了孔子对语言的认识，"《志》有之：'言以足志，文以足言。'不言，谁知其志？言之无文，行而不远。"从孔子对子贡的教诲中可洞察语言在当时的地位。在孔子看来，言语可以体现一个人的主要意愿，语言表达可直接体现人的心志。

荀子言"文以明道"，而常见的"文以载道"语出周敦颐："文所以载道也。轮辕饰而人弗庸，徒饰也，况虚车乎"（《周子通书·文辞》）。文章作为承载教化的容器，可记载各种道理并以此实现教化，"文辞，艺也；道德，实也。美则爱，爱则传焉。贤者得以学而至之，是为教。"（《周子通书·文辞》）在周敦颐看来，文章、文字依然是传递道德精神、实现教化的一种渠道，这里的"道"更多是对天道的具体领会——文字承载了教化的"天道"精神，且对个人的"道德本性"有所启发。由此，文字作为教化的具体方式，在《吕氏春秋》之前就已经存在。

"仓颉造字，有鬼夜哭"，语言的出现对天、地、人的影响巨大，语言和文字的产生对中国传统文化有举足轻重的意义。语言最常用的传播方式不仅有听说，也包括文本流传。《吕氏春秋》教化中的语言艺术主要表现在以下几方面：谏说最为常见，其本意是对统治者进行监督和教化，如"直谏""顺说""游说"等语言方式可实现进谏君主的目的，毕竟，中央集权的大一统制度需要对君主监督与辅佐。直谏，是以更为直接的方式纠正一个人认知偏差、知识结构的方法。在教化的过程中，对教化客体进行认知偏差的纠正，最直接的方式就是采取直谏。① 总体而

---

① 春秋时期的《左传》，也有《郑伯克段于鄢》的例子，颖考叔以自己孝顺母亲的实际状况影响郑伯，让其产生孝顺母亲的意愿，针对郑伯立下誓言不再见母的说辞（不到死后入地，不复相见），颖考叔机智地以语言的"擦边球"破解这一誓言——通过挖地道让郑伯与母在地下相见。可见，颖考叔不仅自身践行孝道，还以语言的智慧顺利帮助郑伯践行孝道并将孝的理念不断推广。除此以外，春秋战国时期很多能人术士皆是凭借思想和语言而确立地位。

言,《吕氏春秋》还专辟章节论述"劝谏""纳谏"的重要性,谏说是《吕氏春秋》教化语言艺术的一种。

顺说,更多地体现了曲尽其妙、醉翁之意不在酒的说话艺术。在《吕氏春秋》教化方法中"顺说"是指顺从形势以教化、影响他人。主要表现如下:一方面,与教化客体接触的过程中,顺从客体的爱好,进而因势利导步步推行教化。另一方面,对教化客体进行个性化分析,制定符合教化客体个人基本状况和心理需求的教化策略,"因人之力以自为力,因其来而与来,因其往而与往。"(《顺说》)考察教化客体的基本状况、需求和兴趣爱好,在教化方法上就能有所凭借,根据客观判断则可有策略的投其所好。至于如何判断教化客体的状况,《吕氏春秋》专辟一节《论人》,其"八观六验"的识人方法流传甚久。同时"游说"是"顺说"的另一个形式,"不深知贤者之所言,不祥莫大焉。"(《谨听》)语言是教化中"有为以教"的主要方法。

与语言相关的教化方法还有"听"。倾听在《吕氏春秋》教化中较受推崇。至于为何听?听什么?如何听?皆在《吕氏春秋》中有相关论述。之所以倾听在于"功先名,事先功,言先事。不知事,恶能听言?不知情,恶能当言?其与人谷言也,其有辩乎,其无辩乎?"(《听言》)了解势态的基本状况是取得成功的前提,而对言论的判断则是了解的渠道。倘若完全不了解事情发展的状况又如何判断言论的公正性?因此教化主体的言论也应注意摒弃其主观性成分。至于如何倾听?专心执一、矢志不渝是听言并发掘事情本质的方式。倾听时,不仅听其言还应观其人,尤其重点关注教化客体的兴趣爱好、心理情绪、立场态度、价值动机、情感取向、潜在利益等隐形参数,并揣摩教化客体的心理状态,才可做到"听言不可不察,不察则善不善不分。善不善不分,乱莫大焉。"(《听言》)在《吕氏春秋》看来,夏商周三代能够称王天下,是因为三代君王耐心倾听臣民的不同言论,听其言、还原当时社会处境才能判断基本的善恶是非。

《吕氏春秋》教化方法中，语言的应用具有生动性的特色。一方面，语言的表现手法有多样性，不仅仅融汇三皇王帝的切身经历、吸取民间的名人逸事，加之九流十家文本中的经典记载。《吕氏春秋》依据一定的历史史实刻画出多种多样的故事情节，这也符合《吕氏春秋》作为杂家的特色。① 另一方面，《吕氏春秋》融汇了各家的语言精髓，在表现形式上具有明显的多样性。叙述或描写、夸张或委婉、直白或朴实，总之《吕氏春秋》的教化方法可谓吸取各家语言特色，取长而行。例如《必己》篇与庄子的《外物》《山木》篇颇相似，《当染》篇与墨子的《所染》相似，此类案例并不少见。加之人物对话、故事案例、山野趣闻、理论主旨、分析论证等往往采取夹叙夹议、客观描述或原文对话等语言表现形式，因此人物案例饱满丰富，理论主旨清晰明了，历史故事庞大鲜活。可见，《吕氏春秋》教化方法中语言艺术的使用具有明显的人格化特点。在"攫金者"的故事中"殊不见人，徒见金耳"（《去宥》），就是通过颇具特色的语言，将一个视财如命的人刻画得淋漓尽致，那么，在这个层面，《吕氏春秋》在语言的书写和故事的编织中就实现了教化。

其二，《吕氏春秋》教化方法中还有多角度论证的特色。

语言的论证体现了《吕氏春秋》的教化方法中"天下无粹白之狐而有粹白之裘，取之众白也"的意蕴，一方面，《吕氏春秋》的文本有"杂"有"精"，但其理论论证必然通过众多语言艺术、案例故事的应用以实现其论证和教化的目的。《必己》篇提出"君子必在己者，不必在人者也"，后使用"外物不可依仗""山木以无用为大用""牛缺因贤而亡""孟贲隐秘渡河""因珠伤鱼"等七个案例加以说明这个理论主题。其中，不

---

① 李颖科、丁海燕认为《吕氏春秋》是对先秦时期思想文化的一次大规模清算，仅杂于众不杂于己，且是对"焚书坑儒"的提前应对。参见李颖科、丁海燕：《吕不韦与〈吕氏春秋〉》，西安出版社 2007 年版，第 76 页。

同的主题间并无明显的重复和堆砌之嫌，而是以方位、时间、正反、古今、先后等不同的就角度进行论说。《审己》也是如此。在提出"审己知故"的核心议题后，通过四个案例——"列子问射""齐求鲁鼎""齐湣王亡国""越王授杀子"进行论证，前两个案例有正强化的效果，后两者则担当负强化的职责。不同的案例论证就构成了一定的起承转合的关系链条。《吕氏春秋》在篇章设置上，也会在同一篇章中，分段论述一个故事的发展变化的情况，因此论证就多了一种循序渐进、引人入胜的效果。另外，《吕氏春秋》的教化方法往往还伴有历史殷鉴法等，以此共同致力于道德精神和道德人格的渗透。

其三，除了语言和论证以外，《吕氏春秋》教化方法还崇尚道德人格的榜样示范作用。

道德人格的榜样示范又被称为榜样示范法，是《吕氏春秋》中较为具体的一种教化方法。采取借鉴三皇五帝、神农伏羲、春秋名士等具体的案例故事，让后世得以效仿他们的优良品质。"身已终矣，而后世化之如神，其人事审也"，即：以三皇五帝身上的特质让后世接受教化。而三皇五帝之所以能够对后世有久远的影响，主要在于他们站在人民的立场上，爱护人民、利益人民并能够去除祸患、造福人民，即：他们具备良好的德性。对他们而言，"以德配天"正是实现"德"对"道"的效法与应用，因而，顺应民心也就成为德性之所在，这是《吕氏春秋》教化思想所涉及的榜样人格。顺应"天道"自然而实现个人的"道德本性"，也是每个人最终所达到的"教化"。而在蒙昧之初，不通"道德本性"、不明"教化"中的个人，需要在"尊师"的基础上，效仿一定的道德人格，这样才为教化提供了一定可能性。

在《吕氏春秋》中，圣人和士大夫作为陶冶精神的榜样，践行着"仁义"和"礼"的精髓，因此效仿圣人的言行身教能够促进个人"道德本性"的觉醒，进而加速"教化"的实践，"圣人之所在，则天下理焉。在右则右重，在左则左重，圣人所在之处，天下大治。"(《劝学》)圣人成为天下人效仿的对象，正是因其行为得当、言语合宜，他们身上具有作为道德典范的"天道"的合宜与自身道德意识的觉醒，他们"处无为之事，行不言之教""功成而弗居"(《道德经》)，这是典型的为无为。当然，《吕氏春秋》教化思想中所塑造的榜样人格多为其政治统治服务，例如在"尚贤""德治""爱士"等思想的阐释中，以伯夷、叔齐、孔墨、石户之农、北人无择、卞随、务光等气质如兰、志向高洁的贤雅之人为榜样，不仅诠释他们的贤善品行和高风亮节，还在功名利禄、王霸天下的视域下，展示了尧舜禹文武周公等历代君王的风范，以汤祷桑林和文王请烙刑等案例体现当时对道德人格的追求，这是《吕氏春秋》教化思想中对道德人格的定向发挥，其目的是在大一统制度下服务于经济基础与政治统治。实际上，《吕氏春秋》教化思想中的道德人格应当符合时代的潮流，也即遵循时代发展中的个人的"道德本性"意识，进而可以实现教化的创新性研究。①

二、无为而化

在《吕氏春秋》教化方法中，"化"具有无形的作用，其核心在于"无为"。我们具体来看：

其一，"化"的无形特质贯穿教化始末。

"化"作为《吕氏春秋》教化研究的一种手段，具有效法"天道"

---

① 刘铁芳在《从独白到对话——传统道德教化的现代性转向》中提出传统教化方法的独白性特点，对比柏拉图的"助产术"对话性方法，她认为传统教化方法更多体现封建社会的权威性、压制性以及命令性。可以说，这是教化的在传统社会中的一种现实面向、实践进路，构成了道德教化的总体氛围。参见刘铁芳：《从独白到对话——传统道德教化的现代性转向》，《北京大学教育评论》2004 年第 1 期。

进而觉醒"道德本性"意识的一种开放精神。在面对社会发展、政治统治的现实秩序时,"化"能够"从匕人"(《说文解字》),有一种可以改变性质的革新精神。因着其革新的思想源头来自"天道",那么,"化"也就具有超越的意义。我们知道,所谓"教化",其本意是对人施以影响,因而,必须对"人"予以深切关注。在具体实践中,《吕氏春秋》教化思想一旦涉及应用何种派别、代表哪一立场的问题,就很容易因其古代大一统帝制的统治而变异了"教化"本身的"天道"意义。进而,面临着丢失超越维度之效法"天道"的精神,那么,其革新就很容易被淹没,而教化方法也就仅仅附着在代表特定阶级利益的那套固化的制度之上。

如果试图觉醒《吕氏春秋》"道德本性"意识下所实践的教化思想,就需要在现实生活中不断摒弃强制性手段和为帝制统治服务的色彩,在那种情况下,"化"中教化主体与客体之间关系就非主动与被动,而是更崇尚和谐、平等。丢掉了"教"的政治包袱,"化"可以暂时逃离统治阶级的意志和文化思维、社会观念等影响。基于此,我们可以确定,"化"的核心还在于觉醒个人"天道"意义的"道德本性"意识,因此教化在《吕氏春秋》中实则是回归个体的本性状态。

无为而化的方法在先秦儒家、道家中"化"生天地万物的思想中已普及。"阴阳大化,风雨薄施"(《荀子·天论》)、"况万物之所系而一化之所待乎"(《庄子·大宗师》),先秦儒家赞同"赞天地之化育","化"经常与天地、化育相连。《吕氏春秋》接受了"化"的无形运化意蕴,赞同以天地之大化的态势运行于人世,这种"化"就有一种高妙和虚空的色彩。《吕氏春秋》中的道家与原始道家的思想有很大的不同,而带有浓厚的黄老道家色彩。黄老道家思想的核心是'无为'而治"[①]。"化"

---

① 许富宏:《吕氏春秋:四季的演讲》,上海古籍出版社 2009 年版,第 6 页。

作为教化的一种方法，在《吕氏春秋》中共出现 67 次。作为高频率词汇，《吕氏春秋》以"化"实现"效法天地"，故而教化可参照天道自然而实现"大化流行"。《君守》篇认为"天无形，而万物以成，至精无象，而万物以化"。"化"根据天地而来，始自天和精气的动态运行，因此"化"的教化方法并非有形、有象、有迹可循，而是"无形""无象""无迹"。"化"之难言皆在于此，无论是化育者、化的过程、化的作用方式皆无迹可寻。"化"体现了《吕氏春秋》教化方法中"无"的特性。

这一教化方法在终极意义上还有老子的意蕴，"悠兮其贵言，功成事遂，百姓皆谓我自然。"（《道德经》第十七章）但在具体的教化中有一定的"统治阶级立场"，"使民知可与不可，则无所用矣。贤主忠臣，不能导愚教陋，则名不冠后、实不及世矣。"（《乐成》）《吕氏春秋》想要达到的终极目标是"无为""自然"，最终以"无为而化"的方法总揽教化的全过程。在《乐成》中，"孔子"最初在鲁国上任时，鲁人以歌谣讥讽怨恨孔子，后来，当人民在生活中切实感受到夜不闭户、路不拾遗的教化成果，才达成了"无为而化"。同样，子产治理郑国时，也是先遭受怨恨，后来社会风貌改善、人民教化养成了，民众则以歌颂扬子产。这还体现了"教化"中，教化客体的蒙昧色彩，那么，除去教化中的封建性、政治性色彩，即使教化主体站在师道立场试图觉醒客体的"道德本性"，也有可能受限于客体的基本状况。另外，教化主体作用于客体以后，使用"无为而化"的治理方法，有可能在整体效果上呈现一种"化"的社会氛围，这具有扩散性和感染力。

其二，"化"的核心在于"无为"。

"无为而化"的教化方法由来已久，老子曾因效仿"道"而言"以辅万物之自然而不敢为。"（《道德经》第六十四章）在他看来，作为宇宙所遵循的一种律动，"道"的基本属性是自然无为。后来，老子将这一属性推及社会政治领域，提出了统治者的为政之德："侯王若能守之，万物将自化。"(《道德经》第三十七章）若统治者能遵循自然之道，实施"无为之治"，万物将会自觉地从属归化。

当然，《吕氏春秋》教化思想延续了这一思路，"化"的方式的确体现了"无为"。这在社会生活中是不加干预的、非强行干扰的、也非积极运作达成的一些行为方式。总体而言《吕氏春秋》"无为"的教化绝不是消极地无所作为，而是一种积极的遵道而为，是"为无为"，而达到的结果便是"无为而无不为"。化育者以天地之态，有所行为也不会功成自居。化育者更多是以"无形无象无迹"的样态包容、理解并率领教化客体，但是在达成教化效果时他们又能去除自我的傲慢与执着，不会居功自傲。"无为"还在于认识人的天性，"故凡人必别宥然后知，别宥则能全其天矣。"（《去宥》）这是在生活实践中时刻体察人的天性，回归天性并依其行事，则"无为"的应用蕴含着教化者无形引导、变动不居的前瞻性思维，甚至"无为"还是一种"有为"。同时，在教化客体看来教化更是在"无形"中实现，因循规律而不妄为，顺其自然，做该做之事，便能达到"无为无不为"，这是教化中最好的作为。①

"无为而化"首先表现在"重言——慎言——不言"。教化中的语言有其独特的优势，但同时也有其不良的一面。首先，语言尽管很客观地表述人的思想、情感、意志和行动，但是所思所想与言语之间毕竟还隔了千军万马，因而，语言容易障蔽某些言外之意的进一步发挥。《重言》篇记载了高宗三年不言语，而臣子的反应是"卿大夫恐惧，患之"，高宗正是展现其"重言"而"不言"的一面，这种逆向教化在社会政治共同体中会起到意想不到的效果。其中楚庄王在即位以后，三年"不动不飞不鸣"，这正是以"不言"而"化"社会、政治共同体的一种表现方式，

---

① 《淮南子》衔接《吕氏春秋》的"无为"思想，其《原道训》阐述："所谓无为者，不先物也；所谓无不为者，因物之所为也。"

"其三年不动，将以定志意也；其不飞，将以长羽翼也；其不鸣，将以览民则也。"（《重言》）语言在不同的语境中也会有不同含义，因此在社会交往中对语言无法进行一刀切的整合，语言也必然面临"得意忘言""当下道断，一说就错"等困窘之境。"语言像是个社会定下的筛子，如果我们有一种情意和这筛子的格子不同也就漏不过去。我想大家必然有过'无言胜似有言'的经验。其实这个筛子虽则帮助了人和人间的了解，而同时也使人和人间的情意公式化了，使每一个人每一刻的实际情意都走了一点样。"①

所谓的"无为而化"在融汇于心后，可进一步实现心性的修行。所以《吕氏春秋》教化方法中提出"化"——通过习心而教化。"凡人亦必有所习其心，然后能听说。不习其心，习之于学问。"（《听言》）习心是将所思所言所行完全融通于心，于心性中下功夫的一种修养，这是《吕氏春秋》所认可的第一等的学习。通过这种学习，可于心性中修行，这是"无为"教化方法的直接展现。《吕氏春秋》认同环境熏陶说，向一切可以学习的人和物吸取能量，在众人中因而不断学习并有所收获。保持学习的心态，通过学习以去除思维的局限，这是"习心"的方式。

其次，只有用心专一，不迁移变化，才能保证学习有所收获，更重要的是这可去除思维的障碍、拓展思维的界限。知识的获取还需服务于思维的开放与变通，因而在多视角的切换中游刃有余。"世之听者，多有所尤。多有所尤，则听必悖矣。"（《去尤》）可见，"化"是在知识积淀、思维进一步拓展的基础上，完全融汇于心、浸染心性，以此实现一种领悟以实现行为的改善，这是"化"的最终目标。

最后，"教化"之"习"在日常生活中倾向于"效仿他人"，通过"随人"实现"习行"，以他人为榜样的"习行"是"化"的间接手段。段玉裁认为"凡

---

① 费孝通：《乡土中国》，外语教学与研究出版社2012年版，第25页。

相效谓之习"（《说文解字》），徐锴也赞同这一观点，"俗之言续也，转相习也。"（《说文解字系传》）"习行"的最终目的是达到"道德本性"的回归——即融汇于心以实现心性的修养，可见，反求"性命之情"、实现新型的融通才是"化"的目的。"断之于耳而已矣。耳之可以断也，反性命之情也。今夫惑者，非知反性命之情，其次非知观于五帝三王之所以成也，则奚自知其世之不可也？奚自知其身之不逮也。"（《谨听》）而外界的效仿对象可促进个人间接改变行为模式，因此在社会环境中人与人能够相互效仿、监督教化中的"道德本性"意识，真诚相习，这是"化"中"习心"与"习行"的关系。若人人皆能以回归"道德本性"作为起心动念、行住坐卧的标准，教化的"无为而化"也就最终达成了。

陈鼓应先生认为"无为而无不为"是"如果不妄为那就没有什么事情做不成的了"[1]。鲁迅先生也说，"尚无为而仍欲治天下。其无为者，以欲'无不为'也"[2]。可见，"无不为"是"无为"所形成的客观结果，也是"无为"所要达到的一个主要目的。生命的本性就在于不断地向上奋进，不断去创造，在此过程中不断调适个人的道德"本性"，并在人与人的交互中调试一种"秩序"意识，"一存在物全部地或部分地自生或至少自行规定，而无需外在的原因，叫做自然"[3]。这是《吕氏春秋》中"无为而化"的真谛。教化依据"化"而实现天道规律和个人"道德本性"意识的融通，以"无为而无不为"的应用而不断实践教化，这在现代社会也是必要的。

---

① 陈鼓应：《老子注译及评介》，中华书局 1984 年版，第 252 页。
② 鲁迅：《汉文学史纲要》，人民文学出版社 1976 年版，第 15 页。
③ 詹剑峰：《老子其人其书及其道论》，湖北人民出版社 1982 年版，第 202 页。

第四章 《吕氏春秋》教化
思想的历史地位

　　《吕氏春秋》教化思想在基本的"天道"主线下，觉醒教化主客体的"道德本性"意识，吸取不同派别的优良方法并以教化内容的儒家化、教化形式的多样化、教化渠道的去路径化、教化追求的人文关怀等为优势，集百家之长、成一家之言。《吕氏春秋》试图在教化中实现政治思想、社会基本规范和价值观念的系统性，并以天道自然的精神引领教化之理想性与现实生活相接轨。《吕氏春秋》在教化内容方面融合诸子百家，通过自我教化、家庭教化、人文师教、社会教化等条目建构多元互补的教化体系，并在社会生活与道德理论的一体化建构中实现"争道"的教化目标，走向"通达性命之情"的教化效果。

　　《吕氏春秋》教化思想在道德精神、政治统治、社会生活等方面具有鲜明的"统一性"，在"和"中糅合诸子百家、集锦多元智慧。不可否认，一方面，《吕氏春秋》因吕不韦独特的"仲父"身份和政治色彩，一度随着吕不韦政治仕途的终结而船翻阴沟，这导致《吕氏春秋》在秦王朝备受冷落，难以彰显其教化价值。另一方面，《吕氏春秋》教化思想根本上是为封建社会的大一统帝制服务，它必然代表统治阶级的利益，其教化思想具有政治性诉求，教化的主客体也在一定程度上受制于政治性、阶级性以及自带的天命感。不可否认，《吕氏春秋》教化思想还存在天权威的封建性、生命力流失、整体性被肢解等局限状况。

第一节 教化思想的历史贡献

《吕氏春秋》教化思想的历史价值主要在于，它上承春秋战国的多元文化思想、黄老道家之君王"南面之术"，下启汉代休养生息之社会治理以及后期"罢黜百家，独尊儒学"的儒家正统之局，中间间隔着历史上第一个封建大一统的秦王朝的统治。《吕氏春秋》中蕴含的教化思想不仅具有清晰的思想史价值，对我们理解文化传统中的君臣关系、治理格局也有重要意义。由于其教化思想与当时的政治生活和社会治理密切相关，因而，这一研究对我们理解当下的社会治理又具有重要参考价值。

一、和而不同：糅合诸子百家德教之长

"历史不过是时代的'人质'，人们往往只是简单的抄写历史，目的不外乎是再一次取媚于新一代统治者。但历史总有说出真相的一天。"[1]现实是由一个个过去构成，植根于现实生活以及不断变化的现状，可以帮助我们更加深入地理解现实。换言之，我们往往依据历史解释的范畴来认识现实。"当然受到了西方的影响，其主轴放在现代，趋势是直线前进的。这种观念认为现在是对于将来的一种开创，历史因为可以展示将来而具有了新的意义。"[2]《吕氏春秋》正是在这个意义上，展现出其

---

① ［俄］雷日科夫：《大国悲剧：苏联解体的前因后果》，徐昌翰等译，新华出版社2010年版，第1页。
② 李欧梵：《未完成的现代性》，北京大学出版社2005年版，第4页。

教化的价值。

"《吕氏春秋》产生于战国末期，从文化学角度说，这是古典文化向封建文化形态的转型期。"① 在古代殷周文化体系倾覆、社会思想芜杂的状态下，秦国试图以其雄厚的国力和强势的文化席卷各个独立的国家、并改变战国时期分裂的状况。这是《吕氏春秋》的基本背景。吕不韦作为《吕氏春秋》的"主编"，在洞察秦国独特文化体系的基础上，确定了"效法天道"的思想主线。王炳照与阎国华针对《吕氏春秋》提出："宇宙观和人生观方面是以道家学说为主揉合各家思想而成，在伦理观和教育观方面则是以儒家学说为主而兼合各家思想，在社会历史观和政治观方面又是多以法家或墨家、兵家、农家等为主参以各家思想。它展示了各家学说相互批评又相互吸收的轨迹，反映了各家学说逐步融合的趋势，使后人得以窥见学术文化和教育思想演进的某些线索。"②

由秦国到秦王朝，大一统时期的国家自然需要思想的集权，因而《吕氏春秋》在思想文化上发掘九流十家之"和"，以服务于政治统治和社会治理。可见，"和而不同"是在"百家争鸣"的社会背景之下，又向前推动的一步。而"和"既继承了和合统一的思想文化模式、迎合秦王朝的政治需要，又凝练九流十家的思想道德资源。③

一方面，"和而不同"的精神归属是"天道"，天道是和合之源。李家骥曾说，《吕氏春秋》的建构是从人的"本性"出发，"本性"的发端

---

① 孟化：《浅析吕氏春秋的文治教化思想》，《安徽教育学院学报》2002 年第 2 期。

② 王炳照、阎国华：《中国教育思想通史》，湖南教育出版社 1996 年版，第 592 页。

③ 汉代高诱认为，《吕氏春秋》以道统含儒墨；《四库提要》认为是以儒为主，参以道墨；清人卢文弨认为它是"综墨氏之学而缘饰以儒术"，众说纷纭，各执一词。台湾的陈丽桂教授认为，《吕氏春秋》在本体论上以"太一"指称"道"，以"精气"诠释"道"，这在哲学思想理上传承老庄，又表现出来刑德相养、文武并用的特色。参见陈丽桂：《〈吕氏春秋〉导读》，《哲学与文化》第 25 卷第 10 期。

还在于由天道落实到人道。①"和而不同"的教化依赖于历史发展中的"天人合一"思想，在"和"的基础上融合多家思想资源，建构兼容并包的教化体系。通过"和而不同"沟通"天、地、人"三才，以更宏大的气场和精密的体系涵盖人与自身、人与人、人与天地和人与自然的关系，在教化中促进"成己达人"的一体性建设，并试图以觉醒"道德本性"的方式去除我执与他执的窠臼。吕思勉先生曾言，"视诚廉重乎其身，出乎本性"②。在本性中觉醒人的道德，这是"和而不同"所复归的道德原点。

同时，在文化上，秦国为实现封建大一统的帝国而加剧思想上的整合，吕不韦作为国相在意识形态方面迎合秦王朝的政治需要，试图以"和而不同"的教化跟随当时的历史趋势。正是因为"效法天道"，《吕氏春秋》一改秦国的严刑峻法，建构起了自我教化、家庭教化、人文师教和社会教化的体系，同时还在教化主客体、教化方法上有系列论述，这是为秦王朝的统一而做思想上的凝聚准备；在社会生活中又能以此扭转秦国长期以来重法尚刑的历史文化传统。

另一方面，九流十家的教化思想是"和"的具体化。王维在《吕氏春秋中的音乐美学思想研究》中总结道，"《吕氏春秋》为当时的思想世界构筑了一个可以容纳各路思想的时空框架，这些思想以生生之道作为本体依据，围绕着太一、两仪、阴阳、四季、五行、十二月等等自然运行方式不断展开，向上提升为道家的自然反本思想，向下延伸到儒家的礼乐治国政策，并以福瑞灾异作为神圣权威的历史启示"③。"和而不同"的教化思想，其核心在于融汇九流十家以促进人的本性的复归，通过"道德本性"的觉醒以实现教化。这种教化服务于大一统国家的社会治

---

① 参见李家骥：《中外"〈吕氏春秋〉学"评考综要（上）》，《湘潭大学学报》1998年第6期。
② 吕思勉：《先秦学术概论》，译林出版社2016年版，第206页。
③ 王维：《吕氏春秋中的音乐美学思想研究》，《音乐与表演》2016年第3期。

理，其思想具有明显的包容性、前瞻性和启发性。

其包容性体现在，"和而不同"的教化思想是对各家思想的融合和修正。九流十家主要以儒家和道家为主，可见，《吕氏春秋》在大方向上是儒道互补的典范。在具体实施过程中，儒家思想占据头筹。尽管《吕氏春秋》教化思想中涉及整合各家思想，但同样侧重儒家所推崇的仁义礼智信，并将这些条目内化为教化的主要内容，甚至作为主要架构以实现教化的具体化。这主要在于，秦国缺乏儒家思想的渗透，而儒家思想对大一统帝制有重要凝聚力。从地理位置上看，处于西方蛮荒之地的秦国，最初与殷商同属于一个部落组织，其祖先最初生活在东部沿海地区，后来在春秋时期实现了第一次建国。秦国因与中原地区的长期疏离，文化和思想的发展缺少东方的礼仪规范、道德素养和人文价值等倾向。并且，秦国早期多以少数民族风俗为主，重视功利主义的社会生活，轻视道德规范的制约，更崇尚法律、攻伐、耕战等这些强硬的手段，毕竟，富国强兵、攻伐征战可以快速达成现实的功利目的。这样的秦国，更重视法家，法家强调励精图治、功利化的社会效应，在强大的攻伐、战争、刑罚氛围中，秦国缺乏仁义礼智信等儒家所崇尚的信条和层层践行的礼仪宗法等。

《吕氏春秋》教化思想中，在"和而不同"基础上的"杂家"，其革新价值对我们有一定启发。《离俗》篇提到士为了"义"所做出的超乎世俗的行为，作者称其为"高风亮节"；伯夷和叔齐因反对武王伐纣，而躲在首阳山，由于拒绝食周粟而被活活饿死，也有"不食嗟来之食"的气节；当石户之农等四人故意不继承舜、汤的王位，反而以身赴死时，《吕氏春秋》亦高度褒扬他们的高风亮节，"不漫于利，不牵于势，而羞居浊世。"（《离俗》）宁可舍弃生命也保证高风亮节，这就是"舍生取义"，作为教化达成的一种方式，《吕氏春秋》予以赞同。但同时它也认可舜和汤承袭帝位的行为，"以爱利为本，以万民为义。"（《离俗》）在《吕氏春秋》看来，为民是最大的义。这两种价值选择，都在《吕氏春秋》那里得到肯定。那么，它涉及的两套不同的价值评价体系具体如何？

一是在入世生活中，奉公为先，因而民之利是最大的义。二是以出世的精神，做入世的事业，那么，在出世的维度之下，保全生命、不为世俗所累就是最大的义。实际上，《吕氏春秋》以案例的方式不断提供生存的状态，以此反映相关的价值标准。但是，文本并未对标准的适用范围、取舍依据等做进一步的说明、分析与论证，因而，当吸取不同派别思想并以案例呈现时，其内在的冲突并未消解、也未得到疏通，这也正是《吕氏春秋》在历史上被一些人认定为"杂而无章"、缺少一贯思想的原因。的确，在现实秩序的基本建构中，《吕氏春秋》教化思想会出现搁置不同价值冲突的状况。

只是，关于出世与入世之"义"的不同教化思想，也让我们看到，《吕氏春秋》教化思想的变化性，即随着时代的发展不断革新，不管是舍生取义，还是大公无私，这在不同的情景与生存状态下，具有不同的生存意义。对于出世的价值选择而言，他们宁可舍弃生命也要保留的节操，会在历史发展过程中作为一种道德精神、文化遗产被继承下来。对于入世的价值选择而言，为了民众的利益，舍弃自身的一己之求，同时又可通过这种为公的精神，以身为模范而实现教化，这对现实秩序的建构是不可或缺的。因而，他们的道德精神都应当在各自的呈现层面被肯定。这是不同案例、不同学派所涉及历史故事而呈现的一种教化的革新。在"和而不同"的历史故事和人物案例中探究"纪治乱存亡""知寿夭吉凶"，以事言理、以情动人，从而实现《吕氏春秋》的教化，这在现实层面也可为统治者提供一种治国安邦的策略。

另外，"有教无类"是《吕氏春秋》吸收先秦儒家教化思想的结果。在融合的基础上，具有前瞻性。有学者认为，《吕氏春秋》教化中施教对象由儒家的平民子弟转变为没落贵族、士族阶层，不再是"有教无类"，平民阶层和劳动大众没有专门受教化的教学渠道，因此，认定其覆盖面较窄，并以"视舆马，慎驾御；适衣服，务轻暖；临饮食，必蠲洁；善调和，务甘肥；必恭敬，和颜色，审辞令；疾趋翔，必严肃。此所以尊师也"（《尊师》）等证据来说明，能够在驾驭车马、暖衣轻裘、饭菜饮食、面色辞令等方面尊重老师的人，一定是士阶层，而平民百姓没有如此侍奉老师的条件。他们根据《尊师》等篇章判断当时的教化对象主要针对士族子弟，并认为，只有经济基础和社会地位的保障才能实现以上敬重老师的行为。但是，回归《吕氏春秋》的文本，我们会发现以上论点纯粹是断章取义。在《尊师》篇中，有如下文字记载"疾讽诵，谨司闻，观欢愉，问书意……""治唐圃，疾灌浸，务种树；织葩屦，结罝网，捆蒲苇……"而随后才是"视舆马，慎驾御……"文章明确说明以上几种都是尊师之道，可见，尊师并不是必须要求出行驾驭、美食佳肴等，像犁田嫁织、取鱼求鸟等也是尊师的方法。

在《吕氏春秋》看来，尊师是一种态度，也是生活里具体的行为，《吕氏春秋》文本中列举了不同的阶层如何尊师，而不是必然以某种行为才能进行。另外，文中还列举了子张、颜涿聚、段干木、高何、县子石、索卢参等非奸即盗、非伪即诈之人，他们并没有因为出身不好而被孔子、墨子、禽滑釐等人嫌弃，反而在老师的教导下，这些巨恶之人最终功成名就、显达人世。《吕氏春秋》追求一种"有教无类"的教化，那些认定《吕氏春秋》教化对象非一般平民子弟，并因此认为教化的对象涉及面较窄，阶层较为固化的观点不可取。并且，这与《劝学》中"尊师则不论其贵贱贫富矣"（《劝学》）相悖。只要学生尊师，则不管他们的出身、阶层、经济状况等老师都会"有教无类"，可以说，《吕氏春秋》在教化对象的选择上顺应当时历史的发展趋势，这在当时具有一定的前瞻性。由此可见，在"和而不同"的基调之下，《吕氏春秋》最终走向社会教化的"有教无类"。

二、施德无形：继承多元德教合宜之优

《吕氏春秋》教化思想并不局限于某一家，亦非几家思想的简单拼凑。其思想来自于批判继承和兼容并蓄，这反映其基本的教化态度——集腋成裘。教化思想融合九流十家，在扬弃的同时又进行了基本整合。"老耽贵柔，孔子贵仁，墨翟贵廉，关尹贵清，子列子贵虚，陈骈贵齐，阳生贵己，孙膑贵势，王廖贵先，儿良贵后。此十人者，皆天下之豪士也。"（《不二》）《吕氏春秋》通过吸取各家的长处和优势，形成独特的思想体系和教化精神。并且，其教化思想并非一成不变，而是在生生不息中流转，这直接体现了生命变化发展的流程，在"道德本性"的回归中促进教化的实现。而"道德本性"和"秩序"的持守并非盲目，实则是追求一种"合宜""适宜"，在"天道即人道"的贯通中把握其规律并达成教化，那么，教化也就处在不断的运动发展、融合改良中，绝非一蹴而就。这就是《吕氏春秋》教化思想能够实现创造性转化、创新性发展的一个内在原因。

郭沫若认为《吕氏春秋》着意于"齐万不同"，既没有扼杀一切异己，也不是"统统拿来"，而是"有一定的权衡"。的确，《吕氏春秋》教化思想崇尚"集腋成裘""齐万不同"，即广泛吸取各家的精华观点和优秀基因，建构独特的一套体系并合理安排和容纳各家观点。汉代高诱在注《吕氏春秋》的《序文》时写道，"此书所尚，以道德为标的，以无为为纲纪，以忠义为品式，以公方为检格"。这从侧面暴露其杂家特色。在概括诸子百家的同时，客观吸收各家的精髓并为其所用。目前，学者对于《吕氏春秋》"杂而不乱"的认同较一致。虽为杂家，但它杂而不乱，因而有章可循、有法可依，故很多学者称《吕氏春秋》杂而有章。

这在《用众》篇以"集众白"则可"成粹白之裘"明确提出。另外，《不二》篇通过先秦十子的描述，"此十人者，皆天下之豪士"，体现其言

外之意：他们作为先秦的豪士，思想上或多或少都闪烁着光芒并值得学习。儒家思想作为教化的主要内容，几乎在其文本的 20 余万字中随处可见，教化中的"仁义""德治""孝敬""忠信""礼乐""师道"等皆有表现；在教化路径方面，主要嫁接了儒家的"修齐治平"路径，我们知道，《大学》提出了"三纲领八条目"，而《吕氏春秋》的教化路径也是依托"格物、致知、诚意、正心、修身、齐家、治国、平天下"。当然，在具体的教化内容上，不仅涉及儒家对其他各派的改造和吸收，也有别家思想成功改造替代儒家等，不一而同。

其中，道家思想主要为《吕氏春秋》提供一种本体论的架构，即"天道"作为本体来源，"效法天道"才有"天、地、人三才"的思路，这是天道与人道一体化建构的根据。而"效法天道"除了"以天为法，以德为行，以道为宗"（《下贤》）以外，在现实秩序中以"虚君实臣""尚贤重才"等具体的教化内容为主，以君道无为、臣道有为的教化指引，试图追求王霸的实现。《吕氏春秋》还吸取了道家的"无为而治""反者道之动"，这为教化方法的丰富和多样提供了依据。而"小国寡民""贵生""不战"等更具道家特色的教化思想，受到《吕氏春秋》的批判和改造。在具体的实施中，阴阳家的五行思想——"金木水火土"的属性关联又有黏合作用。当然，《吕氏春秋》对阴阳家最大的改造在于以其思想作为秦代周兴的舆论武器，妄图最终服务于大一统的霸权事业。

《吕氏春秋》教化思想也批判地吸收了墨家思想。尽管墨家代表小生产者、工商业者的心声，并与儒家并称显学，且红极一时。但墨家思想在战国以后的发展中还是断然遗落、翻身无力。尽管墨家并未形成系统化、完整性的教化思想，其对《吕氏春秋》的影响不可小觑。墨家的"兼爱"与儒家的"仁爱"可谓天壤之别，以"兼爱"为起点的墨家，植根于"欲利"开展其逻辑论证，从根本上摒弃儒家的"天子"而直接设置"天意"的权威。可以说，《吕氏春秋》中残存的"天"权威的监督系统又与墨家的兼爱、非攻、非命、非乐、节用、节丧、天鬼等思想密不可分。在这一意义上，墨家思想承续儒家思想而来，又在儒家思想的基础上不断反叛。自秦汉，墨家思想趋于与儒道诸家的融合，既体现出被儒学吸收的状态，也有融合进入道家、道教的事实。而《吕氏春秋》已经体现了这种趋势。不可否认，相较于儒家思想，墨家思想带有强烈的批判精神和革命情操，鲍鹏山就评价墨子思想"既是批判的武器，也是武器的批判，是对前代文化的批判"①。《吕氏春秋》教化中自反其身的革新性和批判性也与墨家独特的批判精神密不可分。

实际上，《礼记·礼运》中不仅有儒家的精华，更有墨家崭露头角，墨学研究专家方授楚先生曾言，"儒者受墨家影响之深，非可尽指，尤以《易传》之《文言》、《礼记》之《大学》与《礼运》大同之说最为彰显"②。墨家思想的波及面可见一斑。在儒墨的相互作用中，墨子曾明确表示孔学"当而不可易"。③ 二者的相互影响在韩愈的"儒墨相用论"中尤为彰显，儒墨以它们相合的方面实现理论贯通。《吕氏春秋》教化在排斥墨学的"非攻"时也吸收其"贵公"与"尚同"。"非攻"被《吕氏春秋》舍弃的原因在于，站在国家立场上的吕不韦，面对各诸侯国争霸的诉求，必然会维护战争的正义性，以便最终由秦国建立大一统的国家。

至于法家思想，相对于儒家，韩非子针对战国末期社会生活中混乱的价值准则，认为"世异则事异"（《韩非子·五蠹》），他提出"不别亲疏，不殊贵贱，一断与法"（《史记·太史公自序》）的客观准则。这在当时是与时俱进的学说。但郭沫若的《十批判书》直接表明韩非子的术"毁坏一切伦理价值"，不少学者如冯友兰、熊十力等人在性恶论的基础上，将法家思想打上了非道德主义的烙印。当然更有学者持反对意见，他们

---

① 鲍鹏山：《鲍鹏山新读诸子百家》，复旦大学出版社 2009 年版，第 74 页。
② 方授楚：《墨学源流》，商务印书馆 2016 年版，第 210 页。
③ 方授楚：《墨学源流》，商务印书馆 2016 年版，第 30 页。

认为，韩非子是完全批判儒家的道德，完全否定了道德的作用，只要加强法律和刑政就可以实现统治，并以此得出"道德无用论"的结论。法家主张法主德辅，认为法高于人，守法是社会生活中最高的道德。在当时礼崩乐坏的社会中，推崇法实际上对社会秩序的建立和对人民的教化都具有积极的意义。而当时的秦国早已深受法家思想熏陶。《吕氏春秋》教化思想正是在这样的社会生活背景下，试图进一步扩大教化中的德治效果。

而随着时代的发展，各家思想也越来越有融合的趋势。不同思想在相互作用、正向交流的过程中，逐渐呈现利弊相彰、辩证相生、取长补短的状态。这是思想学说在历史进程中合规律之所在。修建军在《吕氏春秋与中国文化》中提到，"《吕氏春秋》综合思想的出现，是符合历史的发展方向的，因而这种思想的出现，既是必然的，也是必要的，历史已经从正反两方面证明了这一点"①。其中，"定分官"是《吕氏春秋》"多元互补"的教化思想在"道德本性"意识下的现实化。受儒家正名②思想的影响，《吕氏春秋》很重视"定分官"，主张个人应处于合适的位置，即在"道德本性""秩序"意识下做出符合个体状况的行为，因此君臣、父子、夫妇能够遵循"道德本性"并"各安其位"。这是《吕氏春秋》教化思想的精华所在。可以说，教化思想在一定程度上弥合了九流十家森严的学术壁垒和思想冲突，暂时让各家思想得以安放在合适的位置上。

在教化方法上，道家崇尚的"反者道之动""自反其身"以及墨家的革新，都是其方法的源泉。其中，"化"又是自反其身的主要方法。在《吕氏春秋》教化思想中，成功与失败相互依存，美与丑缺一不可，

---

① 修建军：《吕氏春秋与中国文化》，《孔子研究》2001 年第 4 期。
② 《吕氏春秋》将虚静因任的无为术与正名审分的刑名论相结合，试图实现刑德相养、文武兼用。参见陈丽桂：《〈吕氏春秋〉导读》，《哲学与文化》第 25 卷第 10 期。

善与恶一体两面，对立的教化思想往往需要依托他物而存在，因而，教化中"化"以自反其身的具体方式存在。"强者，胜其敌也。胜其敌则多怨，小邻国则多患。多患多怨，国虽强大，恶得不惧？恶得不恐"（《慎大》），在这个思路之下，在战争中打败了邻国、赢得了胜利，却不一定是本国的荣耀和优势。以反向的态度来看，战胜国容易引起别国嫉妒，致使别国联手相击。在别国怨恨、嫉妒的情绪中，战胜国很难独大独存。在社会生活中也是如此，"利不可两，忠不可兼。不去小利，则大利不得；不去小忠，则大忠不至。故小利，大利之残也；小忠，大忠之贼也。圣人去小取大。"（《权勋》）个人利益与集体利益、国家利益之间的争辩自古就存在，在义利之辨中，用大局意识统摄全局，通过反思去除个人私利，以保全集体利益和国家利益；至于忠诚和诚信的问题，个人小忠需服从于集体和国家的大忠。实际上，《吕氏春秋》的文本中蕴含了很多"自反其身"的教化案例。

另外，反诸己是自反其身的常见形式，这涉及了教化中的自教和他教。"适耳目，节嗜欲，释智谋，去巧故，而游意乎无穷之次，事心乎自然之涂。若此则无以害其天矣。"（《论人》）老子言，"执一可以为天下式"，《吕氏春秋》认为"一"就是道，如何能够与道合一。然而在政治生活中"'执一'就是权力高度集中于帝王一人之身"[1]。因此《吕氏春秋》教化思想需要求诸己，完全恢复人的本性是第一步，只有本性的恢复才能够精通事物的精微之妙，而后明白事理的玄妙，以便达成"知神之谓得一"。而修身、修德可以与道谐行。求诸己是实现教化的第一步，如果求诸他人的话，会不断要求外人、苛责他人过错，在社会生活中"严于待人、宽以律己"的结果可想而知。只有求诸己才能提高自身要求，兢兢业业、不敢懈怠，也就能够保持德性的平稳，以自我要求、

---

① 许富宏：《吕氏春秋：四季的演讲》，上海古籍出版社 2009 年版，第 18 页。

不断去宥并实现自反其身。反诸己的教化可培养民众的历史性思维和辩证精神，"故审近所以知远也，成己所以成人也。"（《本味》）在本体层面最终能达到"而游意乎无穷之次，事心乎自然之涂。若此，则无以害其天矣，无以害其天则知精，知精则知神，知神之谓得一。凡彼万形，得一后成。"（《论人》）这是《吕氏春秋》教化的多元方法，因此教化自然能左右逢源、游刃有余，实现"化归自然"。

三、位本立序：吕氏道德本性独到贡献

通过效法"天道"，《吕氏春秋》教化思想有一个效果指向——"通乎性命之情"。这一"性命之情"在于对"万物本性"的肯定。因"万物本性不可变"故而可与"本性回归"中实现其"道德本性""秩序"意识，这也就是"道德"教化。在这个意义上，"道德本性""秩序"意识也就能于人事中打通，且共同指向"本性"。故而在"道德本性""秩序"意识下实现"教化"也就成为可能。"在《吕氏春秋》看来，'性'即'生'；'生'是人生而具有的自然特点、需求，亦即'天'；能全'天'养'生'，便是有'道'，有'道'便有'德'。因全己之'生'，而推己及人，遂有全人之'生'的要求，全'天'养'生'之'道'，便因而具有了仁覆悯下、兼爱万民的道德意义。"① 沿着这个路径，《吕氏春秋》通过天道的效仿可实现其人道层面的现实落地。通过其"道德本性""成己达人"的"秩序"意识可实现教化的"位本立序"。

通过本性的复归、"道德本性"的觉醒和道德的生命性激发教化客体对"道德本性"的理解，并在此基础上将教化上升到本体高度，自本

---

① 庞慧：《〈吕氏春秋〉对社会秩序的理解与建构》，中国社会科学出版社 2009 年版，第 180 页。

体层面实现教化的内化，进而激发出道德的生命性和统一性，最后将本性的复归与教化融为一体，以此实现教化在"心"层面的贯通。而后，在人与人的关系中继续践行"道德本性"，通过"修身齐家治国平天下"的路径实现"道德本性"在自然共同体、人伦共同体、社会共同体以及国家共同体中的"秩序"，这种"位本立序"的方式可以实现教化中理论和实践的贯通，实现教化的"知道即是做到"。① 具体来看，需要通过以下两点以实现教化的"位本立序"。

第一，以内化的方式，实现"道德本性"觉醒。回归"教化"的本性状态，故而可去除"教化"的执着，并在"道德本性""秩序"意识下实现"教化"。

"执中无权，犹执一也"（《孟子·尽心上》），原始儒家一直强调"执中"而行或"执两用中"，尤其强调一种"中道"意识。至于"权"（《论语·尧曰》），将其理解为"称"。最初，在称重过程中，针对不同的重量做出的一种衡量被视为"权"，主要依靠秤砣的移动而进行估量，后引申为根据不同的状况进行衡量、权衡。然而孟子这里强调的是，倘若将"中"作为一种执着或固定的章程而不加变通，则缺少了现实的权衡或分辨，容易造成一种程序化、形式化、概念化的理念，缺少现实的真诚融入和脚踏实地的互动，也就如同执着于一端，"犹执一也"。王阳明在《传习录》中指出，"中只是天理，只是易。随时变易，如何执得？须是因时制宜，难预先定一个规矩在。如后世儒者，要将道理一一说得无罅漏，立定个格式，此正是执一。"（《传习录》）这是对"道德本性"的继续传承。

---

① 针对教化初心与教化的阶级性、政治性之间的异化问题，可以吸取王阳明思想的"知行合一"说。他创立以"知行合一"为主要思想的心学体系，崇尚认知即行动，知道即做到，知与行不隔毫发，若无法做到则是不知道。参见明代王阳明《传习录》。

第二，教化的"位本立序"还赖于教化主体与教化客体合二为一。

"乐于助人"的精神可以追溯至儒家的"仁爱"精神，"仁者爱人"不是对他人技术化的尊重，他人更不是"仁爱""助人"的实践对象，而是发自内心、出乎心性的一种表达和尊重。但是，有人提出"乐于助人"是指需要技巧和尊重的技术活。如果道德或发自人性的美德是需要技巧支撑的技术活，那么这是对道德的玷污，也是对人心性的一种否定。

中国传统文化具有整体性、系统性、全息性、共同性的特点，在这样的视域下，自我与他人天然具有一体性，从无二分。尤其以"天、地、人"构筑的三才之道更是凸显了人我之间的共性。而教化中"仁爱"与"助人"内设了作为对象的教化客体，人作为对象化的存在天然就可以发自本性去爱、去助、去教化。基于"仁爱"基础上尊重、认可、教化他人，有其自然因应之道。圣人王阳明在回答读书问题上有这样的言论，"只要晓得，如何要记得？要晓得已是落第二义了，只要明得自家本体。若徒要记得，便不晓得；若待要晓得，便明不得自家的本体。"（《传习录》）所谓明白自家本体就是发现自己的本心，读书是要融合心性，发现本心。实际上，在《吕氏春秋》教化思想中也是如此，无论是古代先贤圣人还是士人君子，以知识体系、寓言案例、逻辑思维、化物无形等方式，将他们的道德行为、道德精神与道德人格，浸润到民众之中，以他教实现民众心性的自然生发、不断修养，最终达到"位本立序"的自我改善和自我教化。王阳明还明确提出"吾心即宇宙，宇宙即吾心"，以心性的浩然之气直面现实生活中作为教化主体或教化客体的境况，通过本心内生出"道德本性"，这是具有生命力的一种教化方式，对解决教化形式化、功利化等异化问题有一定作用。

《吕氏春秋》教化之"位本立序"还在于，通过社会教化的渗透，发觉本心。觉醒个人的"道德本性"意识，在社会生活中个体的多元性存在，可以让每个人的"道德本性"走向基本社会"秩序"。本性的回归与生长，对社会价值的评判标准也有一定影响，因为"效法天道"，那么觉醒了"道德本性"的个体在立足自身的基础上，遵循符合个体本性的价值理念，并在此价值精神中追求具有最大效果的自教或他教。这种教化就不是一切抹平、一刀平齐的状态，而是在觉醒"道德本性"基础上呈现的一种"秩序"。对于社会化的人而言，道德是普遍性的基石，"个人的善是其他一切善的基础"①。这个"善"②因不受任何条件的限制而成为自在的善，成为一种普遍性的行为，即道德性行为。

在这个意义上，《吕氏春秋》所实现的教化是复归"道德本性"、建构"秩序"意识的个体与社会的关联。在《吕氏春秋》教化思想中，先在的将"人"的问题以"天道"的方式契入到了一个超越维度，而后再回置到现实生活中，这一个过程，便给人的超越性维度留下了空间，也为人的价值或意义追寻打开了端口。通过本性清净——染尘纳垢——效法天道——去欲全性——教化有方——觉醒道德本性——呈现秩序，所谓的"位本立序"不仅只是固着于既定的礼仪规制、文化传统、天命权威等，觉醒"道德本性"所引发的超越维度，会不断以开放性、更新性调试现实秩序，还可能让人不断在意义的追寻中应对既定生活带来的陈闷窠臼。而教化正是践行这种开放性、更新性的方式。无论自教或他教，根本上，还在于"道德本性"的指向与觉醒，"位本立序"只是社会生活中的外在表现，是教化思想引发的社会结构、生活秩序的确立或调整。

---

① ［日］西田几多朗：《善的研究》，何倩译，商务印书馆1965年版，第120页。
② 康德把这种善称为"善良意志"，"善良意志，并不因为它所促成的事物而善，也不因为它期望的事物而善，也不因为它善于达到预定的目标而善，而仅是由于意愿而善，它是自在的善。"参见［德］康德：《道德形而上学原理》，苗力田译，上海人民出版社1986年版，第43页。

可见，《吕氏春秋》教化思想的生命性贯穿于教化始终。"道德本性""秩序"意识下《吕氏春秋》教化思想，很容易实践出体用和合。从"道德本性"的角度，对生命的尊重和敬畏可统一理论与实践，实现"成己达人"，因此透过生命的凝聚力和穿透力，使得"道德本性"贯通体用，真正落实为物质的力量，毕竟"批判的武器当然不能代替武器的批判，物质力量只能用物质力量来摧毁；但是理论一经掌握群众，也会变成物质力量"①。因此"教化"以一种"致良知"的精神可实现"道德本性"的一种外放。可见，回归道德的生命精神，回到人性的本真之维，通过道德的生命性展现深刻的人性关怀和生发拓展，这直接影响了现实秩序建构中"秩序"的开放性和革新性。通过觉醒并践行"道德本性"，在教化中会催生能够摧毁伦理道德固化的力量，这最终不断作用于现实秩序中的"位本立序"。

第二节　教化思想的时代局限性

《吕氏春秋》能够继往开来，继承先秦的各种思想、开创符合当时潮流的杂家派系，又能将包含兵法、军事、农业、教育、政治、艺术、音乐、水利等的思想做了继承性的发展。作为杂书鼻祖，《吕氏春秋》第一次全方位融合九流十家，不仅开创了新的写作范式，在思想继承上又能通过《淮南子》继续发扬道家思想。

在时代的发展中，这种融合与继承凸显了时代价值和教化的特色。

但是，《吕氏春秋》作为"杂家"的开篇之作，有其初期的粗糙性和不完备性。加之杂糅、融汇各家思想，其"杂家"形式的创新尽管值

---

① 《马克思恩格斯文集》第1卷，人民出版社2009年版，第11页。

得称赞，但其毕竟是"杂糅之初"，存在很多矛盾、重复和不完善的情况。《淮南子》一方面继承其杂家特色，一方面又不断实现其符合时代性的完善和创新，因而有些学者也会在这个角度对《吕氏春秋》与《淮南子》进行对比研究。另外，《吕氏春秋》教化思想还存在形式化、脸谱化、固定化、渠道单一化、程序化等状况，在教化自身、教化的具体内容和形式上也存在异化倾向。

一、封建专制：教化思想的阶级现实

《吕氏春秋》为适应封建大一统的政治局势，在思想上竭力融合百家争鸣的状况，并试图以系统化思想维护统一的社会趋势，这为秦国建构大一统帝制奠定了思想基础。因此《吕氏春秋》竭力争取"一"，而消解多。即使有多样性的存在，也尽量统率在"一"之下，"天子必执一，所以抟之也。一则治，两则乱。"（《执一》）只有"一"能够实现社会治理和王霸伟业，对立和分裂只会让国家衰败萧条，这主要受同一的历史趋势及其思想集权所影响。《不二》篇也持此观点，"听群众人议以治国，国危无日矣。……一则治，异则乱。一则安，异则危"。在当时的社会政治生活中，君王就是"一"的化身，也是与道合一的存在，因而，在政治生活中，所谓的教化就是以君王为主的教化。在这种状况下，若是给予民众充足的发声机会，则国家不仅会处于危险的边缘，整个政治统治的合法性都受到质疑。所以，《吕氏春秋》在现实秩序的建构中号召集中于"一"，并认为，只有通过君王之手实施"教化"才能更好地实现社会治理。可见，《吕氏春秋》的"执一""不二"仍带有封建的专制、独裁和集中的特点。面对当时的历史趋势和政治大一统的诉求，其教化思想涉及的主客体、教化内容、路径和方法的认识都更倾向于为统一的政治国家服务，并且，政治治理、统治者的道德权威、先王之治等反过来又会加固整个国家的那套现实秩序。

《吕氏春秋》教化思想的政治服务性质容易导致教化主体的政治性。封建制度是对人思想的腐蚀，建构了人的思想底色。倘若教化是为封建制度服务，仅为了加强封建统治而存在。① 那么，《吕氏春秋》中被加固的教化实际上也会确立一定的阶级的立场，在理想意义上，其教化的实现本是促使人的利益得到保障，不仅保证个人利益，更重要的是让群体之间的利益冲突暂时消解。这需要在"天道"视域下的"道德本性"。

但是，一方面，道德在现实中的达成势必以牺牲一部分人的自由而换取一小部分人更大的自由，而道德中也含有非道德的成分。另一方面，教化主体作为实施教化的主动方，其教化思想定然服务于本阶级的利益，因此不革新社会制度和经济格局就难以达成回归"道德本性"的教化。马克思对儒家仁爱的王霸思想有精辟的批判，"它以美文学的词句代替了科学的认识，主张靠'爱'来实现人类的解放，而不主张用经济上改革生产的办法来实现无产阶级的解放，一句话，它沉溺在令人厌恶的美文学和泛爱的空谈中了"②。如果从本体的角度来讲，《吕氏春秋》教化思想可以实现"道德本性"的觉醒，但是在具体的现实中，教化在根本意义上是代表了统治者的利益，它吸收儒家的仁爱、效仿儒家建构一套君臣父子的社会结构。尽管在理论上进行说教，但是，它始终带有教化主体的政治色彩。若仅仅停留于这种现实制度与政治秩序之中，教化就会缺乏变革的手段，也就无法实现真正"复归性命之情""回归道德本性"的教化。

---

① 面对制度与教育的问题时，列宁曾经在著作中明确提出"我是恨那制度。它使人从上到下麻痹和腐蚀起来。而克服和根除官僚政治的决定因素，就是尽可能的广泛地推行民众教育和民众训练的工作"。参见列宁：《论文学与艺术》，人民文学出版社1983年版，第437页。
② 《马克思恩格斯文集》第9卷，人民出版社2009年版，第276页。

　　教化的僵硬性还在于教化主客体的窄化和固化。在封建时期，平民的社会地位几近于固化，他们很难合理表达个人的主张，更遑论谈论自由。劳动人民所受教化只有倾听、遵从、接受的可能，这是教化客体的固化性；在教化过程中，不管是封建君王还是士大夫阶层，他们代表本阶级的利益，因社会上升渠道的固化，他们更多代表自己的利益，很难真正为他人的"道德本性"觉醒而实施教化，即使"得民心"也是服务于政治统治和社会治理，这是教化主体的固化；若完全代表统治阶级的利益，教化就成为统治者奴役人民的一种工具，甚至成为精神奴役的一种，"一切被压迫阶级一直受着这种精神奴役的痛苦"①。《吕氏春秋》中教化的主要渠道还是"一对多"，无论是思想方面、认知方面还是社会权力分配方面，大众都不具备言论自由的基本条件，教化也有由上而下的固定渠道，因而，在现实秩序中，教化实际上还是为封建统治服务。

　　社会的阶级性会引发《吕氏春秋》教化的阶级性。《吕氏春秋》教化思想代表统治阶级的利益，本质是为巩固统治阶级而服务。在这个意义上，教化的主观性成分更多。尽管《吕氏春秋》一直强调在"效法天道"的视域下"通达性命之情"，实现"道德本性"的觉醒，但其实际的教化思想并不是代表广大人民的根本利益，哪怕"以民本为道"也是因为人民是君主政权的直接拥趸。倘若缺失民心，君主帝王的政治统治的合法性也就不复存在，也就不存在相应的国家。所以，《吕氏春秋》的"民本"思想也是为君权政治服务的一种功利选择。而"真正的人应是富于同情心，富于社会责任感的人。"②参照这一维度，《吕氏春秋》所涉及的现实秩序中的教化主体和客体还不能称为真正意义上的人。

---

① 列宁：《论文学与艺术》，人民文学出版社 1983 年版，第 6 页。
② 张岱年：《心灵与境界》，北京联合出版公司 2014 年版，第 240 页。

若缺少对人民的真正关怀，《吕氏春秋》的教化思想更多就沦为知识化的存在。梁启超曾在《治国学的两条大路》中明确提出知识学习和心性修为这两大不同的治学之路，他认为，知识的累积与心性的融通并非成正比。而老子几千年前提出"为学日益，为道日损。损之又损，以至于无为。"（《道德经》第四十八章）知识并不一定是智慧的代表，知识的学习越多不一定就具有最佳效果。其中"尊德性而道问学"尤其适合中国文化传统的觉醒。然而，随着现代性的进一步深入，浸润心性的学问早就面临着挑战，在文本解读中融入心性的条件和情境也有所缺失。《吕氏春秋》教化思想若继续封闭在落后性、政治性、阶级性和僵硬性中，其"天道"视域下所提供的理想型的"道德本性"的觉醒，也就根本不可能。而《吕氏春秋》教化思想，如果仅仅是为了政治国家和大一统的帝制服务，作为实现政治统治的工具，那么，这种教化很难真正在心性修为上有所突破。

吕不韦召集门客编纂的《吕氏春秋》，在很大程度上是为了政治统治服务，但是，由于它开辟了"天道"视野，并试图以"天道"贯通全书，那么，在面对现实秩序时，即使这一教化思想会出现政治性、僵化性、阶级性的问题，《吕氏春秋》还是保留了理想型的"道德本性"觉醒的可能。正是基于此，它能够继承黄老道家并在汉初与黄老思想一起形成一种势能，发挥其社会治理效果。

二、天命既定：教化思想的宿命局限

《吕氏春秋》教化思想也面临"天权威"的模糊性、笼统性与威慑性问题，这是由于"天权威"系统的历史沉淀及其不可言说性。先秦诸子将"天"作了几种不同的分类，宗教意义之天、自然运化之天、道德震慑之天。冯友兰曾在《三松堂全集》中论及"天"，并明确地将"天"

分为"五义",即所谓"物质之天""主宰之天""运命之天""自然之天"
与"义理之天"。①《吕氏春秋》教化思想于形而上的层面吸收了道家关
于自然运化之天的意蕴,赞同人应当效法天道而有规律地生活和实践。
但是,在现实的教化中,又吸收了儒家关于"天"的权威性和道德震慑
性,在"天、地、人"的精神引领下积极实践天人感应说。

《吕氏春秋》教化思想面临的"天权威"的模糊性、笼统性与威慑
性问题,主要来源于"天人感应"。为了更好地说明君王在政治统治和
社会教化中不可易位的作用,传统文本往往会引入"天权威"思想,文
化历史的口口相传中也会涉及"天人"思想。同时,"天权威"在古代
文化传统中也是主要的道德监督、道德审判之所在;在天人感应的作用
下,天还发挥了道德规约和规范训导的作用。《吕氏春秋》对此也有所
继承。《制乐》篇曾列举宋景公时期"荧惑在心"的例子,"荧惑者,天
罚也;心者,宋之分野也。祸当于君。虽然,可移于宰相"(《制乐》),
这一解释范式是关于"天人感应"学说的典型代表。在天权威的思维模
式下,天可以通过某些奇异事件的发生提前预测灾祸福德,在这种解释
语境下,人的举止行为悖逆伦常时,天就会显示灾祸横生的状况;而天
往往会降临祥瑞于品行端正之人。在这一思路之下,通过天的监督与审
查,君王为了趋吉避祸往往会相应地审视自身行为,进而有效地实现自
身教化。

天权威系统的震慑作用对限制君权、督促君主和匡正行为品德有一
定意义,但作为道德规范的一种标准,它却具有模糊性和不确定性。甚
至天权威的思想还会引发一定的命定论结果,这在教化过程中有负面威
慑性。《吕氏春秋》的驳杂状况是由于贯通了多种不同思想引起的,而
教化中的命定论思想、功成名就的"遇时"观念、"成事在天"思想倾

① 冯友兰:《三松堂文集》第 2 卷,河南人民出版社 2000 年版,第 281 页。

向都有"天人感应"的意蕴，尽管"天权威"在先秦时期已经因人文化教育而呈降温趋势，但《吕氏春秋》也吸收阴阳家思想、受当时社会文化中的朴素天命观影响，依然在文本中表现了"天人感应"思想。在"天权威"的思路下，人对天有一定的崇敬、敬畏、依赖心理，在其影响下君王会受到一定的限制、以自教进行自我调整。① 从这个方面看，在一定程度上清除政治和阶级的干预是实现教化纯粹化的一种手段，而这需要排除教会和政府对学校教育的影响。对《吕氏春秋》教化思想而言，"天权威"系统由于"天人感应"的推测性，不仅具有模糊色彩，加之以政治性与教化相结合，还容易引起教化的负面效果或进一步加固教化的阶级性。

其次，"天权威"思想的存在容易导致《吕氏春秋》教化思想的生命力流失问题。在本体论的视角下，教化思想试图"回归道德本性"和"通达生命之情"，这是具有生命感的教化状态。在具体的社会生活中，社会性是人的根本属性，正是人与人的合集形成人的实际生存状态。"人的生活是社会化的生活，可以说表现了生命力的社会化。……人的生命力只有在社会中才能保持和发展。"② 从文化内部来看，在天权威系统的冲击下，政治统治更加容易走向固化，那么回归"道德本性"的生命力必然会受到挑战。

在当时的现实秩序中，人们的思想理念容易被操控，加之"天权威"

---

① 马克思、恩格斯在面对社会生活中的宗教、教育、权威等问题时，也有相关思考，恩格斯于 1844 年通过"政治教育和宗教教育完全把持在少数贵族门阀和僧侣手里，他们自然是极力保持人民的愚昧和迷信"，认定罗尼河瓦河谷的居民自然生产力水平低下、经济状况堪忧的直接原因，在于贵族和僧侣的教育和思想垄断。而学校教育的效果亦因"道德教育和宗教教育结合在一起的，这种道德教育所产生的结果显然也不会比宗教教育好"。参见《马克思恩格斯选集》第 3 卷，人民出版社 2002 年版，第 600 页；《马克思恩格斯文集》第 1 卷，人民出版社 2009 年版，第 127 页。
② 张岱年：《心灵与境界》，北京联合出版公司 2014 年版，第 220 页。

的历史沿革性、君王士族对此传统的继承，那么，由觉醒"道德本性"而来的生命力很容易转变为服务于政治统治和固定阶级利益的状况。我们知道，"道德"的生成原本是在满足群体利益最大化、外部环境的综合观照下，所实现的"道德本性"回归与觉醒。随着时代的发展和社会局势的变化，理想化的"道德本性"的觉醒与回归很容易被变更为"天权威"思路，进而导致理想性的教化呈衰落状态。若仅仅停留在现实秩序的层面，《吕氏春秋》教化思想更多地表现为一种天权威体系的延续、人文传统的继承、知识的累积，而非"道德本性"的融通，因此，也就难以再现其鲜活的生命力量，教化的生命力势必会下降。①

在历史发展过程中，生命性的流逝还表现在《吕氏春秋》文本内容的阻隔上，如篇章重复或错误、缺少合理严整的说理逻辑等。《吕氏春秋》在说明教化思想的过程中多采取以事明理的论证方式，作为杂家的开创之作，其融合、沟通、衔接九流十家思想的同时，在教化的文本上确有一些瑕疵，并且在历朝历代的更迭中也有案例的重复使用或事例错误等现象。以《具备》篇中宓子贱因怀有至诚之心，并积极创造条件、励精图治以治理亶父（地名）为例。宓子贱认可"诚"，而整个《具备》篇又以慈母与幼子能感通的例子反复论"诚"。同时，《季冬纪》的《诚廉》篇中也讨论了"诚"的通天本性。这有文本的重复、拖沓之嫌。

不仅如此，欠逻辑性是《吕氏春秋》教化思想的一大局限。参考史实和历史案例对说明理论的合理性有重要意义，但是《吕氏春秋》中还是会缺少细致的逻辑推论和精密的论证。在整个中国传统文化的语境下，缺少逻辑性的问题一直存在，"中国哲学注重探索人的行为准则，思考人生的应有价值，既不重主体与外无界限的界定辨析，也不怀疑外

---

① 黑格尔在合理的与现实的问题上，有很直接的感受，他提出"在这种'应该'里，总是包含有一种软弱性，即某种事情，虽然已被承认为正当的，但自己却又不能使它实现出来"。参见［德］黑格尔：《小逻辑》，商务印书馆1980年版，第208页。

界的实在，其结果使得中国哲学中未能形成系统的逻辑理论和认识理论"①。《吕氏春秋》作为先秦杂家的集大成者，自然沿袭了这种说理方式和认知模式。因而，逻辑的弱势和论证的粗糙也会导致《吕氏春秋》教化体系在某种程度上有些欠完备，那么，文本在历史传承过程中，会因其自身之"天命"限制，导致生命力的减弱。

三、定分守位：教化思想的异化风险

我们需要承认的是，《吕氏春秋》教化思想存在形式化、脸谱化、固定化、渠道单一化、程序化等状况，在这些状况下，《吕氏春秋》时期的基本教化思想已经背离人的原初本性，实质是教化与人的原初本性出现了剥离。我们也可以将这种状况成为"教化的异化"。

"道德本性"和"秩序"意识的失落造成"教化的异化"。这一异化不仅是封建统治导致的教化限制，也是道德本身在时代发展过程中所面临的必然结果，这主要表现在：在教化内容方面往往会出现人的本性失落、在社会关系中试图以教化固化人性，在教化方式上以程序化代替自然发生，在教化过程中以固定的教化模式代替回归"道德本性"的教化。

首先，在"教化的异化"中，一种是在现实社会中道德本性被异化的状况；一种是异化了关系中的"道德本性"和秩序。我们知道，对"天道"的效仿，一方面是个人对内的活动（内省性），以觉醒"道德本性"；另一方面是通过具体的"关系"而践行"道德本性"，最终建构或更新"秩序"。传统社会中，人的对外活动必然涉及"关系"，传统思想是将人放在关系中定位，人是关系的存在。《吕氏春秋》以及先秦儒家都有明确的"定分官""守位"意识以及相关的内容。但是，一旦固定的"关系"

---

① 蒋国葆：《多元价值审视下的中国哲学》，安徽人民出版社 2012 年版，第 37 页。

成了教化的效仿对象或教化可达成的目标，则"关系"本身就出现了异化的风险。"关系"本是在变化中存在，在生生不息中流转，一旦将某人完全定位于某一段关系或者某一种固定不变位置，则"关系"就已失去其"道德本性"（根据"天道"而呈现一种开放状态）的内涵。

《吕氏春秋》延续这一"定分官""守位"思想，尤其重视君臣父子、上下长幼、尊卑对错等，但不得不承认，这一守位意识最初是在"道德"（由天道而得的道德本性）中呈现，尔后，道德被落实到"关系"中。父与子位置的获得在父与子的"关系"中实现，同样，君臣、夫妇、兄弟、朋友等位置感的获得和地位的实现也在"关系"中不断形成。因此，父是相对于子而称其为父，君是相对于臣称其为君……"所谓'仁'或可理解为在'人'与'人'的关系中的'自己'、'守'住了这个'自己'，'关系'自在其中"①。《吕氏春秋》教化思想在吸收儒家伦理思想的同时，又以"天道"体系和五行终始的范围做基本的统摄，试图以"道德本性"的超越性价值，在以儒家基本治理思想为主的社会秩序中，切入外在于"关系"的超越性维度。在这个意义上的天道和人道的贯通，就不仅仅只是在"关系"中呈现"秩序"，还会以"道德本性"之觉醒来更新秩序。这或许是司马迁在《史记》中将《吕氏春秋》与《周易》《春秋》《离骚》相并列的原因。②

---

① 叶秀山：《中西智慧的贯通——叶秀山中国哲学文化论集》，江苏人民出版社2002年版，第334页。

② 司马迁能够将《周易》《春秋》《离骚》《吕氏春秋》放在同一意义上进行讨论，这让我们看到此四者的相似之处。《周易》是中国文化的发源之所在；《春秋》不仅首次出现孔子的微言大义、春秋笔法，更重要的是，对史官所记鲁国历史的系统总结与评述。《离骚》集中体现了文学作品中的超越性追求，对比屈原的现实境况，也就深刻地谱就了传统社会中文化生活的不同维度。而《吕氏春秋》在"天道"意义上，实际上延续了这一思路。关于自然秩序和现实秩序的讨论，一直是中国古典文献面对、思索与诘问之所在，司马迁对此问题非但用心颇深，还在超越与人文化育的意义上予以高度重视。

在《吕氏春秋》中，"效法天道"是通过觉醒"道德本性"，而后在教化中逐渐更新"秩序"。从这个角度，"教化"因为具有"天道"的维度而能够上升到本体的位置，又可在现实生活中因着具体的"关系"实现"成己达人"。在此基础上，若将一个人固定的社会位置不断强化和加固，势必在"关系"中不断养成某一方相对于另一方的责任意识，那么，在教化中，其"秩序"更新性也就不足。这是因为以灌输的方式进行巩固和引导的教化，势必会从思想理念上将人局限于某一特定"关系"和"位置"，进一步，随着时代变化和关系固化可能会引发愈加深入的关于观念的一种执着。那么，教化在这个意义上，就在"秩序"中固化，失去了更新"秩序"的可能性。可以说，《吕氏春秋》教化思想与其他各派教化思想一样，"教化"一旦被固定成为某种统治阶级实现大一统和政治稳定的手段，"教化"就只会加速统治阶级意识的固化、加剧统治阶级与被统治者的分化。随着惯性的力量磨损掉"道德本性"的"教化"也就失掉贯通"天道"的维度，只单单剩下一种模式性的存在。

在这个意义上，"教化"就与其复归"道德本性"的教化初心相违背，"教化"的初心与现实追求的矛盾是异化的最主要问题，也是目前研究古代教化思想不可避免的一个问题。一旦"教化"不再具有实现人自身的一种超越性，也不是"通达性命之情"、持守"道德本性"的生发，必然也不是贯通天道与人道生活体系的一种链接，反而仅仅成为统治阶级愚化人民并通过思想的腐化或洗脑将其固定在某一特定"位置"的说教。纵观历史发展，这种固化的教化观念有其可悲的历史教训，宋明时期的"礼教吃人"现象就是教化被固化、被封闭的典型，也是封建社会实现政权巩固和社会治理的一种愚化百姓的方式。

其次，教化的方式也容易出现异化。形式化和概念化是教化出现异化的两种基本状态。形式化是教化失去《吕氏春秋》所强调的"效法天道""天人合一"的贯通、流动和灵活，一味强调"教化的形式"。毕竟，本体论角度的教化之"化"不仅牵扯到"心性——行为"的贯通，还在于以"物"为承载单位的"在场"，通过"物"的形式不断流传，并在展现、外放中实现其教化的影响力和作用力，以"物"为媒介的教化往往能够逃脱时间和空间的审判，且在"教化"中仅专注于当下，在场态和氛围的影响中直接实现自身、诠释自身。专注于当下，不仅是文字的表现，更是关于现场的沉浸、融入、合一，以"道德本性""秩序"践行教化，甚至直接是一种"道"不远人、"道"不虚行，即"效法天道"并落实到生活中的实实在在的现实感。其中《中庸》有这样的片段，"子曰：'鬼神之为德，其盛矣乎。''视之而弗见；听之而弗闻；体物而不可遗。''使天下之人，齐明盛服，以承祭祀。洋洋乎，如在其上，如在其左右。'"（《中庸》第十六章）祭祀如神在的场态链接直接诠释教化中的"整体性"和"全面性"。叶秀山在京剧这一艺术表现形式中也渗透此观点，"它（京剧——引者注）本身就是一个'过程'；'物'通过'空间'提示'时间'，而表演艺术本身就须有'时间'。它的'存放'形式，只能在活的表演之中"①。在他看来，京剧作为一种表演艺术只能是活在时间和空间之中，也只有在当下时间和空间里，在那时那地的场态和氛围里，才是真实地诠释京剧表演。同样地，理想化的教化也应尊重当下，否则，也容易走上异化的道路。

最后，《吕氏春秋》教化思想在具体内容上也存在异化状况。心性作为教化的核心环节，尤其受重视。中国传统文化的生命力在于修行与实践。而文化的生命性还在于生命精神的场域塑造以及践行。心性作为生命精神场域的觉醒之处，能够以其弹性促进文化的塑造，进而能促进教化的精神与"知行合一"。那么，教化不是理论层面的参玄悟道，而

---

① 叶秀山：《中西智慧的贯通——叶秀山中国哲学文化论集》，江苏人民出版社 2002 年版，第 332 页。

是在亲历不同的现实场态并以实践"心性——行为"的深层次贯通和链接。在场感是生命融通心性的一种场域塑造，这是教化的现实动力。融通心性的教化需在体验中实现，付诸实践能够促进教化的养成和调整，而教化的本真实践也会激发心性的融通，因而以一种豁然贯通之感"复归本性"。毕竟，文化来自于现实、作用于现实，而教化同样也是在现实的经验总结中凝结而成。

教化的普遍性原本来自于"道德本性"，只是，在成形和进一步显示的过程中，"复归本性"的教化已然在现实生活中被悄悄篡改，成了代表统治阶级利益的教化工具。《吕氏春秋》教化思想中"复归本性"的教化理想与"仁义礼智信"的具体内容之间，存在巨大张力的同时又不可避免地横亘了一条严重的裂痕。"仁义礼智信"等道德内容本是发自"本性"，包括礼乐教化也是"本性"所起。但是，落实到现实生活中，本性的伸缩性显然大打折扣——道德伦理被政治运作、被社会的阶级性、被天权威的观念所笼罩。可见，教化的本性复归是一种固执的坚守，只是，在现实层面上，教化的具体内容依然被严重伦理化，"仁义礼智信"对"道德本性"的效仿和回归只能无限趋近，但又无法真正实现。个人行为的个体性烙印与本性的回归，在教化的普遍性中无法真正放下自我、脱下社会性所赋予的非本性躯壳。

在这个意义上，教化的普遍性与"复归本性"的个体性之间存在的严重的矛盾与分歧，如何实现普遍性与个体性的统一？在中国传统的语境中，普遍性的伦理道德和个体性的具体行为需要达成一致，但是这种意义的一致性是更为理想层面的铺设和本体意义的弥合。"生命本性要通，不要隔，事实上本来亦一切浑然一体而非二。吾人生命直与宇宙同体，空间时间俱都无限。"① 由此可见，教化的"本性复归"与现实分野

———————

① 梁漱溟：《人心与人生》，上海人民出版社 2011 年版，第 62 页。

是《吕氏春秋》教化思想面临的一个问题，即：理想层面的"本性复归"与现实层面的"教化"的阶级色彩导致了《吕氏春秋》教化所面临的异化问题。

第五章 《吕氏春秋》教化思想面临的现实境遇及启示

  《吕氏春秋》试图以觉醒个体"道德本性"的方式进行调试与教化，并以"忠孝""礼乐""仁义"等具体的教化内容建构与更新人与人之间的"秩序"，这便是"教化"。但是，在现代社会，受到多元价值、资本逻辑以及大众传媒的影响，《吕氏春秋》教化思想的具体内容、主客体、渠道等都呈现新形式。中国特色社会主义进入新时代，任何人都可以发出个人的声音，社会成员不再是单一的被教化群体，而是可以通过网络、手机等媒体自由发声的公民。教化的渠道越来越不是单一性、单向度的，教化主体与客体在合理的范围内具有双向互动性。因而，在多元价值与外来文化的影响下，我们不得不面对一些问题，《吕氏春秋》教化思想如何实现创造性转化、创新性发展？又如何面对现代多元价值的冲击？

  《吕氏春秋》教化思想的现实落地是解决其异化的必然方式，也为解决其在主客体、内容和方法方面的创造性转化、创新性发展提供了总思路。因此，在实践性与时代性中剖析《吕氏春秋》教化的异化以及其解决方案，并呈现其教化的主客体、内容以及方法的当代价值，在一定程度上能够促进人与自身、人与人、人与自然、人与社会的悖论的解决，也有助于进一步思考自然共同体、人伦共同体、社会共同体和国家共同体。

"民为本"贯穿于《吕氏春秋》的教化过程,这是由当时的社会条件决定的。当时的政治局势与社会结构必然要求教化以民为中心,而封建社会的统治者保障自身权力的合法性,也需要人民的拥戴。我们知道,在教化过程中,顺民心、合民意的诉求需要时刻关注教化客体的状况,但是,由于社会现实环境带来的教化的封建性和局限性,在客观上会让教化偏离"道德本性"。回归当下,相较于《吕氏春秋》教化主客体、教化的具体内容、教化方法,当代社会之"以人民为中心"的理念,是在尊重人的基础上实现人的"道德本性"觉醒。其中,"以人民为中心"相对于得民心而言,教化主客体、教化内容、教化方法以及教化环境都发生了巨大变化,因而,这需要具体分析。

在具体内容上,以"诚"为核心,实现"道德本性"的回归和秩序的建构。在当代社会,以诚守位、以诚入规、教民以仁,还需要以"诚"内化公民基本道德规范等。在教化方法上,结合《吕氏春秋》教化特色,在觉醒"道德本性"状况下,不断实践"化渐"之法,其中,入境与化境之法能够促进人们在"成己达人"的基础上建构秩序、更新秩序,诉诸主客同体,以尽可能地实现命运共同体。

第一节 教化思想的现实境遇

研究《吕氏春秋》教化思想及其当代价值正是响应"两创"方针,通过转化再造、丰富发展,以实现其教化思想在当代的转化,这也为当下道德水平的进一步提升提供了一定的思考空间。在现代社会,教化的时代背景已发生改变。社会的经济基础已更换,在多元价值、资本逻辑、大众传播媒介和互联网信息革命的影响下,教化思想(尤其是教化环境、主客体、教化内容、教化渠道、教化方式）也受到时代的"拷问"。在《吕氏春秋》成书时期，秦国作为大一统帝制建构的雏形，思想上追求开放多元，管理上善于集权统治，因而其教化试图从效法"天道"的角度实现"道德本性"的觉醒，并从自我教化、家庭教化、人文师教、社会教化方面实现人与人之间的"秩序"。但是受封建社会的政治性、天命既定观念、历史人文思想等影响，其教化在实行中依然有单一性、权威性、政治性、僵硬性等教化倾向，很容易导致教化的异化状况。而现代社会，教化主客体越来越倾向于融合，教化主体的权力不断下沉，教化思想越来越倾向于教化平民化、教化民主化。在教化多渠道、多方式的覆盖下，教化已经由原来的"一对多"方式，逐渐转变为"多对多"方式。

一、删繁就简应时与生命重塑

古典文本在实现当代穿越时，往往都会在一定程度上，面临水土不服的问题。民国时期，研究传统文本一度很热门。对《吕氏春秋》的研究也不例外，对其的校勘训诂随着这一繁荣而滥觞，许多名家开始为《吕氏春秋》作训诂或笺注或证误或校补；而许维遹"远念前修，近承师教，于玩索之余，辄自钞纂；采真削繁，间附管见。依据毕刻，参伍别本，盖于前人校雠训诂之书，凡有发明，靡不甄录"。

而后，随着西学的引入，现代学科的专业化分类，让《吕氏春秋》的研究不断呈现出专业化趋势。这主要表现在，对《吕氏春秋》的分科治学，例如民国时期黄大受先生的《吕氏春秋政治思想论》就是专门讨论政治思想，还有专门关于农学、兵学、道德、音乐等研究。尽管也有刘咸炘先生在《吕氏春秋发微》中的整体性思路。但是，在现代性的趋势之下，分科治学日益成为学术研究的主要方向。

　　《吕氏春秋》在这一时代境遇之下，其教化思想的生命力面临整体性被肢解的问题。前面提到，教化思想不仅涉及知识的学习，还需要心性的修为。中国传统文化的生命力在于浸润心性的修行。文化的洗礼和熏陶不是直接用于参仙悟道，也非巧语卖弄。《吕氏春秋》教化思想最终会促进人心性的成熟，并且将心性落实于具体行为之中。由于当时的诸侯国争霸与政治模式的重复性，导致教化具有封建性、政治性、落后性、僵硬性，无论是自教或他教都很难真正成为关乎心灵的修行，因而《吕氏春秋》教化思想在实现"道德本性"回归时，试图达成这种理想意义的教化。

　　诚然，《吕氏春秋》教化思想在面临当时的"天道"秩序与现实秩序时，也涉及理想与现实、应然与必然的关系问题。面对当下生活，在对其进行创造性转化、创新性发展的过程中，它必然也会面临相关问题。毕竟，现代的分科治学越来越将传统经典中的整体性以其固定的条目范式进行肢解，而《吕氏春秋》作为先秦古典文本中的集大成者，其系统性与整体性也必然面对这一问题。

　　一方面是文本的整体性很容易被肢解，在不同范式以及分科治学的影响下尤其受现代分科治学理念的影响，《吕氏春秋》不仅有教化思想，还涉及政治、管理、文艺、农业、军事战争等思想。目前不少研究都是专攻某一门类，那么，缺失整体性视野的关照，对《吕氏春秋》的文本解读也有可能会有所偏颇。另一方面，在《吕氏春秋》的整体性被肢解的过程中，也涉及其人文价值和道德精神碎片化的现象。只有通过阅读分析大量相关文献，并通过体察"天道"、研究当时生活中秩序问题的基础上，才有可能理解"道德本性"的觉醒，并在此意义上进行教化。但是，由于对《吕氏春秋》的文本解读，会面临相关概念的生搬硬套和西方话语体系的影响，因而相关意蕴和内涵的把握，不一定完全是中国古典式的。那么，《吕氏春秋》教化思想的现实境遇有可能就会大打折扣，其教化思想在现实性和时代性中就容易被削弱。

具体地，我们通过文本面临的现实境遇就可略知一二。

二、多元价值竞争与返本开新

"亨廷顿的'文明冲突论'认为，当代世界冲突的根源不再是意识形态或经济利益的冲突，而是基于文明差异，并提出儒家文明最终将联手伊斯兰文明对抗基督教文明；而西方文明最终必将胜出。"① 在现实生活中，西方价值不断潜移默化地影响他国的文化。俄罗斯的雷日科夫曾表示，这些国家"正在向全世界灌输一种观念，似乎只存在一种文明，而那就是美国和西欧的文明，唯有它才是世界上一切古老文明的继承人（不仅继承了欧洲的即希腊罗马的，而且还继承了东方的，包括中国的和印度的），似乎只有西方的这种价值体系——有人把它叫做'大西洋价值观体系'——才是唯一真正人道和民主的价值观体系"②。如此，在某些价值有意识的影响下，我们很可能有"丧失自己精神世界的某些珍贵特色、生活方式和独特文化的危险"③。

对西方价值的推崇可能会滋生崇洋媚外的举动，把自身引以为豪的精神道德庸俗化并加以清除，这可能会是一些人的举动。如此抹杀自身道德的光芒，而盲目推崇西方的自由、民主、平等，这在苏联时期有过沉痛的历史教训。苏联正是因为倡导"全人类价值"（效仿西式的价值观），一步步解构自我、抛弃掉自身的合法性；在不断实现公开化和民

---

① Samuel P.Huntington，"The Clash of Civilizations ？"Summer：Foreign Affairs，1993.

② ［俄］雷日科夫：《大国悲剧：苏联解体的前因后果》，徐昌翰等译，新华出版社2010年版，第21页。

③ ［俄］雷日科夫：《大国悲剧：苏联解体的前因后果》，徐昌翰等译，新华出版社2010年版，第21页。

主化的旗号下最终走向了亡党亡国的不归路。"苏联建设社会主义的经验及其破灭的最重要的教训是：我们不是处在社会主义挑战资本主义的终点，而是处在这一挑战的开端。"①

对于我们而言，文化自信的关键是价值观自信。"价值观自信关系到一个国家、一个民族的生死存亡，是不容忽视的文化内核。"②中国作为世界上最大的发展中大国，有着源远流长的文化，面临与西方全然不同的问题，要实现中华民族伟大复兴，不可能走西方资本主义道路，更不可能简单地用西方话语体系解释和阐释本国文化。如果我们将西方所谓的"普世价值"看作人类的"圣经"，认为我们改革开放的目标就是变成一个类似西方的国家，不顾国情地全盘照抄西方模式，不仅会将中国带进思想认识的"死胡同"，而且会给国家和民族带来历史的悲剧，最终结果可能是使中国沦为西方世界的"附庸国"。

《吕氏春秋》教化思想对理解价值观问题有一定的意义，"历史表明，我国在吸收西方技术文化成就的同时，从来就没有为西方文化所吞并过，反因此而增强了表现自我鲜明独特文化个性的条件。"③当然，总结苏联在20世纪90年代采用新自由主义政策后的结果，雷日科夫曾表示："如果对西方价值思想不采取批判态度，如果不考虑俄罗斯文化特点，而把西方的东西机械地向俄罗斯土壤移植，就不可能导致祖国文化的完善，而是导致它遭到破坏。"④对于我们而言，只有坚持从中国的基本国情出发，才能开创和拓展中国道路，要进一步增强价值观自信，决不能

① [美]科兹、[美]威尔：《来自上层的革命：苏联体制的终结》，曹荣湘等译，中国人民大学出版社2008年版，247页。
② 陈曙光、杨洁：《论文化自信》，《文化软实力研究》2016年第3期。
③ [俄]雷日科夫：《大国悲剧：苏联解体的前因后果》，徐昌翰等译，新华出版社2010年版，第24页。
④ [俄]雷日科夫：《大国悲剧：苏联解体的前因后果》，徐昌翰等译，新华出版社2010年版，第24页。

盲目地成为西方价值观念的附和者，决不能丧失自己的精神独立性。社会思潮越是纷繁复杂，越需要主旋律掌舵，越需要用中国特色社会主义先进文化引领多样的社会意识，牢牢掌握我国意识形态领域的主导权、主动权、话语权，最大限度地凝聚社会思想共识，而《吕氏春秋》教化思想结合古典文献资料与当代社会基本状况，会对此有一定作用。我们坚定中国特色社会主义文化自信，正如习近平总书记所指出的，"全党要坚定道路自信、理论自信、制度自信、文化自信。当今世界，要说哪个政党、哪个国家、哪个民族能够自信的话，那中国共产党、中华人民共和国、中华民族是最有理由自信的。有了'自信人生二百年，会当水击三千里'的勇气，我们就能毫无畏惧面对一切困难和挑战，就能坚定不移开辟新天地、创造新奇迹"①。中国特色社会主义文化自信需在一定程度上引入古典文献资料的研究，而《吕氏春秋》教化思想亦属于此例。

多元价值盛行易引发教化研究的回溯。教化思想的研究是合理引导多元价值并实现新时代中国特色社会主义文化自我确证的一条路径，对解决当前现代性问题提供了一种可能的平衡策略。《吕氏春秋》作为先秦时期的汇总性文本，其教化思想多元而丰富。以教化思想为切入点，可以剔除不合时宜的先秦经济基础、固化制度、天命既定的蒙昧等，存留并传承一种教化的"文化资本"。② 这在探讨中国特色社会主义文化自信中有一定的思考价值，在紧抓意识形态和战略布局的时代性背景下也有可借鉴的精神价值。可以说，《吕氏春秋》作为先秦时期杂家代表的第一部著作，其教化思想在教化主客体、教化内容、教化方法方面，

---

① 习近平：《在省部级主要领导干部学习贯彻党的十八届五中全会精神专题研讨班上的讲话》，《人民日报》2016 年 5 月 10 日。
② "文化资本"是法国社会学家布尔厄迪（Pierre Bourdieu）在界定一种历史境况时提出的，主要是指一定的人物以及日常的生活场景所构成了一种文化的氛围和场态，此即文化资本（Cultural Capital）。

对当下都有一定借鉴意义。当前，多元价值理念并存，社会生活中，人们的文化理念容易受到影响，那么，进一步提升民众的思想道德水平就显得至关重要。而我们研究《吕氏春秋》教化思想或许可以对理解现代性困境、多元价值问题提供一个角度。

三、资本逻辑冲击与本位持守

我国实行的是中国特色社会主义市场经济制度。这一经济制度是以公有制为主体多种所有制并存的制度为依托。市场经济的主要本质在于平等、自由和产权的配合，市场作为主要的配给和供应的主战场，能够在产品和服务的相互作用过程中，实现基本的资源配置和市场调整。这为我们的经济发展提供了契机和保障。当然，资本在发挥其正面作用的同时，也带来了一定的问题。资本作为市场经济中的生产要素，一旦与保证市场经济正常运行的基石——自由竞争相结合，在社会生活中，利润必然成为其主要目标，因此生产要素也会相应地成为实现利润的工具，甚至会试图通过利润获取更多，实际上，这很容易引起对"资本"的攫取。"资本是对劳动及其产品的支配权"，支配的力量在于"资本的那种无可抗拒的购买力"。

"直到 21 世纪的今天，技术化世界并没有如哲人们所愿以一种肯定的和积极的方式代替了资本化世界，事实上，技术化所带来的生存及其精神问题更加严峻，控制着技术逻辑的依然还是资本逻辑，人类实际上依然处于更加艰难也更加顽强的面向新文明的探索过程中。"① 在整个社会的经济运行中，如果资本的攫取成为人心所向，则在攫取资本的过程

---

① 邹诗鹏：《虚无主义的极致与人的解放问题——重思马克思对虚无主义的批判》，《复旦学报》2015 年第 5 期。

中，人必然也被资本所攫取、占有，甚至支配。受到资本统治的人，如何才能既保证正常的社会生活，又避免资本异化？从深层次来讲，这或许需要重温《吕氏春秋》教化思想，与此同时，这在一定程度上也能让我们进一步理解资本逻辑与公民思想道德这两种不同的思考视角。

在全球化背景下，很多国家均已进入工业化状态，我国作为一个社会主义国家早已被卷入工业化浪潮。市场经济和资本支撑作为中国特色社会主义市场经济的一部分而得到承认。资本是商品经济在自由竞争过程中的一个重要目标，也是资本主义生产方式和殖民掠夺的目的所在。在 21 世纪的今天，资本早已成为考虑社会构建、民主政治、经济基础、思想传播的重要工具和渠道，可以说，资本几乎波及日常生活的方方面面。在资本的强力作用下，可极大程度地促进我们经济的发展、民主化进程的推动和社会的建设等。同时，我们还要看到，资本可能会垄断社会的话语权和定价权，引发另一种形式的攫利方式，因此我们把那种以资本为导向的思维方式称为资本逻辑。资本逻辑作为一种思维模式很快在功利化、机械化和工业化的社会生产中立稳脚跟，并以高歌猛进的方式波及生活、进驻传统的思维模式。在这样一个时代，"一切固定的僵化的关系以及与之相适应的所被尊崇的观念和见解都被消除了，一切新形成的关系等不到固定就陈旧了，一切固定的东西都烟消云散了，一切神圣的东西都被亵渎了……人们终于不得不用冷静的眼光来看他们的生活地位、他们相互之间的关系"①。

资本逻辑在现代社会中所占份额如何？市场经济的主要特点是对资本的认可，而资本在对教化的影响份额越来越大，这主要表现在：在社会生活中，道德的份额低于经济的诉求，这就会影响社会道德水平的进一步提升和公民道德建设。"当一个厂主卖出他所制造的商品或者一个

---

① 《马克思恩格斯选集》第 1 卷，人民出版社 1995 年版，第 275 页。

商人卖出它所买进的商品时，只要获得普通的利润，他就满意了，至于商品和买主以后怎么样，他并不关心。"①在资本逻辑的影响下，卖主不仅仅要获得利润，还要获得成倍的利润；不但不管商品和买主的情况，甚至还在明知商品极差的情况下甘愿祸害他人。社会的基本道德水平在资本逻辑下受到了极大的挑战。资本的强大逻辑不断主导人的思想，"一切向钱看"、刺激物欲、消费异化等状况直接影响人的生活，这也导致了公民基本道德水平提升的无力感。可以说，资本逻辑盛行对文化、社会道德都有重大冲击，而回溯古典文献并剖析其教化的资源，让我们引入"天道"超越性以激发我们对生存意义与价值的理解，或许这会是应对当前危机的一种方式。

2016 年 3 月 16 日，李克强总理指出：市场经济是法治经济，也应该是道德经济。作为市场经济的重要环节，资本是市场经济的一种许可，但愈演愈烈的资本逻辑则在思想道德层面严重侵袭民众，"在精神现象领域，资本通过对日常生活的不断抽象，把人性的贪婪和占有欲，通过人的精神想象、虚无化、符号化的运作，在权力张力与资本张力的驱动下，直接变为资本的意志，资本成为最高级别的绝对精神和神圣主体。它激活了人的天性，但同时也剥夺了人类的天性和权力，把人类变成了疯狂的财富追逐者"②。因此，《吕氏春秋》所涉及的觉醒"道德本性"——发自内心遵从"天道"，以在"道德本性"中不断践行教化，并在与他人的交互作用中建构"秩序"意识、更新现实秩序。

我们知道，这一"秩序"的实现离不开"成己达人"的共同体精神，而回归亚当·斯密所提出的资本逻辑，实际上，市场可以在一定程度上，既满足他人需求的同时又获得个体利益，在他看来，交换与市场可

---

① 《马克思恩格斯文集》第 9 卷，人民出版社 2009 年版，第 562 页。
② 张雄：《现代性后果：从主体性哲学到主体性资本》，《哲学研究》2006 年第 10 期。

以建构一种"成己达人"的秩序。但是，针对此，马克思在1844年就已经看到了"货币"的缺陷与问题，在《1844年经济学哲学手稿》中他就有明确说明。那么，通过对《吕氏春秋》教化思想的研究，也会激发我们进一步思考资本的问题，以及仅仅通过教化来研究、提升公民道德水平可能存在的局限性。毕竟，在资本逻辑的背景下，基本的人性可能会面临巨大考验。那么，所谓的在"天道"视野下的教化是否还有存在的必要？以及在哪一个维度上对当下"秩序"依然具有启发意义？

思想本应走在时代前列，哲学和文化作为社会意识，原本对社会存在有能动的反作用且走在资本的前列。然而，如果资本逻辑太过强势，就可能侵袭到思想文化层面。在这种语境下，道德和文化容易成为资本以外暂居其次的考察要素。那么，资本逻辑的盛行容易引起单一价值观的追逐，甚至逐利成为社会思想的一种正当，而思想作为前沿的引导就只是一种附庸。资本容易导致单一性、单向性的行为倾向，不仅表现在思想、文化层面，也表现在语言方面。资本的单向性容易引发价值观单一，也易窄化教化的渠道。

"它（主体性资本——引者注）对人性、自然或他者的摧残，不可遏止地引发并激化了不同文化观、价值观的民族或国家之间的矛盾、对抗和战争。资本由客体属性逆转为客体对主体的控制，并直接变为主体性存在，其严重后果还在于：在物质品流动领域，资本通过交换价值和等价原则的市场交易制度，把世界编目为一个定量价值的同一性存在，有了资本似乎就可以兑换一切、占有一切、改变一切和创造一切。"[1] 利润的最大公约数再进一步成为资本，资本又可以在社会上形成一种"一切向钱看"的势能。经济上，越来越多的企业或者自然主体罔顾社会价值和道德规范而追求经济利益或个人利益，以致一度引起一定的道德问

---

[1]　张雄：《现代性后果：从主体性哲学到主体性资本》，《哲学研究》2006年第10期。

题。政治上，民主法治的呐喊与资本逻辑在一定程度上形成对比，因此部分党内不法分子在廉政勤政方面深受资本逻辑的浸染，直到先进性政党的呼吁和反腐倡廉建设的大力兴盛才淡化了资本逻辑的潜滋暗长。社会生态上，一些人心无形中受到资本的诱惑，道德诚信等也被资本逻辑蒙污熏垢。在这种状况下，个人的"道德本性"意识也易错置甚至失落，以上皆是资本逻辑深入社会生活并引发一定问题的写照。在这个意义上，引入《吕氏春秋》的教化思想，也可以在一定程度上促进人们对资本逻辑的反思，或许可激发人们意识到资本的正面功效并使其得到合理使用。

四、大众传媒与核心价值引导

在当代的社会背景下，《吕氏春秋》教化的主客体、渠道、内容等方面都面临一些新状况，主要表现在以下几个方面：

首先，教化的权威性、神圣性随着大众传媒的兴起而不断下移，教化主体和客体在一定程度上多了一种交叉。因而，教化客体越来越影响教化的内容甚至抢占教化主动权。网络社会中，民众的网络话语权不断被激活并越来越占据举足轻重的分量，任何人都可通过网络进行舆论发声。在大众媒体的席卷中，越来越多人能够轻松在网络发声、表达个人意见和观点，甚至参与到网络事件中，成为一些网络事件的背后推动力量。即：整个社会不再是一种明确的领导与被领导的关系，主流的声音与边缘化的呐喊形成了一种常态，甚至边缘化的呐喊能够激发、影响、改变主流的发声。这是教化主体与客体之间距离的不断弥合，甚至教化客体也有可能成为主体发声的参照系。教化的主体不断下移，客体不断上调，因此主客体在一定程度上有了一种交叉。主体的地位越来越通过客体得到彰显，而客体也越来越凸显了自身的话语权。这是大众传媒对教化的影响。

其次，教化所面临的话语环境越来越多元、开放、自由，主要的教化方式之一是听言和论说，作为教化的实现方式，大众传媒对纸质文本、听说讲授具有强大的冲击，毕竟大众传媒通过图片、视频和文字的合集对人的冲击和震撼效果更大。麦克卢汉曾将文字和视频图像作了区分，认为前者类似于冷媒体，通过文字是以一种抽象符号表达，人只有将思考纳入才能把握文字的意义。[①] 文字与主体之间需诉诸思考才能把握其意义。而视频图像作为一种扑面而来的画面，直接作为意义向人敞开，让人"所见即所得"。这一点波兹曼相当认可，"影像要求的是怎么样对你造成视觉冲击"[②]。大众传媒所带来的视觉冲击感在一定程度上挑战了传统文本中教化的方式。其中，这几年火热的抖音、快手等短视频软件，以其快速便捷的传播，冲击了传统文本教化。

最后，受大众传媒冲击的教化渠道越来越呈现扁平化的特点。一个事件的发酵、兴起甚至会牵动多方的不同利益，而大众传媒在此完全可以起到推波助澜抑或引导控制的作用，大众传媒直接作用于个体的一般思维和社会心理，因此可形成对社会舆论的引导，刺激思想理念的调适。大众传媒的兴盛让不同群体的人自由畅快地发声，互联网的媒介作用不仅面向社会的精英、公众人物，更面向广大人民群众或被"边缘化"的人，毕竟大众传媒的影响相当广泛。教化的渠道设置在大众传媒的作用下呈现更加扁平化的趋势。精英意识等的下调，大众或"边缘化"群体思想的自由表达，都是在大众传媒的冲击下逐渐聚拢。

教化渠道的扁平化有一种将主客体逐渐拉平的趋势。因此，教化在

---

① 参见麦克卢汉（M.McLuhan）的《理解媒介》，尽管他属于 20 世纪 60 年代，但其思想的超前性在"媒介即万物，万物皆媒介""媒介是人体的延伸"中早露峥嵘，其思想涉及虚拟现实、知识经济等现代社会的状况。

② 许纪霖等：《何以安身立命》，中信出版社 2016 年版，第 301 页。

这种意义上需要分辨哪些教化内容符合时代精神和民族精神？在何种意义上确立教化内容？只有符合时代精神、民族精神、人民根本利益的教化内容才能真正成为时代助力。"只有卓越的文化、有尊严的文化才能与金钱和权力抗衡，而那些平庸的网络化语言，虽然有时候也会嘲笑和解构权力与金钱的虚妄，但因为自身是没有尊严的，缺乏卓越品格，因此只能提供破坏的、颠覆性的负能量，而不能像卓越文化那样拥有替代性、建设性的正能量。平庸文化反而成为权力与金钱的补充性存在，反过来更强化了后者的合法性"①。所谓卓越的文化、有尊严的文化正是教化在大众传媒的剧烈冲击中应当自我反思的教化内容，最终在社会上形成一股正能量的教化趋势，替代那些负能量的、不能长存的、受到了资本异化的能量。

中国特色社会主义新时代的社会背景有很多《吕氏春秋》时期所不具备的优势。《吕氏春秋》成书时期的教化渠道相较于现代而言差别很大。《吕氏春秋》曾在《慎大》篇描写了社会不道德的现状：武王伐纣，一举灭殷商，但在治理国家时武王则虚心询问殷商的状况，以资借鉴。殷商之人曾表述客观，在《慎大》描述细致，"武王胜殷，得二虏而问焉，曰：'若国有妖乎？'一虏对曰：'吾国有妖，昼见星而天雨血，此吾国之妖也。'一虏对曰：'此则妖也，虽然，非其大者也。吾国之妖甚大者，子不听父，弟不听兄，君令不行，此妖之大者也。'"同时，《先己》篇也提到，"故上失其道，则边侵于敌；内失其行，名声堕于外。是故百仞之松，本伤于下而末槁于上"。在战国末年成书的《吕氏春秋》，其信息传播途径或教化渠道呈现单一化的特点。在天道与人道的沟通方面，一般是君主通过天权威系统的神秘性感应与对话，例如天降祥瑞或灾异频现（包括农作物出现应时性的危机、天时出现非季节性的变化之类的

---

① 许纪霖等：《何以安身立命》，中信出版社 2016 年版，第 335 页。

反应）；在人道的具体细节上，包括士大夫对各种社会事务的建议、使臣沟通、民众的言论、礼乐风俗等间接表现，都是《吕氏春秋》教化思想中信息传播、实施教化的一种途径。可见，当时社会的教化通道并不发达，传媒传播都较为单一保守。而目前在中国特色社会主义新时代，大众传媒越来越能够发挥自身的作用，因而教化渠道不断呈现多样化、民主化的趋势，教化的透明度也越来越高。

由上可知，在当下社会，《吕氏春秋》教化在环境、主客体、渠道、内容等方面都面临一些新状况。一方面，受到西方多元文化的影响日甚，加之资本逻辑对公民基本道德心理的冲击，进一步理解资本与社会道德的关系成为一种需要。另一方面，大众传媒对我们的教化主客体、教化内容和教化方法与渠道有了更多影响。因而，在中国特色社会主义新时代，要想对《吕氏春秋》教化思想进行创造性转化、创新性发展，还需正视当下、理解现实社会状况，在这种状况下引入传统的思想资源，才有可能对当下的社会治理有所裨益。

第二节　以人民为中心的当代价值

"先顺民心，故功名成。"（《顺民》）先顺民心、当得其心，由此施以教化才会游刃有余。也就是，在生活中以人民为中心，在顺从民意的基础上逐渐引导人民遵循"道德本性"而行，"民无常用也，无常不用也，唯得其道为可。"（《用民》）恰当引导民众，可以有效实现教化。由于缺少本性的教化将会导致混乱或亡国，"故乱国之使其民，不论人之性，不反人之情，烦为教而过不识"（《适威》），只有回归"以人民为中心"的教化，并在促进人的"道德本性"的觉醒中，进一步理解"成己达人"的社会共同体秩序，我们最终追求的教化才有可能达成"通达性命之情”的效果。

一、民为邦本

我们深入历史的实质是深入现实。“一切历史都是当代史”，我们需要“下潜到现实的深处，为当代服务”①。“古者多有天下而亡者矣，其民不为用也，用民之论不可不熟。”（《用民》）《吕氏春秋》提出民本思想的主要目的是用民。为了维护基本的政治统治，《吕氏春秋》将民本放在重要的位置。通过先顺民心，“审顺其天而以行欲，则民无不令矣，功无不立矣。”（《为欲》）可以说，崇尚民本与当时农耕社会的背景、统治阶级赢得民心的方式有关，获得民心最终是为当时的社会治理和政治统治服务。

通过与人民的相处，统治阶级能够巩固其统治地位，为其政治合法性寻求民意基础。因此被很多学者称作政治类典籍的《吕氏春秋》，它对教化客体、教化思想所做的系统全面的论述，最终也是试图服务于政治统治。李颖科、丁海燕在《吕不韦与〈吕氏春秋〉》一文中提到《吕氏春秋》具有民本主义倾向并提出“顺民”“爱民”“忧民”“便民”的主张。这在《务本》篇也有相关论述，“安危荣辱之本在于主，主之本在于宗庙，宗庙之本在于民，民之治乱在于有司。”（《务本》）然而，《吕氏春秋》“得民心”的政治目的与书本一开始所建构的“教化”理念实则相违背。这是由其封建社会的属性和政治统治的目的所决定的，毕竟，“以德治民、治国使中国古代形成了以儒家伦理思想体系为本的道德意识形态。从王朝到家庭、从思想文化到日常生活、从礼仪到习俗，均以伦理道德为准绳”②。

---

① 鲍鹏山：《先秦诸子八大家》，上海科学技术文献出版社 2012 年版，前言第 4 页。
② 刘丙元：《当代道德教育的价值危机与真实回归》，北京师范大学出版社 2012 年版，第 2 页。

　　《吕氏春秋》教化思想与其他诸子的教化思想一样，一旦被固定成为某种统治阶级实现大一统和政治稳定的手段，就与其"复归本性"的教化初心相违背，"教化"的初心与功利追求之间的矛盾是《吕氏春秋》"教化异化"的最主要问题，也是目前研究古代教化思想不可避免的一个问题。"得民心"并非符合其"天道"自然理念下所觉醒的"道德本性"意识，其"得民心"是为了服务于政治目的，这与"本性"意识下的教化（回归到人的本性）相背反。

　　"重视民生是中华文化中民本思想的重要内容，以民为本的'民本意识'，是一种以依靠'民'、解放'民'、发展'民'为根本目的的思想意识。"①《吕氏春秋》提倡"以民为本"，当代社会则重视以人民为中心。可以说，"得民心"更多在中国特色社会主义理论体系中被阐释、被实践为以人民为中心。"得民心"在古代社会容易被封建统治者利用，《吕氏春秋》的民本思想为了符合政治统治的需求，"人主有能以民为务者，则天下归之矣"（《爱类》），"得民心"尽管在形式上是以民为本，但是这种形式并非目的，而是有明显的现实统治和治理的意蕴。

　　相比而言，现代社会的教化遵循以人民为中心的原则。将以人民为中心贯穿于教化，这是当下社会的基本诉求。一方面，教化的目的就是关注人本身。对人民的教化不是刻板教条的说教，而是在教化客体愉悦舒畅、心情通达的状态下，在"浸染"中实现思想和行为的变化。当然，以《吕氏春秋》教化的局限作为警惕，我们也需避免"自身所提出的道德观念和道德灌输的方式隐含着反个体、反伦理的因素"②。在具体内容上，"凡说者，兑之也，非说之也"（《劝学》），说和兑的核心区别在于前者没有任何艺术方式，以生硬的方式将道理、思想、知识等传递给教

---

① 徐国亮、王景仪：《新时期思想政治教育发展特点研究》，《理论学刊》2011 年第 4 期。
② 金生鈜：《质疑建国以来的道德教育规训》，《教育理论与实践》2001 年第 8 期。

化客体，这是以弃置甚至悖逆人本性的方式实现教化，很大程度上是实施"逆本性"的发展，并不异于"揠苗助长""对牛弹琴"。但是，如果我们在当代的教化中，探寻到教化客体的基本规律，随顺教化客体的本性，那么教化就可实现事半功倍的效果。若是悖逆教化客体的本性，一味强硬说教则无异于"拯溺而垂之以石也，是救病而饮之以堇也。"(《劝学》)《举难》篇曾提到"责人以人，自责以义"的教化方法，对别人豁达、包容，于己则苛责严厉，这是"利天下之长利"的长远教化眼光，通过利益大众，以凸显长远利益的重要性。

另一方面，在具体细节上，可以适当以物质利益激发人民。在教化的过程中，赏罚是可以驾驭物质利益的一种手段，其作用不可忽视。马克思、恩格斯在思想政治教育的过程中，曾单独把"物质利益"作为教育和影响人民进行革命斗争的一种方式，在中国最为明显的则是土地革命中的"打土豪，分田地"，土地作为一种物质利益是人民生活的基本保障，因此，作为赏赐的一种方式，土地在影响人民、教育人民、鼓动人民方面起了重要作用。赏罚一定的物质利益与宣传鼓动人民结合，主要涉及那些不能自觉本性的人，以一定的激励手段可以帮助他们安定物质欲求、适当节性，以进一步追求精神与价值维度，并最终促进他们"道德本性"的觉醒。马克思、恩格斯革命思想的指导是以先知的视野反哺那些不自明（无法明确自身本性）的人民，物质利益的保证不是功利主义的奖赏或交换，而是水到渠成的教化。这恰恰是教化可以使用的方法，通过激发他们"道德本性"的觉醒，进一步激励人民的革命精神，这在整个实践过程中其实就是一种教化的达成。

再者，以人民为中心并非无原则、无立场的顺从人民，这还涉及"当赏则赏，当罚则罚"的基本原则。具体来看，一方面，赏罚需兼顾大局意识，糅合教化内容，做到赏罚中寓于教化，故而可以潜移默化地影响民众。另一方面，根据教化对象的本身特征、事物发展的基本规律、运动变化的基本趋势等对赏罚进行基本把握。注意赏罚时机，不以个人喜好而定夺赏罚的基本规定。"凡赏非以爱之也，罚非以恶之也，用观归也。所归善，虽恶之，赏；所归不善，虽爱之，罚。此先王之所以治乱安危也。"（《当赏》）从不同角度定位赏罚，还涉及赏罚孰本孰末的问题，牵扯"赏其本还是赏其末"的纷争。"凡行赏欲其本也，本则过无由生矣。"（《赞能》）一旦赏赐贯彻到根本，一些不必要的过错就不会产生，同样地，惩罚也是如此。这是赏罚的根本原则。在此基础上，赏赐范围越是广博，高覆盖率的赏罚越能赢得人心，教化的覆盖面就越广。假如将细枝末节、起到细微作用的人都纳入赏罚麾下，则民众会更加信服，甚至疏远之人也会竭尽全力而行。"今虎非亲言者也，而赏犹及之，此疏远者之所以尽能竭职者也。"（《不苟》）赏罚中不仅需要调动物质利益的作用，还应积极推动精神教化的普及，坚持"民农非徒为地利也，贵其志也。"（《上农》）毕竟，物质利益只是实现教化的一种方法，重点还在于觉醒人民的"道德本性"。

由此可见，当代社会的以人民为中心与《吕氏春秋》教化思想中的"得民心"有一致性。核心在于人的"道德本性"的觉醒，这是"本性"意识下《吕氏春秋》教化思想与现代社会中以人民为中心的契合之处。但是，由于《吕氏春秋》的封建性、政治性，就只能将"得民心"作为教化的目的，而"道德本性"就只能是理想性的遥想。而在当代社会，在教化中首先将"人"放在首位，"人是目的"，"人以其自身为目的的生存状态，决定了人不是工具，亦不是手段，而是自然的存在"[1]。教化最终是服务于人本身。以人民为中心，还可进一步促进教化主客体间的良性互动，为秩序的建构和社会的治理拓宽空间。

---

[1] 郭庆玲：《道德生命自然：老子道德本体的现代阐释》，《新疆社会科学》2017年第4期。

二、主客交互

柏拉图曾说过:"奴隶之所以是奴隶,乃是他的行为不是代表自己的思想,而是代表别人的思想。"① 因材施教是《吕氏春秋》教化思想中的策略。与"因材施教"相反的是"专则拙"。因材施教是在事物动态运动过程中的一种凭借,"专"更多的是静态的、僵硬的、不动的、静止的情形。因此,因材施教是在历史的、时间的维度考察所"因"为何,如何而"因"。在教化中主要表现为以下两个方面。

一是,着重发挥"因"的凭借之力,在自然万物中,长短、高下、难易、有无是必然的,这是教化所"因"的前提,根据不同的教化客体、变化的教化情景、动态的教化路径、多元的教化方法,实现具体情境下的教化。"无丑不能,无恶不知"(《用众》),善于借助某物之长,凭借时机恰当转化教化的形势并合理实现教化的目标。在教化过程中,甚至可以通过造势而达成教化的目的。这是"善假人者"的明智之举,在主客体的交互中具有实践性和过程性。

二是,《吕氏春秋》之"因"还需摒弃障目之帷,"所以尤者多故,其要必人所喜,与因人所恶"(《去尤》),但凡有所障蔽皆在于思想的局限与狭窄,"凡人必别与然后知,别宥则能全其天矣"(《去宥》),"全其天"才能够顺心、顺势、顺时而"因"。教化中的因材施教,不仅需要注意教化客体思想维度的基本状况,还需要注意主客体相互作用时的变化性,因而才可能在主客体交互中游刃有余。例如针对别人的话语和不同的言论,"物多类然而不然"(《别类》),就需要对教化之"因"进行内在把握,针对具体问题具体分析。不仅"因"时势,还涉及主客体间

---

① 崔国富:《"从做中学"的生命教育价值解读——杜威实用主义经验论生命教育思想探析》,《渤海大学学报》2012 年第 5 期。

的具体作用，故而"验之以理""缘物之情及人之情以为所闻"（《察传》）。通过对"因"的把握以确定物之理和人事的是非曲直，坚决清除牵强附会和胡乱猜测之嫌，以此促进教化主客体的共同提升。

"因材施教"中也有"因时"而教化，"无失民时，无使之治下。知贫富利器，皆时至而作，渴时而止"（《任地》）。事情的开始、过程和结束都有"时"的参与，在不知"时"以前就做好各项准备工作，遇"时"则尽力而为。适时而为、当时处事，最后"时"尽而止，这是关于"时"的运行链条。"居善地，心善渊，与善仁，言善信，政善治，事善能，动善时"（《道德经》第八章），对"时"的运用，还需把握好"应时而动"。教化不仅是培育教化主体对"时"的敏感性，在教化过程中也需不断贯彻"时"的意识，因而，在对待教化客体时就更应"因时"，根据不同情况的"因时"以促进教化效果的最大化。"全则必缺，极则必反，盈则必亏。先王知物之不可两大，故则务，当而处之。"（《博志》）在合适时机做适宜的事情，通过修正、讨论、自主活动、行为等各种方式对教化客体进行把握，始终把"时"贯穿在教化的整个链条中，可促进教化效果化于心、及于行。

在具体的教化过程中，教化主体与教化客体之间的互动、情境的生成，往往能够自成一体，这种状况很容易培养教化客体的本真灵性和"道德本性"意识，长此以往客体在创造力和个性特质等方面会不断觉醒，反之，则客体在具体教化中就大打折扣，"人之情，不能乐其所不安，不能得于其所不乐。"（《诬徒》）"只有教师和学生都既把自己又把对方当作主体，师生关系才能真正成为主体间关系，教育教学活动才能真正确立学生的主体地位，形成、发挥和提高学生的主体性。"① 人的"道德本性"需要不断觉醒和实现，而处于受教育阶段的青少年，其"道

---

① 郝文武：《师生主体间性建构的哲学基础和实践策略》，《北京师范大学学报》2005年第4期。

德本性"的挖掘就需要关注其学习兴趣、学习状况，并在其成长和发展过程中，需要通过发现教化中的规律性，而进行合理的教化。毕竟，在兴趣爱好中更容易学有所得。"人的主体性发挥，实现了现代人和传统人的分界，是推动社会前行的根本动力。"①既然如此，应该改革那些千篇一律并将一切人都普遍化的教化目标和教化方法。在教育体制和教育机制的影响下，回归"道德本性"的教化模式需不断养成，教化应该具备广阔的视野和专注的定力，应当在教化中关注人的本性，并合理启蒙"道德本性"，因而教化方法和教化理念会随之丰富和深刻。这是在时代性和现实性中研究教化的一种趋势。

教化中主体需时刻提醒教化客体认知自我，建立长远视野并认知目前中国的国家状态和国际局势发展状况。"存亡安危，务求于外，务在自知。"（《自知》）在确立长远目标、"知接""知化"和自知的过程中确立"道德本性""秩序"意识，故而可以以未来眼光实现当下的教化。"根据社会发展的需要和教育现代化的要求，教育者通过启发、引导受教育者内在的教育需求，创设和谐、宽松、民主的教育环境，有目的有计划地组织、规范各种教育活动，从而把他们培养成为自主的、能动地、创造性地进行认识和实践活动的社会主体。"②教化主体还可根据心境推知客体的状况，"反己以教"，最终能够"得教之情矣。"（《诬徒》）

习近平总书记在党的十九大报告中提出，意识形态决定文化前进方向和发展道路，建设具有强大凝聚力和引领力的社会主义意识形态。③在现代社会，个人所结交的朋友、生活的朋辈群体是一个人实现"自明"的外在渠道。一方面，朋友往往是个人生活所好、脾性所感的投射，与某人具

---

① 王华敏、周双双：《主体性发挥与社会主义核心价值观教育的内在逻辑——基于大学生群体的教育研究》，《重庆大学学报》2018 年第 1 期。
② 张天宝：《主体性教育》，教育科学出版社 2001 年版，第 43 页。
③ 《党的十九大文件汇编》，党建读物出版社 2017 年版，第 28 页。

有内在或外在的某种契合故而能"抱团取暖"。同时，可以通过朋友的鼓励或竞争机制、沟通对话等实现一个人的认知蜕变。而一些人无法实现足够的自我认知甚至出现认知错置，往往导致盲目跟风或者从众等行为，甚至出现严重的迷失自我的现象。这在现代化席卷全球、生活节奏多元新颖、理论外在于人心的时代，倘若在意识形态方面缺少重视，又无法以群众喜闻乐见的方式润化人心，甚至有可能会影响意识形态的话语和阵地。

同时，践行"去尤"也是"自知""反己以教"的方式。"去尤"是事物不断否定自身、辩证往复的过程。从教育主体的角度来讲，去尤是去除自我界限，在教化的过程中提升自我、达成自我的过程。从教化客体的角度讲，去尤是开阔他者眼界和思路的过程，以教化主体的角度引领价值导向，建构价值倾向的过程。从互为他者的角度，教化主体与客体互相规定对方，诠释对方。"师生主体间的交往和理解是心灵的沟通，情感的共鸣，知识的交流，能力的相长，思想的碰撞，智慧的体悟，人格的敬仰，不是物的机械运动，人与物的作用；是平等、双向、主动、自由和共有的，不是霸道、单向、被动、强制和占有的。"[①]在二者相互作用的过程中，去尤的价值可发挥到最大。在这个意义上，社会价值观的界限厘定和边界拓展以及在新兴资本的符号导向中，可实现教化主体与教化客体的身份重构，最终服务于价值观重塑。

三、类固相召

教化主客体还涉及"同类相召"的教化特色，教化中的"有"与"无"皆内含于教化过程中。"有"是存在性的，"无"则是对固有存在的一种

---

① 〔德〕雅斯贝尔斯：《什么是教育》，邹进译，生活·读书·新知三联书店1991年版，第2—3页。

松动，以"无"给"有"留白，暂时搁置严苛的对立以促进事物的流动、变化和发展。这是以"有无"为核心而表述"同类相召"，背景性的能量作为"无"与实体性的事物之"有"形成鲜明对比。"所谓'真实——真正'的'事物'是'时间性—空间性'的。"①"在场"不仅是实体性存在的各种具体事物的形态，还有背后一种强大的并未现形的存在。当某一"存在"（不管"有""无"）以抱团式的力量聚合到一起，也就形成了"同类相召"——这些事物以场态的吸引被积聚到同一场域。

"类固相召，气同则合，声比相应"（《应同》），同类事物往往相互吸引，相似的气味多能情投意合，相和的声音也能有所响应。在历史的洪流中，若恶事做尽、赶尽杀绝的人或国家总会越来越向昏乱方向发展，或被别国诛伐；而贤能善治的人或君主则能得民心、成王道。一个国家只有"治道"为上，不给他国攻伐的理由，自然他国不会为名为利而贸然进攻，故应推崇"治道"。同理，一个人，也应有自身的"治道"，其实现无外乎通过教化主体、教化载体和教化客体的"类固相召"的场域实现。"类固相召"进一步拓展，教化主体的人格和精神修为对教化客体有极大的影响，"君同则来，异则去""物之从同，不可为记"（《应同》）。相似的人会积聚在同一个教化场景，形成相合的教化氛围，这是教育主体、教育客体和教育载体（中介）以及天时地利人和等显性因素与隐性因素共同构建"同类相召"的教化场域。

中国特色社会主义文化的生命性在于来自生命精神的场域塑造。所谓文化的生命实则是一种心性的弹力。文化是一种精神的塑造。从现实层面来讲，中国特色社会主义文化历经的不同阶段都有一种精气神在深层次贯通和连接，中国特色社会主义文化中的在场感是融通心性的一种场域塑造。

---

① 叶秀山：《"进入"时间是"接近""事物本身"的唯一方式》，《学术月刊》2006年第1期。

当代社会的教化需教化主客体实现教化环境的构建。教化的实现一方面需教化主体在场，教育主体的出现是对教化客体的对比和凸显；主体作为教化场态的把握者，其引导有利于实现主体和客体的共同在场，这会促成教化环境的初步建构。另外，教化环境还需天时、地利的契机，"有汤武之贤，而无桀纣之时，不成；有桀纣之时，而无汤武之贤，亦不成。圣人之见时，若步之与影不可离。"(《首时》)汤武之贤主要倾向于教化主体的德性，教化主体作为常态的主导者，能够引导、指示、引领教化客体的化育情况，甚至可以主导环境的形成和建构。毫无疑问，教化主体在环境建构中处于主导地位。当然，客观维度的把握离不开教化的时机，时机又含法、术、势等因素，是综合因素作用的结果。教化主体与时机犹如人、影之不可二分。《吕氏春秋》在教化中隐含了对秦国统治者抓住时机并代周而王的鼓动和意愿。而教化主体在教化的实施中由于既定的主导性，不仅注重提升教化客体的思想道德情况，还需把握时机并为教化客体塑造合宜的教化环境。

教化需"入境"。教化必须有环境的承载，环境是平台性的存在，入境是对平台的肯定。《吕氏春秋》在环境方面的教化思想吸收了墨家学派的"素丝可染"，赞同环境对人发展的作用和意义。"染于苍则苍，染于黄则黄，所以入者变，其色亦变，五入而以为物色矣。"(《墨子·所染》)同理，家庭在一个人的成长过程中充当了熏染的颜色。一个人关键时期的成长与教化均在家庭环境中实现。"引婴投江"的例子关乎家庭环境对人的影响，作为一个极端的个案，以其特殊性和极端性戏剧化地凸显了家庭与个人特质之间的矛盾，"有过于江上者，见人方引婴儿而欲投之江中。婴儿啼。人问其故，曰：'此其父善游！'其父虽善游，其子岂遽善游哉？以此任物，亦必悖矣。"(《察今》)家庭环境对一个人的特质确有影响，但环境因素只是众多影响因素之一，并非全部。引婴投江者完全根据家庭人员的情况，认为孩子必定是善于游泳者，这是过分注重环境因素而悖逆常理的反面典型。"有其父必有其子"的逻辑在于完全肯定了家庭环境的教化并无形中否定了社会教化、个人特质。作为"同类相召"的反面案例,在教化的具体教化环境中,也需要不断反思个人的"道德本性",教化环境的构建皆是在教化主客体参与下进行。

教化需"化境"。"道家以自然型伦理来抗衡儒家塑造型伦理。"① 融合二者的《吕氏春秋》,在教化方面就表现为:实现主体与客体的统一,需要通过主客交互以达到"化境"的状态。倘若主体和客体分别丧失了自身、舍弃个性和存在的"道德本性",无法作用于教化环境,也即:在"同类相召"中迷失掉自身的独特性,主客体的个体化特征都被搁置,故而教化的环境也就丧失了主客体的"道德本性"意识。这在主客体交互中尤其值得注意,主客体的交互,是以个人"道德本性"为目标(教化客体作为思想上弱势的一方,倘若无法意识到"道德本性",则教化主体所担负的责任更多,相应的要求也更高)。

在化境中,主体与客体之间不断进行交互(主客一体化),其理想的效果是主体与客体都已消失,客体仿佛完全占据了主体的视野,同理也适用于主体,在这一意义上主客二者达成了短暂的默契,没有时空没有分别,就在教化的场态中,主体和客体融合为一个整体。转而实现的是教化中主客体的和解与教化效果达成。这种教化环境的建构又会反过来促进"道德本性"的觉醒和反思,因而关于自教和他教的效果就更好。就像当我们凝视一个杯子时,一旦静观良久,且我们没有试图去反思我们凝视的这个行为时,我们和杯子在"化境"中成为一个整体,融合为一,也就是达到了物我两忘的境界。教化主体和客体之间的交互需要环境的烘托,而"化境"作为"入境"的最高境界,暂时让教化的主客体忘记身份而存在,只是沉浸在当时的境况中。这种达成了纯熟的或者不

---

① 黄钊:《中国古代德育思想史论》,中国社会科学出版社 2011 年版,第 148 页。

自知的"道德本性"的状况，意味着教化的"日用而不自知"。

第三节　教民以仁的当代价值

随着现代性的不断发展，人们在生活中的欲望被不断放大，加之"市场逻辑对于现代社会的全面宰制，极大的诱发并放大了人的欲望。……到了现代社会，人的贪欲却得到了道德和制度的双重肯定"①。因而，在习近平新时代中国特色社会主义思想的指导下研究《吕氏春秋》所提供的教化思想，有一定的创造性转化和创新性发展的空间，但是又不得不承认，《吕氏春秋》教化思想的当代研究与转化面临着时代的挑战。《吕氏春秋》教化思想也需要被纳入"抽象继承"的行列，在研究文本的内容时，主要以"诚"（教化内容的和谐）、"明"（"诚"的具体开显）作为当代价值的一个展现契机，并试图实现《吕氏春秋》教化思想的创造性转化、创新性发展。②

一、以诚守位

专一的教化直接关系教化主客体的状态发挥，"'精而熟之，鬼将告之。'非鬼告子也，精而熟之也。"（《博志》）志向专一与集众之势相统一

---

① 何中华：《现代性与"人之死"》，《求是学刊》2010年第4期。
② 姚中秋教授认为中国本身是由一套观念体系构成的，而本源性—框架性理念（这与由天道而来的本位意识相通）应当被任何一个中国人所接受。在他那里，本源性—框架性理念是起点意义的存在。可是，姚中秋教授并未讨论，一旦理念被固化下来以后，又如何从古代穿越到现代？理念如果不能一直更新的话，它同样被证明是不合时宜的、不符合时代发展的。请参姚中秋：《君子与公民：寻找中国文明脉络中的秩序主体》，《天府新论》2015年第6期。

是实现教化效果的保障。以养由基射箭为例，养由基可以在没有开弓射箭以前就把白猿先射中，正是技艺和心神达到出神入化的境地，所以"养由基有先中中之者矣"。由于心神集中于一点，进而可实现"精诚所至"的惊人效果。与志向专一相反的是用众非己，"先王用非其有如己有之，通乎君道者也。"（《分职》）君主按其职分"处虚"臣子"居实"，因而可通过借助他者的力量以实现教化。非用己之力而用众的做法是《吕氏春秋》"通乎君道"（倾向于虚君实臣）的倾向，在一定程度上解放君主，也给予教化更多的自由度和灵活性。教化思想中的用众非己是倡导教化主客体的共同参与，教化过程中使用非己之力，假他人之手，通达天性、安定职分，可集众人之力，在教化中实现"反诸人情，则得所以劝学矣"（《诬徒》）的效果。在教化中的志向专一、用众非己，可实现教化效果的最大化。

而志向专一、用众非己还需要注意"诚"的作用。"一也齐至贵，莫知其原，莫知其端，莫知其始，莫知其终，而万物以为宗。"（《圜道》）这里的"一"实则与"道"的精神意蕴相同，所谓"得一"就是能够完全明白事物运行的精妙，而"诚"是"得一"的前提，"无以害其天则知精，知精则知神，知神之谓得一。"（《论人》）只有"得一"才能够懂得事物运行之理，进而明白万物的精微细致。在社会生活中也就能够更好地"知己知彼"，提升个人的道德素质和精神人格。换言之，"诚"是实现"道德本性"的重点。《吕氏春秋》教化的"诚"始终是一种道德属性，通过"得一"而实现"道德本性"，在此基础上"守位"，因此人的品行和道德修养会达到不可思议的效果。"就任何时期的道德教育而言，均希望通过教育使受教育者'名副其实地躬行他们所信奉的一切并信奉他们所躬行的一切'。"①

"人与天地也同"（《情欲》），作为自然万物的一部分，人通过效法

---

① 刘丙元：《当代道德教育的价值危机与真实回归》，北京师范大学出版社 2012 年版，第 1 页。

天地自然而展现自身。"万物之形虽异，其情一体也""天地不能两，而况人类乎。"(《情欲》)从这个角度，人的本性得自天地自然，人在"诚"的状态下效法天地自然可认识自身。一方面，天道自然有其自身运行的律动，在这个视角下，人的身体、人伦的建构、礼乐的教化皆来自于天道自然的律动性展现。因而，人的"诚"是觉醒其"道德本性"的一种可能。"人之虚实真伪在乎心，无不见乎迹，但察之未熟耳。一为察之所鉴，巧伪不如拙诚，承之以羞大矣。"(《颜氏家训》)另一方面，"天生人而使有贪有欲"，"圣人修节以止欲，故不过行其情也"。(《情欲》)人的存在，少不了各种需要和需求的满足，但是很多不必要的需求属于过度的欲望，这就需要个人在修身、修"诚"中不断觉察，并最终舍弃背离天道律动性的存在状况。

然而，颠倒、措置的"道德本性"意识在现代社会大为流行，故而需要通过"诚"之"觉醒"实现《吕氏春秋》意义上"本性"的回归。一方面，物质欲望的存在是为了实现生命的延续、本性的长养，"物也者，所以养性也，非所以性养也。"(《本生》)哪怕在各种名闻利养方面，也需要保留人的基本"道德本性"。在权力功勋面前，《吕氏春秋》就倡导"立官者，以全生也。"(《本生》)哪怕追求权钱名利，人最终还是需要回归到"全生"，在《吕氏春秋》教化思想中，追求权力、名望和功业都是外在的，皆是生命之负累。只有本质上保全了身体和生命，才有可能以"诚"的方式实现自身。因此，教化思想提出了"全性之道"。"是故圣人之于声色滋味也，利于性则取之，害于性则舍之，此全性之道也。"(《本生》)圣人的"全性之道"实则以"诚"把握天道的律动性，这种"回归本性""全其性"的方式才有可能觉醒"道德本性"。

另一方面，在积极追求名利和物质建树的同时，生命就走在耗竭的路上，本性也在这一意义上呈现了一种颠倒。"故圣人之制万物也，以全其天也"(《全生》)，在现实生活中，万物不再是为了人而存在，反而成为人存在的一种目的。这一鲜活的颠倒和错置让人的本性呈现了异化状态。此时天性的颠倒导致"道德本性"的失落。"夫水之性清，土者抇之，故不得清。人之性寿，物者抇之，故不得寿。"（《全生》）"世之贵富者，其于声色滋味也，多惑者。日夜求，幸而得之则遁焉。遁焉，性恶得不伤？万人操弓，共射其一招，招无不中。万物章章，以害一生，生无不伤；以便一生，生无不长。"（《全生》）以上种种论述无一不是认为欲望和外在的蛊惑会直接扰动一个人的本性，本性受到伤害或者染污，则距离"道德本性"更远。可以说，根据天地自然不能达到两全的状况，而认定人的"道德本性"是在效法天地中不断变化，以此保全生命也是实现教化的一种方式。"圣人之所以异者，得其情也。"情即是"感情、欲望"，人只有适当地节制欲望，才能够实现控制欲望的目的。而这正是"归根曰静，静曰复命"的本性指归，人在遵循天地之"静"的路程行进时，才是实践"诚"（回归"道德本性"）的过程。

经济迅速发展的现代社会，传统人文价值的发展和人文理念的培养受到冲击，直到一些社会问题频现，人们才会回过头来寻找失落的人文价值素养，才开始意识到人的主体地位。"许多人把不安和焦虑看成是现代的人格特征，这一直接追溯至伴随现代化过程的深刻的社会解体。"[1]马尔库塞曾得出这样的结论："工业文明的焦点是让人停留在心理和文化的贫困中。"之所以如此，就在于人不仅需要形而下的"物质关怀"，还需要形而上的"精神关怀"。鞠曦先生认为："现代社会把人的生命等同于形下性的物质存在，科学作为'工具理性'一方面使人与自然对立，另一方面以科学为工具对人进行形而下的物理化分解。形下性的科学理性使人在形而下的方式中生存，形下性的存在方式疏离了生命的终极关怀，使人的存在走

---

① ［英］布莱克：《现代化的动力：一个比较史的研究》，景跃进、张静译，浙江人民出版社 1989 年版，第 27 页。

向异化。"①科学向形下之器的层面发展，无法把握人的生命与生存，只能使人的存在走向异化。而当代社会的这种状况既需要以"诚"为主的自我本性的觉醒和保全，更需要"诚"所实践出来的"道德本性"，这是人在尊重时代性、现实性的基础上，所寻找的自身生命与欲望之间的平衡。换言之，人在以"诚"为主的自我本性和"道德本性"中实现"守位"。

而当代社会，"诚"的本性和在"道德本性"中"守位"涉及两个方面。第一，关乎公民基本道德规范以及个人品德的养成。其中，个人品德的培养离不开家庭美德、职业道德以及社会公德的直接作用。这个过程需要个人发挥"诚"的作用，否则，个人有可能会因为遵守公民基本道德规范而完全将规范误认为是自身的道德状况，换言之，即在遵守规范的过程中，个人有可能会因为遵守公民基本道德规范而完全将自身误认为就是道德规范的化身，即自身的道德状况就是道德规范本身的展现，换言之，在遵守规范的过程中，形成社会生活中站在道德制高点理解自身、要求别人。

第二，"诚"的本性还涉及将具体的教化内容进行创造性转化、创新性发展。以"孝"②为例，在《吕氏春秋》教化思想中，沿袭了儒家对待"孝"的方式，认为是人伦共同体、社会共同体和国家共同体的起点。③ 但是，"孝"在当代社会中的应用，一方面需要我们继续维护"家本位"所实现的血缘共同体、人伦共同体的社会结构，因而，我们从这意义上肯定

---

① 鞠曦：《易道元贞》，中国文联出版社 2001 年版，第 280 页。

② 王启才从孝道出于人性、孝为伦理道德的基础、治国之本等方面，强调君、臣之孝，提倡孝教，就如何实现孝做了系统论述。请参王启才：《〈吕氏春秋〉论孝》，《淮南师范学院学报》2009 年第 1 期。

③ 吴飞通过分析并论证出，"孝"是"仁"的起点，又是整个人伦共同体的基础；而刘元彦则将孝认定为万物的纲纪。请参吴飞：《论"生生"——兼与丁耘先生商榷》，《哲学研究》2018 年第 1 期；刘元彦：《〈吕氏春秋〉：兼容并蓄的杂家》，生活·读书·新知三联书店 2008 年版，第 149 页。

"孝"在当代社会的效果。另一方面，我们还需明确孝在古代文本中的传统性、封建性色彩。如：机械地学习"孝"的具体内容，如《吕氏春秋》中对君子人格（孝、义的品格）的崇尚，就像"二十四孝"中卧冰求鲤、埋儿奉母一样，反而与当代社会的现代文明有所脱节。因而，在《吕氏春秋》教化思想的研究中，我们所回归的"诚"的本性，是在时代性和现实性中发掘人的"道德本性"，扬弃不符合时代发展规律的陈旧观念。

二、以诚入规

"在《吕氏春秋》看来，'性'即'生'；'生'是人生而具有的自然特点、需求，亦即'天'；能全'天'养'生'，便是有'道'，有'道'便有'德'。因全己之'生'，而推己及人，遂有全人之'生'的要求，全'天'养'生'之'道'，便因而具有了仁覆悯下、兼爱万民的道德意义。"① 沿着这个路径，《吕氏春秋》的教化内容正是在"天道"效仿中以觉醒"道德本性"，其中，"诚"是一个很好的切入点，那么，以此实现的教化，对于每个个体而言，可以不断以自省的方式观察"诚"的可能性。

具体来看，如何以"诚"实现"本性"并在教化中达成"知行合一"，这一方面是应对《吕氏春秋》教化思想中自身局限的思考，另一方面，涉及教化思想对当代社会中道德状况的启示。② 毕竟，在"道德本性"

---

① 庞慧：《〈吕氏春秋〉对社会秩序的理解与建构》，中国社会科学院出版社 2009 年版，第 180 页。

② 丛日云教授认为传统向现代传播的是观念，身处现代社会、遵从现代价值的情况下，如果学习传统文化就有恢复传统观念的意味。这其实是对传统存有深刻误解的表现。传统所带给现代社会的并不一定就是观念。而如果我们认为传统文化所传递的只是观念，那是我们理解的传统文化出了问题。《吕氏春秋》就是在这个意义上去实现其创造性转化和创新性发展。参见丛日云：《创造有灵魂的通识教育——通识教育与现代文明基本价值的传播》，《求知导刊》2014 年 2 月 15 日。

和秩序意识下实现的教化会促进人的觉醒，而"'人'之价值觉醒就在于构建一种服务人类自身的合理的社会秩序"[①]。

第一，以"诚"为切入点觉醒"道德本性"，这可激发教化的内在价值。教化不是外在于人的铁板规律，而是融汇心性的柔性准则。教化中的知识传授并非仅仅是外在的知识与讯息，教化也不仅是刻板的外在束缚，换言之，并非为了教化而教化。相反，教化的具体内容可通过融汇和践行日常生活而展现出来。这最终又融通于个人的心性成长，在教化的过程中，将心性之"诚"与日常生活相贯通，可达到教化的"知行合一"。

"所谓认识客观真理，即是人在实践中，反映客观外界的现象和本质，经过渐变和突变，成为尚未经过考验的主观真理。要认识这一过程中所得到的主观真理是不是真正反映了客观真理（即规律性），还得回到实践中去，看是不是行得通。"[②]一方面，教化源自生活，是对生活的集大成者的"化"的总结，并将这一美好的"化"作为一种类似于普适性的标准化归于人。另一方面，真正从心性之"诚"出发衔接教化思想，将教化的内容与本心之"诚"相融合，从内心生发出相应的行动，将此视为在"实践"中落实教化的"知行合一"。教化的"知行合一"之所以具有可行性，主要在于每个人内在具有的生命之"诚"。生命本性是个人内在具备的，回归生命之"诚"就可发现内心具有的一种本性，这其实是在激发"道德本性"。

由于心性之力附带了强悍的伸缩性和柔韧性，心性之"诚"可激发"道德本性"，因而，心性可促使"道德"不断贯通至生活实践，这是"教化"最自然、本真的状态。《传习录》曾言，"立志用功，如树使然。方

---

① 杨汉民：《〈吕氏春秋〉的政治哲学研究：以天人关系为中心》，云南大学出版社2015年版，第54页。
② 《毛泽东文集》第八卷，人民出版社1996年版，第324—325页。

其根芽，犹未有干；及其有干，尚未有枝。枝而后叶，叶而后花、实。初种根时，只管栽培灌溉，勿作枝想，勿作叶想，勿作花想，勿作实想，悬想何益？但不忘栽培之功，怕没有枝叶花实。"(《传习录》) 这与心性之"诚"一脉相承。可以从自觉性、创生性和向上性三个维度分析心的本性之"诚"。梁漱溟这样定义，"生命本性可以说就是莫知其所以然的无止境的向上奋进，不断翻新。它既贯串着好多万万年全部生物进化史，一直到人类之出现；接着又是人类社会发展史一直发展到今天，还将发展去，继续奋进，继续翻新。——体认主动性当向此处体会"①。

创生性是心的变化性与延展性，在生活中，每个人的心恒时变动不居，故"修心修性"才有可能，心可以通过修行"通而为一""圆融无碍"。这主要在于心的创生性，生即是生机，以生生不息的运行、流转方式参与大化。教化的契机在于心的生发之力，有生机的心自然饱满、丰富、有弹性，依托于规律性与主观能动性的统一，可以通过柔韧特质实现教化。毕竟，影响与被影响、教化与被教化皆在于心的创生之力。

自觉性是孟子所说的见孩童将入井、见祭祀之羊怀赦时的"恻隐之心"，这是生命自发的息息相通性。在教化之"诚"中，见他人不合礼仪、不遵守个人"道德本性"意识时的"恻隐之心"——因而寻求以最基本的教化启发他人；另外，心的自觉性还引发教化中的"见贤思齐"心理，见他者语言、学识、思想、行动、品行等优于自身，即心生仰慕之情，发动心的自觉性，以他者为榜样实现自我教化的知行合一。可以说，"自觉是人心的特点"②。因而，可以通过心性之"诚"达成自发生长的"道德本性"的觉醒，进而时刻进行自我教化，这是《吕氏春秋》教化思想的一个方面。

---

① 梁漱溟：《人心与人生》，上海人民出版社 2011 年版，第 35 页。
② 梁漱溟：《人心与人生》，上海人民出版社 2011 年版，第 35 页。

而梁漱溟先生将心的向上性视为主动性，即"人们意识清明中的刚强之气"①。是生命自觉性和创生性的一种高效率融合，把一切鸡零狗碎化繁为简，只剩下行动。教化的"知行合一"最终通过向上回溯达成自觉性和创生性的统一。向上性以一种境界统一另外的物质材料和架构框架层面，最终实现教化的落实，以保证教化对个人施与影响，实现对国家、社会、组织等有机体的塑形。毛泽东在战争时期"战略上藐视敌人"，战术上紧锣密鼓周详考虑，这种豪迈胸怀正展示了生命本性中自觉性、向上性和创生性的应用。可以说，生命本性是教化"知行合一"的衔接切口，而现代性问题的解决还需回归到生命之"诚"，回归到本真本性具存的"道德本性"中，以此为依托实现教化的创造性转化、创新性发展。

第二，从外打破，融合"诚"与"明"，形成有效的规范化机制，发挥教化的环境作用。《吕氏春秋》教化思想是在实践中不断完善和发展。由于融合心性之"诚"，那么，在日常生活中，我们可以将教化主客体的经历、经验和心性之"诚"融合贯通，这自然就建构了一种教化环境。在教化环境中，在场的力量和场外的境况都可以不断彰显。

在教化环境中，场内的作用力和场外的作用力，形成了"有无相生"的环境状况。一方面，现实直观与生活事件不断呈现；另一方面，平台性的力量、背景性的存在或边缘性的支撑，依然借助于教化环境而彰显。如教化主体的教育程度、家庭环境、社会经历等都是无形的存在。而教化环境的"有无相生"，正是通过"无"支撑了"有"的开显。在教化的过程中，将"诚"进行到底，以本性之"诚"故而实现"诚乎兕而得兕"②。孔子曾有"哭则不歌"的佳话，是因其"至诚"心性才将其

---

① 梁漱溟：《人心与人生》，上海人民出版社 2011 年版，第 35 页。
② 此处涉及《吕氏春秋》中养由基射兕的例子，正是因为他足够"诚"，因而射箭入石。

行为自发显露，可谓"心诚于内，而自然发于外"。"在不同关系中确立自我的不同面向容易让个体丧失了本真性的存在。……若一味躲藏在'关系'中、被固定观念所遮蔽，就丢失了积极主动的求真之心。"① 至于受制于"礼仪"规范或"教化"的规约所示现的"外显"，如果并非源于本心之"诚"，只是礼仪制度或"化"之所需，更多属于行为的雕饰和伪装，只是这种礼仪规约或教化能够对社会治理和国家统治更为有利，因此得到国家的推崇并逐渐固定为教化之道。这正是《吕氏春秋》教化思想的局限所在。

　　然而，一旦非心"诚"而发的教化成为社会的基本约束力量，教化或礼仪制度往往成为外在于人的一种条框、约束，非出自本性的力量，也就缺少了本性的强悍。"惟天下至诚，为能尽其性；能尽其性，则能尽人之性；能尽人之性，则能尽物之性；能尽物之性，则可以赞天地之化育；可以赞天地之化育，则可以与天地参矣。"（《中庸》第二十二章）郑玄曾注释，"尽性者，谓顺理之使不失其所也"。人与万物的本性都通过"诚"而不断践行道的律动性，只有至诚之人，才能充分发挥自己以及一切人的"道德本性"，进而通过"成己达人"而发挥万物的本性。而《吕氏春秋》中关于"诚"的例子不胜其数，正因为诚乎牛，庖丁解牛才能神乎其神；也因着诚乎兕，而射兕才能正中其的；因为心诚故而循乞者的哭泣与歌声，就能找到自己的母亲；因而诚之至在学艺三年后能有所得。这些都是《吕氏春秋》以"诚"而彰显"道德本性"的案例。

　　可见，教化需要以本性之"诚"回归现实生活、落脚于实践，真实的生活自然含有生命性。"齐桓公见小臣稷，一日三至弗得见。从者曰：'万乘之主，见布衣之士，一日三至而弗得见，亦可以止矣。'桓公曰：

---

① 　郭庆玲：《建构还是解构：人如何存在？ ——从效法天道、叩问天命到缘起性空》，《新疆社会科学》2018 年第 6 期。

'不然，士骜禄爵者，固轻其主，其主骜霸王者，亦轻其士。纵夫子骜禄爵，吾庸敢骜霸王乎？'遂见之，不可止。世多举桓公之内行，内行虽不修，霸亦可矣。诚行之此论，而内行修，王犹少。"（《下贤》）无论教化的理念、概念或关于教化的相关分析如何具有逻辑性，真正的教化还需将心之"诚"落实到现实生活，这是教化实现自身的必然途径。

三、遵道仁民

"出于对民众统治的需要，统治者不得不仰仗道德教化的功效，把道德视为达成政治目的的装饰性手段。"①《吕氏春秋》教化主张"先德后武"，通过仁爱以得民心。对于不归顺的国家，反对兵戈相向，而是通过德政化解恩怨，"以德可也""通乎德之情，则孟门、太行不为险矣"（《上德》），在把握"德"的情况下，实现教化，还具有一定的灵活性。"德"并不总是正面的实施，还可能是与良善等表象悖逆的一种展示，甚至，最合适的德治并不一定就表现为一种道德。这是《吕氏春秋》教化中追求"德治"的创造性转化、创新性发展。②

第一，忠孝仁义。

人在以"诚"为主的自我本性和"道德本性"中实现"守位"。也就是叶秀山先生所说的仁，"'人'与'人'的关系中的'自己'。'守'住了这个'自己'，'关系'自在其中"③。儒家的仁爱思想是由孝敬父母扩

---

① 陈宗章：《"道德的政治"抑或"政治的道德"——先秦儒家"教化"思想的本质辨析》，《河南师范大学学报》2011 年第 6 期。
② 《吕氏春秋》中关于子贡帮助他人找到牛而不要赎金的例子，孔子认定这一行为会引发社会上道德行为的消失或弱化，因子贡追求自我道德人格而让民众不再去做出如此道德行为。可以说，孔子的认识关乎对社会教化的长远考察。
③ 叶秀山：《中西智慧的贯通——叶秀山中国哲学文化论集》，江苏人民出版社 2002 年版，第 334 页。

展而来，"家国同构、德政合一是儒家道德哲学的集中体现。"①《吕氏春秋》受儒家思想影响，可通过对至亲之人的态度推及他人，通过对事件轻重缓急的判别，推及处事的态度。"20 世纪 80 年代，以新加坡资政李光耀（Lee Kuan Yew）、前印尼领导人马哈蒂尔（Datuk Seri Mahathir Bin Mohamad）为代表的东亚领袖提出并倡导亚洲价值观，强调儒家文化是东亚和东南亚国家共享的价值体系，此举被视为对西方文明的挑战，凸显亚洲的存在。"②《吕氏春秋》在"道德本性"意识下，通过把握与人相处的分寸，而建构"秩序"意识。在具体的教化行为中，通过畏民心、顺民意而仁爱人民，这种顺应民众需求、满足其意愿的教化方式，是《吕氏春秋》教化思想中符合统治利益的方面，也是其教化的局限。

　　由孝及仁，又可以发展出朋友之"义"。《吕氏春秋》主张以"义"为核心处世，"君子之自行也，动必缘义，和必诚义，俗虽谓之穷，通也。"（《高义》）《吕氏春秋》教化思想接受墨家的"义"，并进行了自然合理的发挥。《离俗》《高义》《慎行》《无义》等篇主要论述"义"，《离俗》篇提及石户之农等四人故意不继承舜、汤的王位，反而以身赴死的例子，通过他们的高洁品质实现其道德精神以及道德人格的塑造和推崇。同时，"义"也是利益的来源，"先王之于论也极之矣，故义者百事之始也，万利之本也"（《无义》），"以义动则无旷事矣。"（《无义》）在周桂钿看来，在人的自然属性和社会属性中"义"的地位最高，"最低的欲是指耳目口鼻的感觉之欲。高一层次的欲就是求生之欲。更高一层的欲是行义之欲。简单地说，欲义高于欲生，欲生高于欲乐"③。同时，义赏有度。当继承帝位的禹去问前诸侯伯成子高离去的原因时，伯成子

① 　金生鈜：《德性与教化》，湖南大学出版社 2003 年版，第 328 页。
② 　Greg Sheridan, *Asian Values, Western Dreams: Understanding the New Asia*, Allen & Unwin, 2000.
③ 　周桂钿：《秦汉思想史》，河北人民出版社 2000 年版，第 31 页。

高这样回答,"当尧之时,未赏而民劝,未罚而民畏。民不知怨,不知说,愉愉其如赤子。今赏罚甚数,而民争利且不服,德自此衰,利自此作,后世之乱自此始。夫子盍行乎?无虑吾农事。"(《长利》)①

由上可知,"义"已经不完全是本体层面的规定性,而是作为一种可被利用的利益性成分,同时,"义"所展现的君子人格固然高洁,但是在当代社会也只是作为精神的传递与人格的洗涤,在时代环境和实践语境的转化下,"义"在新时代还需以习近平新时代中国特色社会主义思想为引领,将"义"作为教化的一种形式,在当代价值的践行中凸显其形式继承,而对于具体的不符合时代精神和中国特色社会主义文化先进性要求的一些糟粕则应有分辨的眼光。"天下不再是天下人所共有的,而成为了一家的财产(私有制),人们怀有私心,只亲爱自己的孩子,财货、人力都是为了自己。以内有私心,所以也有了战争,谋略与诡诈也兴起了。为了维持这种私有社会的秩序,就必须提倡礼义。"②

在"得民心"方面,臣民关系主要是以仁的方式彰显,而由臣民至君则以"忠"而显。《忠廉》篇提出"忠臣亦然,苟便于主利于国,无敢辞违,杀身出生以徇之"。士往往具有优良的德行,为人主尽忠可以舍身成仁,也能够舍生取义。士的精神值得我们学习,当然,士是诸侯争霸期间的一种特殊存在,由于依附人主而存在,士当为人主谋。我们吸收士的高尚道德情操也应该立足当下并与时偕行,不断在"道德本性"意识的反思中践行教化,以此展现自教和他教。《壹行》篇明确提出反对言行反复之人,皆因其不可信,而国家抑或个人只有坚守固定的准则并付诸实施,才能立功、立言、立信。"强大之国诚可知,则其王不难

---

① 张富祥分析了《吕氏春秋》的安民思想是当时政治的需要,他认为,通过行贤修德可以实现"安民、利民、爱民"。参见张富祥:《〈吕氏春秋〉的安民思想》,《济南大学学报》2000年第3期。
② 许富宏:《吕氏春秋:四季的演讲》,上海古籍出版社2009年版,第3页。

矣。"(《壹行》)

在现代社会，在以人民为中心的理念下可以把握人民的真正需求，把人民利益放在首位。中国共产党始终代表最广大人民的根本利益，与《吕氏春秋》教化思想有一定的关联，但是前者更是以人民为中心。"农民非徒为地利也，贵其志也""民农则朴，朴则易用，易用则边境安，主位尊"。(《上农》)既然贵志，则注重培养其道德精神，但是在《吕氏春秋》中，其道德精神的培养有服务于统治的目的，甚至还有一定的愚民政策。尽管，它在理想层面是通过"道德本性"的觉醒，而在社会生活中需要不断实践"秩序"意识，以此才能实现本性意义上的教化。但是，仁爱作为教化的内容，很多时候也是服务于政治统治，这与当代社会的"以人为本"有根本区别。

第二，尊师重教。

尊师需要在精神层面达到"疾学"，"疾学"可以促进培养一批能够快速学习的人。《吕氏春秋》因受墨子"所染得当"的影响，具有一定的朴素唯物主义色彩，通过刻苦"疾学"可以实现人在知识结构、认知模式方面的改善，"圣人生于疾学，不疾学而能为魁士名人者，未之尝有也。"(《劝学》)"疾学"能够成就一个人，甚至在塑造一个人的道德状况方面也有所助力。"子张，鲁之鄙家也，颜琢聚，梁父子大盗也，学于孔子。段干木，晋国之大驵也，学于子夏。高何、县子石，齐国之舞者也，指于乡曲，学于子墨子。索卢参，东方之巨狡也，学于禽滑黎。此六人者，刑戮死辱之人也，今非徒免于刑戮死辱也，由此为天下名士显人，以终其寿，王公大人从而礼之，此得之于学也。"(《劝学》)在教化中，《吕氏春秋》通过几个道德素质较低的人作为"疾学"的跟踪案例，在师从名家的情况下，他们最终有所成就并免于刑戮。这不仅是知识的增加和视野的开阔，更在"疾学"中塑造了基本的道德。因而，《吕氏春秋》对"疾学"的认可昭然若揭。

"尊师"还在精神素养方面做到如下几点要求。第一,确立长远的目标。"小之定也必恃大,大之安也必恃小。"(《谕大》)以尧、舜、禹、汤、武王等古代圣贤的事例可知,他们正是确立长远的目标,以此精神支撑进而能够通过不懈努力而达成目标。"夫大义之不成,既有成己。"(《务大》)当然,若对微小事物不够慎重,有可能引发严重的后果,毕竟"人之情不蹶于山蹶于垤"。在党和国家进行反腐倡廉建设中,正因关心群众的利益,并坚决贯彻执行群众的事没小事的作风,才能够取信于民,得到广大人民的坚决拥护和支持,这是慎小的现实案例。

"尊师重教"促进知接(智力所及,先识先见),因而可"先见其化",即预测到事物的发展趋势。"先见其化而已动,远乎性命之情也。"通达性命之情,自然可以了解事物的过去、现在和未来,根据先前的预测事先采取相应的行动,即是通乎性命之情。齐桓公在管仲病重时咨询他关于治国的注意事项,管仲特意嘱咐远离易牙、竖刁、常之巫、卫公子启方,桓公不解,他认为易牙可以把自己的亲儿子做成汤羹喂食桓公,竖刁为了近身侍奉桓公而自宫,常之巫可以祛除宫里的疑难杂症,而卫公子启方侍奉桓公 15 年,在父亲去世时也不回家。总之桓公认为这四人对自己相当忠诚。哪怕管仲从人之情出发去说服桓公也不能让他有所理解。因此桓公最终还是舍弃管仲的教导,纵其情并亲近这四人,然而齐桓公最终丧于他们之手。这四个人,他们不能爱自己的孩子、不爱自己、不尊天命守根本、不爱自己的父亲,又怎会真正爱他们的君王?这是齐桓公无法真正通达性命之情的原因,故而"桓公非轻难而恶管子也,无由接见也。无由接,固却其忠言,而爱其所尊重也。"(《知接》)智所不至,酿成大错,但是若知错能改,也会有所收获。秦穆公成就霸业之前曾试图攻打郑国,蹇叔劝阻未果,但是最终结果如同蹇叔所预测的,秦国军队全军覆没。后来秦穆公吸取这一教训,以前车之鉴而通达了性命之情,最终成就一番霸业。

第三，礼乐之化。

乐以养性、性以明"本性"，这是音乐教化的一个功能。牟钟鉴在《〈吕氏春秋〉与〈淮南子〉思想研究》中对音乐有过细致的梳理，他主张《吕氏春秋》延续了儒家的音乐教化的思想，并将音乐作为"道"的一种实现方式，通过音乐"效法自然之和声"。葛兆光先生在《中国思想史》第一卷第三编第二节论述了《吕氏春秋》的音乐教化，在他看来，"《大乐》《侈乐》两篇一正一反，要求治理世间的人要顺适人的情欲也要节制人的情欲。在《明理》中说道，'凡生，非一气之化也，长，非一物之任也，成，非一形之功也'……这就仿佛自然的万物，不仅仅只是一个自然生长的问题，也要避免风雨不适，甘雨不降，霜雪不时，寒暑不当，整个的生长是一环扣一环的众多因果关系所导致的，人虽然秉受于'天'，但是如果缺少了夏天一样的教育、学习、管束、节制，他也不能顺利成长"[1]。顺应情欲与节制情欲的思想倾向看似矛盾，实则内含一种张力，顺或逆都在春生、夏长、秋收、冬藏的自然链条中，作为本性发展的轨迹，顺应与节制都是本性的自然发展过程，就像惩罚或奖励不过都是为了实现更好的教化和引导。

乐以观志是音乐教化的另一个功能。"是故闻其声而知其风，察其风而知其志，观其志而知其德。"（《音初》）通过风气可以知道一个国家的道德思想和志趣倾向。《黄帝内经》主张，肾主骨生髓造血，在七情方面肾以志显。正是因为"音乐有节有侈，有正有淫"（《适音》），而人在顺应本性的同时，节制情欲，在志向方面就需选一条"中庸"之路，《吕氏春秋》音乐教化的"中庸"之路即"和乐""正声"，与此相悖逆的是"侈乐""淫声"。通过推崇和引导"和乐""正声"，社会道德修养能够在音乐方面得到良好的塑形，因此社会安定、人民喜乐、教化

---

[1]　葛兆光：《中国思想史》第一卷，复旦大学出版社 2013 年版，第 240 页。

昌明；若灌输"侈乐""淫声"等音乐思想，则会因本性的释放和不合时宜而引发欲望的爆发，人民失去了关于节制的磨炼，也就不能回归本性。因社会欲望的增多，易引发人心不古、道德败坏之风气。"世浊则礼烦而乐淫。郑卫之声，桑间之音，此乱国之所好，衰德之所说。流辟诪越慆滥之音出，则滔荡之气、邪慢之心感矣。感则百奸众辟从此生矣。"（《音初》）

以乐修德是音乐教化的第三个功能。音乐最初因人内心真实情感的流露而作，"凡音者产乎人心者也，感于心则荡乎音，音成于外而化乎内。"（《音初》）音乐与人心天然地有一种共鸣感，昔日子期与伯牙之交，相如文君一曲《凤求凰》皆反映音乐与人心的密切关系。牟钟鉴曾评价音乐为"宇宙间架的组成部分"①。鉴于此，音乐不仅有充足的个人价值，亦具有鲜明的社会价值。音乐是人心的一种表达，也是本性的一种释放，因而合理利用音乐可以实现人心的引导，音乐自带直指人心的力量感和直接性，能够快速激发心灵的共鸣。通过音乐教化人心，向善或趋害的影响更为直接，因而音乐能够促进心灵净化的教化效果。以音乐修德也就成为可能。音乐能够辅助进行人心的洞察和人性的明晰，以清明、正气的音乐引导社会基本氛围是君主的政治任务。一方面君主致力于批判"郑卫之声、桑间之音"的粗俗和低迷，让社会的舆论宣传和大众传媒起到积极的教化作用。另一方面，君主以身作则，在音乐的喜好和取舍方面，能够区分正邪之音，《韶》《武》与郑、卫之异在君主的榜样示范中自然融汇于百姓日常。

孔子和子贡关于治理有过一段对话，核心思想是"圣人组修于身而成文于天下矣。"（《先己》）治理天下如同手持缰绳驾驭骏马，"为之于此，而成文于彼也"，在此处的所言所行，能够在彼处实现通达，《吕氏

---

① 牟钟鉴：《〈吕氏春秋〉与〈淮南子〉思想研究》，齐鲁书社1987年版，第101页。

春秋》"道德本性"和"秩序"意识下的"教化"的思想与此相通，这也是孔子所认同的。通过在秩序感和分寸感中养护身体、修养个人的德性，并以此判断君主的德性和以后治理国家的状况，在古代社会，正是以国君的个人的"道德本性"意识和"秩序"意识作为最高的"天"的汇总，国家以此实现治理和教化。《吕氏春秋》在这个意义上定位"身修"中君主的个人修养，并将其作为所有修养的核心。有些君主声色犬马、佳肴美酒、华衣锦服、任人唯亲等，自然不会得百姓爱戴；若能够"处不重席""食不二味""琴瑟不张""尊贤使能"等，自然德厚民归。"不出门户而天下治，其唯知反己于身者乎。"（《先己》）《吕氏春秋》这种"四通八达"的理论关联可以促进实现言于此而成于彼的教化效果，而由此处到彼处的落实，必然在其"天道"思想所下贯的"道德本性""秩序"意识中，因此，教化落实于此处，也会成于彼处。

《吕氏春秋》在"道德本性"下实践教化，需要与中国特色社会主义文化现状、社会精神文明建设相结合，在方法论上主张"反其道而身善矣"，在日常生活中主张反其道而行之，如此可达成"行义则人善矣；乐备君道而百官已治矣，万民已利矣。"（《先民》）《吕氏春秋》中有不少"反其道而行"的典型案例，两国相战，夏后相虽然国土肥沃、人员众多但依然以战败收场，夏后相从德性寡薄、修养欠缺、教化不善的角度进行自我反思，而后意识到自身的"道德本性"并以身作则、大力改正，不久后那个相战国家自发臣服。以自身的道德修养、品德嘉行作为榜样示范可实现本国的社会治理，也可成为道德养生的典范，进而促进当地民俗的效仿与改善，以此激发人们对美好品德和良好德性的向往。因而，在当代社会，每个人都在个人修养中，都是在家庭美德、职业道德、社会公德的觉察、理解和践行中实现自身的教化，并在"成己达人"中践行社会"秩序"，这是《吕氏春秋》教化思想所给予的一种可能性思考。

第四节　化渐之法的当代价值

考察《吕氏春秋》教化的方法，还应当把握"人"是什么？"人"是《吕氏春秋》教化的主线，其中教化客体往往作为支撑《吕氏春秋》所维护的君主政权的基础（以民本为道），而格外受重视。《用众》篇把善学与君道联系起来，认为"立君之本取于众"。《吕氏春秋》延续春秋时期重民的思想，明确推崇民本。武王伐纣后，社会有了一个基本转向，此时对民心的关注主要表现为关心人的欲望，"武王乃恐惧，太息流涕，命周公旦进殷之遗老，而问殷之亡故，又问众之所说，民之所欲。"（《慎大》）《吕氏春秋》还将民心所向看作国家兴亡的前提。为了实现其目的，《吕氏春秋》教化的方法多元而丰富。而在"以人民为中心"的当下社会，我们可以在一定程度上吸收《吕氏春秋》教化方法。

一、诗文寓言以喻

缺少言语就无法快捷表达自我，也无法实现社会化大生产的高度协作，人与人之间社会关系的处理更无从谈起。在快节奏生活的现代社会，越来越鲜有人愿意花费更多时间和空间在长久的日常接触中了解某个人，相反，语言因其得天独厚的存在方式而成为观察、了解一个人的最直接的途径。言语教化的使用频率也远远高于其他的教化方法。因此，如何表达、如何言说以及如何体现说话的艺术，如何通过言语实现教化，如何以文兴邦等问题，直接关系教化的方法，这在当代社会就值得分析。

语言的艺术在《吕氏春秋》教化思想中具体表现为寓言故事法、案例分析法、诗文引用法等。寓言是《吕氏春秋》的一种论证方式，其应用较简单、明快，以高度凝练的语言进行概括，但又能深入浅出地表现出故事的生动活泼。"中国古代寓言一般以人物故事为主，以散文形式为主，比较注重情节，以故事为喻体，通过人物形象、故事的描述寄托一定的寓意。"①寄寓作为寓言的主要表现方式，能够让人物形象更加饱满立体，将寓言故事的哲理轻松地展现出来。

寓言的使用是《吕氏春秋》实施教化的主要方法。一方面，文本吸取了庄子的寓言艺术形式，同时在写作手法上糅合了儒家平铺直叙、简洁明了的表达风格，但不同于儒道的是，《吕氏春秋》的语言教化缺少庄子波谲诡奇的想象和奇幻、天马行空的浪漫主义色彩，内容上更多以日常事务、历史传说、人文精神、现实生活为创作蓝本，以写实的风格见长，因而体现了明显的现实主义色彩和直接的教化效果。因此，我们在当下的教化中，可吸取《吕氏春秋》教化思想的寓言精神、语言艺术，这可以辅助说明某一个理论或某种主张。这一方面，可以将现实生活中最常见的一些物象、影响较为深远的历史人物、平铺直叙的生活场景等信手拈来，通过一定的艺术加工，在寓言使用中实现某种理论的论证，又颇具酣畅淋漓的"时空压缩感"。另一方面，寓言作为教化的方法，方便快捷且容易被接受。毕竟，较为饱满的人物形象和教化的时空压缩感，让人犹如身临其境并受到熏陶。具体来看：

第一，我们使用的寓言故事最好出于生活，能够较为贴切地融汇于生活，因此自带亲和力的光环，也就比较容易引发共鸣感。例如，《吕氏春秋》中伍子胥对吴王夫差的伐齐之举进行的劝谏，"越之于吴地，譬若心腹之疾也，虽无作，其伤深而在内也。夫齐之于吴地，疥癣之病也，不苦其已也，且其无伤也。今释越而伐齐，譬之犹惧虎而刺，虽胜之，其后患未央。"（《知化》）文章以"心腹之疾""疥癣之病""惧虎而刺"

---

① 罗高兴：《浅探〈吕氏春秋〉寓言的艺术特色》，《西安社会科学》2009 年第 1 期。

形象地说明吴越齐三国之间的核心关系，如此形象生动的比喻和新颖的语言方式，不仅给人以深刻印象，而且在说理上也能够层层递进、入木三分，提升了教化效果。

运用艺术和说理的趣味性促进教化的实现，需要在教化时增加语言艺术的使用，毕竟，语言的形象性、朴实性可促使各种成语典故、辞藻文饰更加流行，随着传播力度的增大，更是进一步提升教化的运用艺术和说理的趣味性。其中，《吕氏春秋》中的"因噎废食"（《荡兵》）、"兔起凫举"（《论威》）、"一唱三叹"（《适音》）、"伐性之斧"（《本生》）、"劳而无功"（《本味》）、"掩耳盗钟"（《自知》）、"竭泽而渔"（《义赏》）、"视死如归"（《观世》）、"旷日持久"（《贵当》）、"不可胜数"（《当染》）、"存亡续绝"（《审应》）、"高节厉行"（《离俗》）、"流水不腐，户枢不蠹"（《尽数》）、"尽荆越之竹，犹不能书"（《明理》）、"刻舟求剑"（《察今》）能够流传至今，足以彰显简约凝练、词切文义的语言表现对一个文本思想传播的意义，因而语言的教化艺术依然流传至今。

第二，案例故事法与寓言法的区别之处在于，寓言多注重整体故事的描写与言外之意的表达，相对忽略细节、心理等具体的描绘，往往简洁明了。而案例多采取不同手法以论证观点。追踪故事情节、刻画人物肖像、探究国家关系等都能被使用。例如，为了论证礼仪的重要性，《吕氏春秋》所用语言也会突出对人物的细致的肖像刻画、外貌描述。总之，使用多种手段传播其教化思想。案例分析法在《吕氏春秋》教化方法中较为多见，其中《吕氏春秋》提供的案例多为文章的论点服务。文章的谋篇布局多采取先说理，后通过事实论证和案例分析的方法加以证明。如此实现论点或理论的正当性，如《察今》篇提出"先王之法不可法"以后，随后通过"荆人涉雍""刻舟求剑""引婴投江"三个案例进行论证，以上三案例又以时间、地点和人物为特色进行区分。同样，也有文章在提出某一论点以后，以不同的案例分别进行正面论证和反面论证，在对比中彰显论点；还有文章直接以某一个案例进行递进式的叙述，以一波三折的故事转折取胜。其实，当代的教化也可吸收正反论证、递进论证、多案例论证等方式，也可在多种论证的张力中寻找平衡，这种凸显论证主题的方法颇得人心，且能实现教化效果的最大化。

第三，案例群的使用也是当代教化可借鉴之处，这是《吕氏春秋》教化方法的一个特色。之所以以案例群的样式论证核心观点，主要在于这沿袭了传统以来辩证的论证方式和多角度的观察视角。毕竟，它融合了春秋战国时期的教化方法，故而在其鸿篇巨制的《吕氏春秋》中毫无保留地使用。在《仲冬纪·当务》篇中，以一贯的手法提出论题后文章通过"盗亦有道""楚有直躬者""齐人之勇""太史据法"等案例作为论证的手段，共同论证主题"辨（辩——引者注）而不当论，信而不当理，勇而不当义，法而不当，大乱天下者，必此四者也。"（《当务》）中国传统的论证方法谈不上严密的逻辑推理和谨慎的递推求证，在西方逻辑的剃刀下恐怕会有含混意味，但作为自春秋时期以来一以贯之的论证方式，《吕氏春秋》的论证方法又有其优势。案例的正反交替使用、多角度观察论证、较强的故事性和引人入胜的生动性展现其突出特色。

第四，古诗引用法在也是当代教化可使用的方法，董治安曾以专门的文章对此展开研究。《吕氏春秋》引用各种诗歌与前代文化的传承和社会的风气不无关系，先秦时期，诗歌在民间依然较为盛行且容易传唱流行，儒家"以诗为经"的观念也已深入民心。可见，古诗引用法在当时有相当的民意基础。在教化的过程中引用《诗经》等章句，在言必称尧舜禹、三皇五帝的时期，诗的传诵和应用也有相当的政治合法性。《吕氏春秋》中古诗引用多达 30 次，以诗进行教化有两点功效，一是总结人物的历史功过时以诗歌点题并引发人民的共鸣；二是以诗论证某种观点、阐释相关理论。《吕氏春秋》以尊重和推崇的态度对待诗歌，其中《求人》篇主要表达了一种政治观点，这种以极其隐喻的手法表现政治态度的方式在先秦时期很容易被人领会。就像毛泽东以"嘤其鸣矣，求其友声"作为《征友启示》的暗语；以"欲报之德，昊天罔极"表达报效国家后无法侍亲的愧疚。因诗歌的民意基础和政治合法性的保证，这种引诗为证的方式确实增加了论说的权威性，也能更加容易被民众所接纳，提升教化效果。

综上所说，《吕氏春秋》教化思想所涉及的语言艺术（包括寓言法、案例故事反、古诗引用法）都可为当代教化所用。其中《吕氏春秋》文本中的故事和文本所涉及的历史发展过程中的故事都可在当代教化中被运用。

二、德化养成以渐

在传统思维状态之下，《吕氏春秋》教化思想偏重养成式教化，这实际上是促进工具性与人文性相统一的一种教化方式。"先圣王成其身而天下成，治其身而天下治。"（《先己》）所谓养成式教化并非仅关注知识化学习，更多以行动促进认知的改变，使人格、道德、精神能够受到深刻的熏陶和洗礼，因此养成式教化有利于文化人格的建构和塑造，在摒弃道德知识化的同时促进道德人格化。在目前的教化中，工具性是教化不可避免会面临的状况——若教化仅仅被作为社会治理、国家称霸、笼络人心的一种手段，这种情况下的教化就只是通过某种知识的学习、功利化或现实主义的某些行动而实现，实质完全偏离了教化的理想性意蕴。实际上，养成式教化不仅关乎过程，还在于境界。①

---

① 在梁漱溟关于"道德"的认识中可见一二。"人类生活将来终必提高到不再分别目的与手段，而随时随地即目的即手段，悠然自得的境界。此境界便是没有道德之称的道德生活"。梁漱溟：《人心与人生》，上海人民出版社2011年版，第233—234页。

教化是人心自发的一种倾向和价值，并非与社会固化的道德追求、功利需要等挂钩。而"道德本性"更多是本性和本心的存在状态。从《吕氏春秋》可以看出，其教化本意是发掘个人的"道德本性"，在"道德本性"中行为实际上就是在践行教化。但是，受限于封建社会的背景、既定的天命观念，其养成式教化的部分往往很容易被封闭，因而其教化也不过就是学习、效仿他人的嘉行懿德，为统治者的"得民心"而服务。

而养成式教化的重要手段是道德人格的养成，这在《吕氏春秋》的理想意义上被描述为"道德本性"。关于道德人格的教化一方面能够激发民众在效仿中通达个人的"道德本性"；另一方面能够营造良好的社会氛围以促进社会整体"秩序"的建构。《精谕》篇以主人公卫姬请罪为线索展开，卫姬聪明睿智能够洞察事件先机，以其请罪之举避免了母国与夫国的一场杀戮，这种光明磊落的人格担当在《吕氏春秋》中以理想性的"道德本性"展现。同时，《吕氏春秋》中也有关于对前代"道德本性"状况的表述，以汤祷桑林和文王请烙刑等案例，教化后世君主顺民利人，尊重人的"道德本性"。但是，这在践行的过程中往往会将"得民心"作为实现政治抱负的手段。

审古知今是养成式教化的路径。遵循"天道"精神，在事物发展的普遍性律动中，觉醒"道德本性"并在此过程中培养长远的观察视角（远见卓识）。"今之于古也，犹古之于后世也；今之于后世，亦犹今之于古也。故审知今则可知古，知古则可知后矣。"（《长见》）根据古代——今时——未来这个时间轴的建立，《吕氏春秋》建构了基本的历史思维和历史意识，"以古为鉴，可以知兴衰"，古代对当下有借鉴的意义，而当下又能可以为未来鉴。对未来的鉴别力和洞察力展示了一种连续、发展、变化的眼光，这就不仅提供了一种过程性的思维，其审古知今的路径本身就具有教化意义。可见，效法天道自然，就会根据事物的发展和变化而自动调整为审古知今、处当下忧后世的模式，在思维上就不会因循守旧、墨守成规，转而用发展变化的眼光处事。因地制宜又因人而异。《吕氏春秋》提供了很多这方面的案例，其中，"刻舟求剑"的故事我们可谓耳熟能详，那位迷惑的"刻舟求剑"者，其错谬就在于无法以发展变化的视角来寻找剑。一旦"对象"所处的环境发生了变化，"舟已行矣，而剑不行。求剑若此，不亦惑乎。"（《察今》）教化主体或客体实际上也相应发生了变化。因此，对于个体而言，环境考量与审古知今的历史意识，可促进觉醒"道德本性"，而这实际上也是一种潜移默化的养成式教化。

另外，道德人格的养成离不开考察古代先贤、道德榜样。古法既然可效仿，但又为何有"不法先王"之说，"上胡不法先王之法？非不贤也，为其不可得而法。"（《察今》）古法符合当时当地的政治经济文化情况，但是不一定依然适合今日。"故古之命多不通乎今之言者，今之法多不合乎古之法者。"（《察今》）《吕氏春秋》效法天道自然，因而古人之法对于养成长远的思维有一定的意义，但在现实中若完全效法古法，很容易悖逆其"天道"自然的主旨。"凡先王之法，有要于时也。"（《察今》）《吕氏春秋》教化思想在遵从"天道"的基础上完全以个人的"道德本性"为本进行考察，一切以变化的实际为出发点。"因为确定某个历史事件、历史问题和历史经验，是否有意义的钥匙隐藏在当代的思想意识和客观的价值观念中。在这个意义上可以说，只有先行地、正确地理解了当代，才可能对历史做出合理的解释。"① 但是，并非《吕氏春秋》自身相互矛盾的理论所导致，以效法"天道"自然为宇宙论背景，必然落实到与时俱进的"道德本性"，进而通过个体对"道德本性"的把握以回应"天道"，如此在教化中形成圆性思维，"天道"与"道德本性"下考量的教化内含

---

① 俞吾金：《人体解剖是猴体解剖的钥匙——历史主义批评》，《探索与争鸣》2007年第1期。

一种圆道不易的"道德"精神，这符合高诱"以道德为标的"的评价。

远见卓识有利于审古知今，甚至长远眼光也会成为一种道德监督。以楚文王为例，他身边有两个不同的臣子，一个经常以大义冒犯他，因此很不合文王的心意；另一个人则善于迎合，随时能够把握文王的心意。和前者相处会让文王时刻注意自己的礼仪和身体，虽不轻松但时间久了会有所得；和后者则恰恰相反，那种轻松愉快会让他长时间的相处中有所失。在对二者的赏罚考量上，最终楚文王封赏前者而疏远了后者。因长远见识，直接影响对事物当下的判断，并改变做人做事的行为和态度，这是远见卓识在人事层面的影响。

在《吕氏春秋》教化方法中往往既采取儒家的思想，通过教化主体以先见性和前瞻性预测某种事物发展的端倪，并以教化主体的社会身份，实现对民众的积极影响和无形教化。总体而言，有两点需要注意。一方面，我们需要理清教化思想中，那些具有封建性、政治性的倾向。另一方面，我们在教化方法上需要结合"有为以教""无为而化"以实现教化的当代社会价值。在教化中，"提问""启发""刺激"等皆是不可或缺的教化方法，它们在教化中贯穿始终，并在使用中被不断打磨，"不愤不启，不悱不发，举一隅不以三隅反，则不复也。"(《论语·述而》)另外，也采取"回避""受困""浸润"等"润物细无声"的方式进行教化。一方面，在刺激教化客体的同时，会激发其主动性和创造性。另一方面，在给予教化客体足够反思、内化的空间，也会实现教化主体的"反己以教"。这是教化中自教与他教的结合，而教化中的"道德本性"意识也就于无形中被实践，这会促进教化的效果。

三、道生德蓄以成

道德之"活"是教化方法的源泉。中国传统文化的生命力一直都得到学界的认可。即：传统文化的生命力在于其"活"。教化作为传统文化中不可忽视的一部分，其生命力离不开道德之"活"，所谓道德之"活"即效法自然、生发流行、变动不居的本性，在人事层面则是个人"道德本性"的觉醒。而道德之"活"在教化方法上主要表现为"有为和无为相结合"的辩证教化。

辩证的思想常见于道家和名家，"祸兮福之所依，福兮祸之所伏"（《道德经》）。名家以逻辑辩证见长，著名的"白马非马"即是名家的重要论证。而《吕氏春秋》之后的《淮南子》不仅在著述体例上传承"杂家"特色，更是发展了辩证的教化思想，有"塞翁失马，焉知非福"（《淮南子·人间训》）为证。《吕氏春秋》作为辩证思想"前仆后继"的阶段，体现了矛盾双方的相互依存。是非、对错、取舍、功过、毁誉等互为存在，一方作为对立面的存在显示了他者存在的必然性，"故小之定也必恃大，大之安也必恃小。小大贵贱，交相为恃，然后皆得其乐。定贱小在于贵大。"（《谕大》）相互依存的概念体现了《吕氏春秋》中辩证的教化方法。《任地》篇"耕之大方：力者欲柔，柔者欲力；息者欲劳，劳者欲息……"的记载，充分体现了农事活动中辩证的教化方法。

第一，矛盾的双方会相互转化。"凡治乱存亡，安危强弱，必有其遇，然后可成，各一则不设。"（《长攻》）通过《吕氏春秋》我们知道，有些事件的成功不一定都符合道义，例如功大于过时，过往往会被忽略。反之亦然。教化方法可吸取这一转化的思想，"故人主有大功，不闻不肖；亡国之主，不闻贤。"（《长攻》）《遇合》篇中"乱则愚者之多幸也，幸则必不胜其任矣。任久不胜，幸反为祸"，就明确体现了这一转化。在矛盾双方的转化中往往会面临一个临界点，《吕氏春秋》将其称为"极"，即意欲发生质变的关键节点，"礼烦则不庄，业烦则无功，令苛则不听，禁多则不行。"（《适威》）君主实施教化时，应特别注意这一关键点，"极也，不能用威适。"（《适威》）在关键节点处，某种教化方法可能不再符合辩证的意蕴，甚至充分暴露其危害。因此，把握关键节点的及时转变是教化方法之于现代的意义。

在教化方法中吸取矛盾双方的辩证思想，有助于实现"推己及人"的教化，由己及人的路径归依符合传统社会中"修身齐家治国平天下"的教化阶梯。区别于西方社会"一捆一捆扎清楚的柴"的社会格局，我们的格局是"好像把一块石头丢在水面上所发生的一圈圈推出去的波纹。每个人都是他社会所影响所推出的圈子的中心。被圈子的波纹所推及的就发生联系。每一个人在某一时间某一地点所动用的圈子不一定相同的。……在一个社会里的人可以用同一个体系来记认他们的亲属，所同的只是体系罢了"①。费孝通细致地描绘了中国传统社会格局的运动形式，"推己及人"的教化方法符合传统社会的格局，在格局意识的支撑下，任人唯亲与任人唯贤可以很好地融合在一起，由于"血缘关系"和"地缘关系"等思想以传统社会几千年的文化底蕴和社会格局为支撑。在教化方法中吸取矛盾双方的辩证思想，有助于实现"反身以教"。《吕氏春秋》的教化方法诠释了矛盾双方的辩证、依存和制约关系。

第二，"有为与无为相结合"的教化方法具体表现为灵活性。胡适在考证"道家"与"杂家"的关系时提出，"道家虽然兼收并蓄，毕竟有个中心思想，那便是老子一脉下来所主张的无为而无不为的天道自然变化的观念，即是司马谈所谓'与时迁移，应物变化'的道"②。《吕氏春秋》教化方法就内在地贯穿了道家的"无为"，这主要表现为教化方法之"活"。因而，我们当代的教化方法可以吸取道家"道法自然"的思想，并博采众长以实现"有为与无为相结合"的教化，以此进一步深化了新时代中国特色社会主义道德建设。而"有为与无为相结合"的教

---

① 费孝通：《乡土中国》，外语教学与研究出版社 2012 年版，第 43 页。
② 胡适：《中国中古思想史二种》，北京师范大学出版社 2014 年版，第 31 页。

化方法，其实质是生命性和灵活性的彰显。《吕氏春秋》在生命感的问题上，明确倡导保有生命之真，并建构了贵己、重己、适欲、养性的生命参悟之学。后又将感性的生命精神扩展到社会生活层面，这是将生命存在的价值提升到本体的层面，后以本体下贯到社会政治，也就是常说的天道与人道的结合，因此修身、齐家、治国与"天人合一""效仿天道"能够在生命的层面相互贯通。在生命的本体层面，社会治理和政治生活通过生命的观照，催生了一系列关乎社会价值的人生观。

由上可知，在教化的过程中，《吕氏春秋》使用了很多通俗易懂的案例故事，一方面有警醒世人的作用，另一方面则能够更好地以史为鉴。取材于日常生活中随处可见的事例则体现了生动活泼的教化特点。至于寓言故事之类的则能够寓教于乐，丰富教化的方法。这些在教化的过程中都可以使用。具体而言，我们在进行教化时还要根据具体的环境和形势，而决定采取哪一种教化方法。因而，在教化中，可以结合入我彀中（在教化中预设一定的陷阱）和得其环中（教化中以一种开放性的状态不断呈现问题），这可以激发教化客体自身的研究兴趣，因而教化就有一种新意，其生命性或灵活性不言而喻。在不断生成问题的过程中，我们可以实现"无为和有为相结合"的教化的最大价值。

第三，实现"无为和有为相结合"是教化方法的最终归依。"童蒙之喜，柔顺而谦逊，君子以果行育德。"（《易传·象传上·蒙》）教化方法必然包括"无为和有为"两种不同的形式。例如在案例教学法中留下旁白效应，这不仅凸显了故事的叙事功能，在叙事过程中浸润教化思想，也让教化主体在故事外留下旁白效应，以促使教化客体呈现个人的主动性，这是实施教化的一种方式。所谓旁白效应是指，在案例教学法中往往故事填得太满，故事背后的深意讲得过多，反而让教化客体失去了独立思考和辨别的能力。与此相反，简单说明故事以后，留给教化客体一定的回味、反馈和思考的时间，并激发他们独自研究、自主探究的兴趣，这是在教化中的"时空"旁白效应。"现代科技这种'零距离'本身也有点'虚假性'，因为它的手段越多，越先进，'真正——真实'的'事物''自身'——'事物'的'存在''躲藏'得也就越深。"① 而在故事叙事以后，适时留下旁白，并通过提问的方式将故事以正向的方式解读，以此融汇于教化客体的日常点滴。

那么，在当代教化中，我们甚至可通过实际行动践行这种教化方法，在"人文行走"的教学中，就是以实际行动贯穿一种育人或教化的方法，在课堂以外也可将"无为和有为相结合"的教化贯穿到实践活动或社会公益活动中，如在志愿者活动中，渗透"诚""明"精神、仁爱特质等，可实现教化内容、教化主客体与教化方法的多为互动，以实现教化的最佳效果。这也符合"推进诚信建设和志愿服务制度化，强化社会责任意识、规则意识、奉献意识"②。

---

① 叶秀山：《"进入"时间是"接近""事物本身"的唯一方式》，《学术月刊》2006 年第 1 期。
② 《党的十九大文件汇编》，党建读物出版社 2017 年版，第 29 页。

第六章 《吕氏春秋》教化思想中的 "秩序"及其当代意义

　　走中国特色社会主义道路的中国是否就在马克思主义中国化的过程中，一味地吸纳西方的文化色彩和价值理念，并直接作用于中国这片土地？答案自然是否定的。通过马克思主义中国化的基本理念与实践我们知道，马克思主义中国化是把马克思主义的基本精神与中国的具体实际相结合。这个具体实际既包括中国的具体实践、具体历史，也包括中国的传统文化，与这三者相结合自然也包括中国共产党人的基本经验。然而，在现代化浪潮的席卷下，中国的文化精神、道德理念和价值倾向也受到了西方价值理念的腐蚀和影响，我们曾因所谓的"普世价值"而掀起一番热潮，也曾围绕"价值"问题展开热烈讨论，这些无不彰显西方价值理念的冲击和影响。

　　"价值"的讨论不是无端而为，民众在现实生活中的价值观念受到多元价值的影响，甚至是强烈冲击，故而社会主义核心价值观被提上日程。那么，如何对待我们的价值观？苏联曾由激进式改革，进而被民族主义和沙文主义所颠覆。在历史事实面前，苏联解体、苏共亡党的核心因素关涉价值观，价值观的倾覆致使苏联这个大国在既无外攻也没内战的情况下，自宣布用 500 天进行新自由主义的改革后，竟用了不到两年时间就消亡了。因此，价值观这条主线对党对国家对人民意蕴深刻。

习近平总书记指出:"广大青年树立和培育社会主义核心价值观要笃实,扎扎实实干事,踏踏实实做人。道不可坐论,德不能空谈。与实处用力,从知行合一上下功夫,核心价值观才能内化为人们的精神追求,外化为人们的自觉行动。"① 如此,确立一个国家的价值观就尤为重要。亨廷顿在 2009 年指出,非西方国家对价值观问题也尤为重视,"随着权力和自信心的增长,非西方社会越来越伸张自己的文化价值,并拒绝那些由西方'强加'给它们的文化价值。"② 的确,价值观的阵地直接关系到我们的文化自信、国家安全,因而至关重要。

《大学》有言:"古之欲明明德于天下者,先治其国;欲治其国者,先齐其家;欲齐其家者,先修其身……身修而后家齐,家齐而后国治,国治而后天下平。"以儒家为代表的"血缘主义道德"教化的方式,主要依托于《大学》所提出的"三纲领""八条目",通过"格物、致知、诚意、正心、修身、齐家、治国、平天下",最终形成"个人—家庭—社会(国家)"的教化链条(也就是自然共同体、人伦共同体、社会共同体、国家共同体的环环相扣)。当然,社会和国家"秩序"的建构主要依托于"家",毕竟"家本位"是"血缘主义道德"的一个中心点。然而,现代社会中,"家"在一定程度上受到新科技革命、大数据算法、城乡社会结构的冲击,那么传统社会秩序的规范性、既定性实际上也面临新的变化与发展。而以《吕氏春秋》为代表的传统文本及其所涉及的教化思想,对我们思考以"血缘主义道德"为主的教化及其建构的自然共同体、人伦共同体、社会共同体、国家共同体等具有重要的现实意义。

---

① 习近平:《青年要自觉践行社会主义核心价值观——在北京大学师生代表座谈会上的讲话》,《人民日报》2014 年 5 月 5 日。

② [美] 亨廷顿:《文明的冲突与世界秩序的重建》,周琪等译,新华出版社 2010 年版,第 6 页。

第一节　家国一统和谐以固国家

国际现象学会会长、女哲学家田缅聂卡（Tyminecka）在第十七届哲学大会上提到，"当前西方哲学至少有三点可以向东方学习：第一，崇尚自然（和谐）；第二，体证生生（生生不息）；第三，德性实践。"①在西方的认知里，"崇尚自然"（和谐）是中国传统文化的精髓之一，并且她还认为这是西方应学习的首位。的确，"和"是中国特色社会主义文化包容性的内在根基。在社会发展中，"和"作为中华优秀传统文化的精髓，具有精神引领意义。而我们知道，《吕氏春秋》教化思想之效法"天道"所展现的"道德本性"，其内在就蕴含着"和合"思想：由"天道"到"人道"所展现的天人相应，是天地万物的自然结体，在"天地人"的三才构筑之中，以《吕氏春秋》为代表的传统文化之"和合"精神彰显无遗、可贯通古今。

一、"和谐"：国家层面的"秩序"基石

《吕氏春秋》的教化思想不仅内含生发性的刚健有为，也有"无为而化"的教化方法，这也彰显了天人合一的精神。具体看来，在教化内容方面，"和"首先表现在九流十家的思想之"和"。其中，儒家以"天行健，君子以自强不息；地势坤，君子以厚德载物"（《易经》），阴阳家以阴阳五行为理论范式容纳天地自然古今万物；法家尚严刑峻法；道家以其超脱和深厚的"自然无为""崇无尚雌"的人为关怀占据了传统的

---

① 国际现象学会会长田缅聂卡（Tyminecka）在第十七届哲学大会上的讲话，网址为：http://www.chinavalue.net/BookSerialise/BookShow.aspx？ ArticleID=70476。

半壁思想江山；墨家"交相利，兼相爱"的小手工业者的关怀等等。《吕氏春秋》的教化思想是在几家的融合中，展现了和合而生的特色，其教化思想无不体现出和合的精神。

教化之极，即可"和"之。教化的最高境界是达到"和"的状态，《吕氏春秋》教化思想所包含的"道德本性"的回归，以及"道德本性""秩序"意识在人内心的确立，皆是教化所呈现的"天道"与"人道"最终的和合之所在。《吕氏春秋》认为"为国之本在于为身，身为而家为，家为而国为，国为而天下为。故曰以身为家，以家为国，以国为天下。此四者，异位同本。"（《执一》）儒家作为中国几千年封建帝制的主流思想，试图延续生发有力、刚健有为、生生不息的心性之学，这其中亦有吃人的礼教世俗；《吕氏春秋》主要吸取儒家为主的教化方式，并形成修身、齐家、治国到平天下层层相关的教化路径。其教化思想展现了明确的"道德本性"和"秩序"意识，主张治理国家、天下为公的关键点在人身的修养，人身修养的直接目的可建构良好的家庭环境，以此修养道德可促进国家治理，其最终愿景是实现天下为公的宏大治理目标。"'天下为公'是帝王治理天下的准则。"①

教化中的"和"首先表现于个人的生活。"喜怒哀乐之未发，谓之中；发而皆中节，谓之和。"（《中庸》第二章）耳之欲声，目之欲色，鼻欲芬香，口欲滋味。此四者若能顺其本性，以其本性为存在和运化的前提，就会发而皆中节，达到一个合适的"度"，毕竟回归本性就会发现事物自身皆有其内在规定性，这个规定性的达成是内在本性的遵守，在教化中符合这个"度"（中节）；在行为中尽管表现为一定的限制或规范，这个限制却能够"和"。《吕氏春秋》的教化思想试图在这个角度剖析道德，并发挥其无形的影响以作用于人心，进而实现"修心"与"修身"的统一，

---

① 许富宏：《吕氏春秋：四季的演讲》，上海古籍出版社 2009 年版，第 17 页。

试图达成个体身心的和谐与统一，因而就能达成个体与他者的统一。这是我们实现自然共同体、人伦共同体、社会共同体和国家共同体的一个教化的路径。

教化的"和谐"离不开环境的承载，对于一个国家而言，其民族性的影响不容小觑。与全球性相对应，一个民族的民族性无论是博雅教化或者通识教育，都是在特定的民族角度和文化视野进行，因此教育和教化往往难以摆脱民族性。我们的教化在尊重现代性、世界性的同时，还尊重民族性。民族性作为世界性的基础，首先把民族性打磨到光鲜明亮，具备中国精神和中华命脉的基础，才能真正成为一个"中国人"。丹尼尔·贝尔（Daniel Bell）以工业化发展程度为研究对象，将人类社会划分为前工业化社会（即农业社会）、工业化社会和后工业化社会阶段，其中，在目前这个被多元文化裹挟的时代，各个国家不断实践其独特道德。因而，我们一方面是在促进民族性的基础上实现"教化"，以此促进家国情怀、命运共同体理念的扩大和影响。这也是提防"普世价值"侵袭和多元思潮等糖衣炮弹的另一个维度。另一方面，我们在尊重时代性的基础上，实现文化和心灵的传统回归，发自内心地实践"道德本性"，践行《吕氏春秋》教化思想的创造性转化、创新性发展。

以"德义"立国是"和谐"在社会层面的主要体现。《吕氏春秋》主张兴"义兵"，并梳理了义兵的理论来源和现实基础。从理论来讲，义兵由来已久，自从有人民开始就有了战争，战争的原因在于人民有力气、去争斗，而力气与争斗又是人的天性。天性本乎天，非人所能决定。《吕氏春秋》实则将义兵的责任推卸给自然天道。现实层面，人与人之间的争斗——产生首领——出现君主——遂有天子，由此可见，义兵的出现离不开人与人之间的争斗，又会引发武器的更新。在社会的发展中，斗争武器由最初的林木为械到精锐枪械，这还伴随了政治利益和社会格局的问题。从这角度看，战争不可避免。我们知道，《吕氏春秋》

看重的不是战争是否可行，而是战争是否为义兵。在《吕氏春秋》看来，只有义兵才是可取的。其教化肯定义兵的价值，认为义兵是治理天下的良药。"若用药者然，得良药则活人，得恶药则杀人。义兵之为天下良药也亦大矣。"（《荡兵》）以高尚的道德影响人心，人民会顺其自然地顺服。君主高尚的节操和社会的良好风气，对人民形成感染，因此潜移默化中人民会被征服和感化。这是以"义"为教化的手段，以此间接感化人民的方式。

在当代社会，我们对社会主流话语权的把握是教化的前提。由于多元价值的冲击，很多人对生活中的价值理念会有无助感。但是，就像前几年的贺岁片《战狼》，其内含了深刻的正义性、和谐性的国家大局观。可以说，传媒传播等渠道也是夯实我们主流价值体系的一种方式。毕竟，在一个国家，"德义"是民心所向的价值取向和"道德本性"。

"和谐"是国家"秩序"的基石，是国家"富强""民主""文明"的保障。通过《吕氏春秋》中"义"与"定分官"的文本分析，君臣父子才能各安其位。①"仁者，人也，亲亲为大。义者，宜也，尊贤为大。亲亲之杀，尊贤之等，礼所生也。"（《中庸》）对仁和义的定义本自儒家，而《吕氏春秋》中对"仁义"的描述通篇可见。所谓"仁义"即是实现一种"适宜""合适"，这在社会生活和国家层面又表现为个人"道德本性"意识的觉醒，每个人都是按照"本性"的分寸感和位置感行为，那么，人就会发自内心地去理解具体行为中的"礼仪"，并对他人以"礼"相待。不同条件下的"教化"会产生完全不同的社会影响，"义"在《吕氏春秋》中与当代社会道德的热点相结合，可碰撞出不少道德典范的案例。

"和谐"在国家层面主要表现为道德精神的传递。做符合道义、合

---

① 侯文莉认为，"义"在《吕氏春秋》中处于人伦总纲的地位，是价值准则的必备。她认为"义"的总纲渗透在战争、教育、品行、生死、命运等问题上。参见侯文莉：《浅析〈吕氏春秋〉中的"义"》，《决策论坛》2016年5月12日。

乎礼节的事情，是维护人的"道德本性"。"阴阳之和，不长一类；甘露时雨，不私一物；万民之主，不阿一人。"（《贵公》）在"道德本性"和"秩序"意识中，可实现一种精神的回归，以此实现教化在当代的超越。我们在前面论述了，生命和道德的相关性，道德要高于生命，因为君子人格对生命的塑造，故而高于生命。"人之所以为人，不仅在于具有强盛的生命力，更在于具有明确的道德意识。"①

《吕氏春秋》教化在国家层面的"和谐"精神高于生命，其中，《吕氏春秋》提出"至公、至安、至信"的良好道德境界，"汤立为天子，夏民大说，如得慈亲，朝不易位，农不去畴，商不变肆，亲郼如夏。此之谓至公，此之谓至安，此之谓至信。"（《慎大》）"恳乎其诚自有也，觉乎其不疑有以也。"（《下贤》）"得道之人，不可骄也。"（《下贤》）不管至公的境界、至信而不疑的道德人格，抑或是去除骄傲、去除傲慢的教化内容，都是教化不断进行精神提升的象征。"儒家也承认'食色性也'、'饮食男女，人之大欲存焉'，但是认为人不应过分追求物质需要的满足，而应努力提高个人的精神境界。"② 而刘泽华先生认为"公"是一个历史范畴，而各家各派的理解又不尽一致。要之，当时主要指如下几点：凡有明文规定者，一律按规定行事即是公；遵循当时人们普遍意识所形成的习惯和传统，如礼制等；要处理好国家和个人的关系。春秋以后，国家观念有了飞快的发展，君主与国家并不完全是一回事，国家之事为公，除此之外都为私，包括君主个人的事在内。③

因此，实现"道德本性"的觉醒，"教化"也就实现了"天道"与"人道"的贯通，这就是"和谐"的最终展现，因此命运共同体的构建也是

---

① 张岱年：《心灵与境界》，北京联合出版公司 2014 年版，第 241 页。
② 张岱年：《心灵与境界》，北京联合出版公司 2014 年版，第 240 页。
③ 刘泽华、张分田：《中国政治思想史》（先秦卷），浙江人民出版社 1996 年版，第 601 页。

自然的过程。"在生物界千态万变，数之不尽，而实一源所出。看上去若此一生命彼一生命者，其间可分而不可分。说'宇宙大生命者'，是说生命通乎宇宙万有二位一体也。"① 那么，"和谐"不仅贯通个人生活、社会治理、国家治理，"和"的精神还可以促进人类命运共同体的建设。每一个个体的道德生命，既能够入心而行，又可以具有秩序感。因而，在"和而不同"中我们的国家治理以及命运共同体必定井然有序。

二、"当染"："富强""民主"所由之路

"当染"出自《吕氏春秋·当染》，在吸取墨家"素丝可染"思想的基础上，《吕氏春秋》以染丝为喻，强调环境对人的熏陶和影响。"当染"也即"所染得当"，与其相反的是"所染不当"。《吕氏春秋》关于"当染"的基本思想在于环境对人的影响。"所染得当"在于个体"道德本性"的觉醒，以及"秩序"在人伦共同体、社会共同体和国家共同体中所实现的自身调整。在《吕氏春秋》教化思想中，因着"秩序"意识，士阶层会受到不同思想如孔墨的熏染，而国君则易受身边臣子的影响。这种由"道德本性"而来的"秩序"在当代的社会生活中，肯定有不同的表现。因而，我们需要格外关注人的转变。传统社会的民本，实非人本，那么我们需要"实现'非人本'向'人本化'的转变，真正把握好社会价值和个人价值之间的内在尺度，顺应传统人向现代人转变"②。

当前一些社会现象偶发，对人的品性造成了程度不同的影响。不可否认的是，传媒在这个过程中起到了至关重要的作用。社会上一些不良现象的发生，弄虚作假、践踏人性底线的状况，需要加强新时代中国特

---

① 梁漱溟：《人心与人生》，上海人民出版社 2011 年版，第 61 页。
② 王华敏、周双双：《主体性发挥与社会主义核心价值观教育的内在逻辑——基于大学生群体的教育研究》，《重庆大学学报》2018 年第 1 期。

色社会主义思想文化建设和道德建设。那么，教化就需要面对当代社会的新情况、新问题。我们在当代社会中，用教化这个词语的时候，一方面，由于道本自"天道"而来，而德是我们对"道"的效法。那么，当代社会，我们遵从的道德就是符合时代性、规律性的"天道"，即中国特色社会主义道德。另一方面，我们的教化之所以区别于德育，在于我们通过自教和他教实现教之外的"化"。也就是，当代社会的教化并非是用《吕氏春秋》时代的强权暴力、政治统治等，而是吸收文本中道家的"虚君实臣"思想，更侧重化育。以中国特色社会主义道德实现自教，同时，在还未完全内化为中国特色社会主义道德时，以个人、社会和国家实现他教。不管自教还是他教，都是人文化成、熏染化育，这也被称为"所染得当"。这是《吕氏春秋》教化思想在当代社会的主要表现。

由于"道德"是由道而德所实现的，其时代性、规律性就内在地要求"教化"应当符合中国特色社会主义文化建设、符合当代社会的道德现状，我们是在这个角度实现《吕氏春秋》教化的创造性转化、创新性发展。那么，到底应当如何实现"教化"的当代化？

"位尊者其教受，威立者其奸止，此畜人之道也。故以万乘令乎千乘易，以千乘令乎一家易，以一家令乎一人易。尝识及此，虽尧、舜不能。"（《慎势》）在《吕氏春秋》中，地位尊贵之人的道德思想能普遍被人接受，这是实现教化的一种方式。①这一方面在于，传统社会形态下，人与人之间的交际和交往更多地发生在"熟人社会"，地位尊贵者也容易通过"耳耳相传"的方式被人认可，因此某些有影响力的人就很容易在血缘或地缘关系中得到认同，并受到人们的普遍尊重。另一方面，在

---

① 费孝通在 20 世纪 50 年代关于中国士绅的研究中，曾提及在传统社会结构中，士绅阶层以一套道德规范及其社会声望在基层社会产生影响。请参费孝通：《中国士绅：城乡关系论集》，外语教学与研究出版社 2011 年版，第 7—9 页。

"政统"①体系里，统治者的王权威严一旦树立，必然会寻求人们的拥护以加固其合法性地位，他们通过"重农""民本"思想的贯彻，让人们普遍认同统治阶级的威严，在这种情况下，他们发号施令会得到普遍遵守。正是以这样的方式，来保证"政统"体系中皇权的合法地位。而教化在当时的社会中，只能受限于特定的经济文化以及政治状况，而被实现为带有传统色彩的教化。

新时代中国特色社会主义文化以其时代性、规律性给予了传统教化一定的空间，能够让其展现教化中合理的一面。因而，对《吕氏春秋》教化思想进行创造性转化、创新性发展才成为可能。

首先，物质文明是国家"富强"的基本表现。在《吕氏春秋》中，物质文明多表现为"重农"思想，国家的"富强"在这种意义上被纳入社会治理。恩格斯在《在马克思墓前的讲话》中细数马克思的成就，首先肯定其发现历史发展的规律，"人们首先必须吃、喝、住、穿，然后才能从事政治、科学、艺术、宗教等等；所以，直接的物质的生活资料的生产，从而一个民族或一个时代的一定的经济发展阶段，便构成基础，人们的国家设施、法的观点、艺术以致宗教观念，就是从这个基础上发展起来的……"②在当代社会，这一规律是对物质生活资料的肯定，同时也肯定了人的基本生活需要（衣食住行）。对于国家发展而言，将"富强""民主"贯穿在社会治理之中，这正是国家治理体系的现代化的表现。《吕氏春秋》教化思想中的"重农"思想与当下我们的"民本"有天然契合之处。尽管它们服务的对象不同、历史背景各异，但是在教化中重农思想与当代的"以人民为中心"是相通的。

其次，大众传媒在促进"富强""民主"方面有得天独厚的优势。

---

① "政统"和"道统"一直是传统社会的两套体系，前者依赖皇权统治，以权力为中心；后者由传统文人所拥护（如士大夫），依靠各种道德规范而卫"道"。
② 《马克思恩格斯文集》第3卷，人民出版社2009年版，第601页。

大众传媒对社会价值观有倾向性的引导。在当下互联网技术日臻成熟的时代，大众传媒往往能够促使某一行业内"意见领袖"的诞生，既然会催生精英主义，又会让事件在短时间内发酵。其中，以苏联为反面案例，在苏共大厦将倾之际，以戈尔巴乔夫为首的苏共政府却失掉了领导权，任由大众传媒进行多元价值理念的传播，更甚的是抨击苏共，可以说大众媒体变换花样地去支撑了人们心灵的迷失。"从根本上说，它是一种内心深处的迷失，而大众传媒却用尽了浑身解数来支撑这种迷失。"① 在苏共解体前夕，不法分子正是通过大众媒体把民族主义的极端情绪推向顶峰，通过"占领者""狂傲的自大"等引爆人民的情绪，用民族主义的仇恨席卷人民的思想。针对苏共的凄凉结局，大众传媒即便未负有直接责任，必然也有不可推卸的间接责任，大众媒体对人民意识的侵占起到了煽风点火的作用，促使不同民族国家纷纷脱离苏维埃政权并建立独立国家的政权。通过这一反面案例，我们对大众传媒的具体效果更加明确。

当然，我们的民主，是在中国特色社会主义文化的引领之下，因而可以发挥一定的教化优势，让现代人不仅仅是个人主义的孤零零的存在样式。② 针对西方鼓吹的个人本位、独立意识、自我中心，张岱年认为，"所谓真正的人不可能是一个'自我中心'的人，更不可能是一个自以为'唯我独尊'的人。真正的人应是富于同情心，富于社会责任感的人"③。当前国家需要的恰恰不是自我中心、个人主义，而是"人作为目的"而存在的一种自由精神。我们在新时代中国特色社会主义文化建

---

① ［俄］雷日科夫：《大国悲剧：苏联解体的前因后果》，徐昌翰等译，新华出版社 2010 年版，第 3 页。

② 由民本到民主是实现传统文化现代化转换的一个思考点，有学者将民本主义作为中国哲学四大传统之一进行梳理，并论述了民本到民主的历程。参见蒋国保：《多元价值审视下的中国哲学》，安徽人民出版社 2012 年版，第 37 页。

③ 张岱年：《心灵与境界》，北京联合出版公司 2014 年版，第 240 页。

设中可实现自由的尺度，以此建构自我、成全他者，进而实现民主的精神，这种民主是在个体道德本性意识下建构的一种秩序，人民作为国家的主人，民主的精神必然符合人的发展样式。"社会主义必须是一个民主的制度这一要求不再有任何疑义，如果人民不是国家的主宰，对他们来说成为经济上的主宰就不可能的。"① 人作为国家的主人，其"自由"就是在"民主"中实现。

三、"认同"："文明"是"秩序"的表征

党的十九大明确提出："把社会主义核心价值观融入社会发展各方面，转化为人们的情感认同和行为习惯。"社会越是现代化，多元价值观念越是综合作用于人类的思想。而"文明"是对社会生活的整体性、价值性、精神性的一种提纯和认同。其中，在共同体精神和社会主义核心价值观方面都有表现。

一方面，共同体精神会带给人一种归属和认同，通过"秩序"可以实现自然共同体、人伦共同体、社会共同体和国家共同体的认同，因而可促进精神"文明"建设。其中，"文明"是无形的，而"秩序"涉及生活中的具体规范。"理论在一个国家实现的程度，总是取决于理论满足这个国家的需要的程度。……光是思想力求成为现实是不够的，现实本身应力求趋向思想。"② 共同体精神，首先包括社会和国家对公民的承认、接纳和认可，社会是个体获得认同的主要场域，而他者是个体的一面镜子，对他者的认可是自我拓展的一种方式。所以，社会又是"成己达人"、建构人类命运共同体的主要场域。

---

① [美]科兹、[美]威尔：《来自上层的革命：苏联体制的终结》，曹荣湘等译，中国人民大学出版社 2008 年版，第 243 页。
② 《马克思恩格斯文集》第 1 卷，人民出版社 2009 年版，第 13 页。

　　另一方面，共同体精神还表现为特定价值观，而价值观是自我建构的核心。"一个抛弃了或者背叛了自己历史文化的民族，不仅不可能发展起来，而且很可能上演一场历史悲剧。"①对于一个国家而言，文化的自信最核心的就是价值观自信。对一个国家价值观的攻击可以颠覆这个国家，同理，对一个人价值观的颠覆就是对他的思想掌控。实现自我"定位"，促进自我和他者的一种位置的合宜，以此可实现更广大意义上的"共同体"意识，这与《吕氏春秋》中的"道德本性""秩序"有异曲同工之处。都是从自我出发，在与他者的互动中实现一种位置的合宜。"马克思主义政党的阶级性和先进性，决定了实现人类的解放与人的自由全面发展，是它的最好价值。"②

　　这种"文明"意识，在《吕氏春秋》教化思想中以"学"为表现方式。"文明"的传递离不开"学"的作用。《吕氏春秋》明确提出学习是通达天性的方式，其中教化的本真含义即是回归天性，本书也是在这个意义上提出的"道德本性"。"故凡学，非能益也，达天性也。能全天之所生而勿败之，是谓善学。"(《尊师》)不以私念伤害天性，这是学习的起点。在教化中，不管自教还是他教，都离不开学习。学习是教化实现的一种方式，《吕氏春秋》通过子张、颜琢聚、段干木、高何、县子石、索卢参等六个道德低劣、卑鄙市井的小人的例子表明：在师从德高望重的老师（如孔子、子夏、墨子、禽滑釐）后，再卑劣粗俗的人也可以成为品德高尚的人，甚至"王公大人从而礼之"。通过学习，能够让人觉醒"道德本性"。天性是不以私念影响的本性；而学习，是随着认知边界的拓展而不断综合各类知识和思维，从囿于认知的角度、思维、观念中脱离出来，因而恶徒受教能成人，可以实现去私念和回归本性的教化效果。

---

① 习近平：《在哲学社会科学工作座谈会上的讲话》，《人民日报》2016年5月19日。
② 王韶兴：《社会主义国家政党政治百年探索》，《中国社会科学》2017年第4期。

"对于中国来说，发展历程中的主要挑战，就在于如何创造这样一种文化与机制，来促进非政府的民间责任与服务。……儒教虽不是宗教，但在道德意义和人类同情心方面，它与一般宗教中的许多价值都不谋而合。繁荣的艺术与文化也会促进这样的社会和谐，使人们更加意识到精神性和超越性的事物。"[1] 吸取儒家内容的《吕氏春秋》，其教化中的君子人格体现了对精神的"认同"。而道德人格是《吕氏春秋》教化中精神传承的承载者。"故内省而不疚于道，临难而不失其德，大寒既至，霜雪既将，吾是以知松柏之茂也。"（《慎人》）子路在临死的时候缨断，他正是凭借"君子死，冠不免"的重礼精神，结缨而死。到死都不愿意失礼失态，这是在战国时期道德礼仪深入人心的表现。在当代社会，我们的道德人格虽然不一定如同战国末年一样重视"君子死，冠不免"的具体礼仪，但是，我们所传承并创新的正是道德人格的精神。

对于创造之艰难，俞吾金先生早就有所体会，"应该对创造这个词有敬畏之心，应该充分认识创造性劳动之艰难。事实上，一个当代人，作为人类数千年文明成果的继承者和当代精神生活的参与者，即使要说出一句与古人和其他当代人完全不同的话，也是异常困难的，更不用说创造了。"[2] 我们在文明方面，通过"共同体"精神实现对《吕氏春秋》教化的创新，还需提防形式化、概念化的状况。

《吕氏春秋》教化的创造性转化、创新性发展只能活在实在的生活场景中，抽象了的教化可以作为一种理念或者观念而存在、延续，然而，随着时代的进步和社会现实的不断行进，"教化"倘若作为符合战国时期的一种观念并呈现固化态，则就脱离了新时代中国特色社会主义

---

① ［英］托尼·布莱尔：《写给中国的一封信》，《中华读书报》2011年9月7日。
② 俞吾金：《对"创造教育"的前提性反思》，《中国教育报》2000年11月15日。

文化的现实土壤，更失掉了其本身的生命性。以这种"教化"作为思想的引领去影响人、去实现社会的价值塑造必然如纸上谈兵一般不可取。缺失了现实的根基，"教化"会是无源之水。因此，《吕氏春秋》教化思想必须贯穿其"道德本性"意识，接受改革创新的时代精神的洗礼，因此在时代发展的过程中，就会不断在社会存在的反馈中更新这种"教化"。如此这般才能在《吕氏春秋》教化方面实现其当代价值。

第二节　礼乐秩序规范以合社会

我们知道，教化若被礼教固化则失掉其本真的含义——"通达性命之情""复归本性"。这一礼教传统所延续的封建的、僵硬的、帝制的导向应该受到基本的批判。而在当今社会，提升我们的道德现状，一方面，这与礼教传统的惯性作用关系密切，这里有利有弊；另一方面，多元的文化冲击人的基本价值和认知理念，人们的世界观、价值观几乎会随波受资本和利益的引导，故而人心浮动。封建制度下的传统教化思想固然有"仁义礼智信"的规约和制度，当然也存在不符合时代精神的弊端。目前，最重要的还是应该回归社会现实，在现实的把握中损益增减。其中，最重要的当属把握多元文化影响下的价值观导向。价值观提取自民众和社会，必然回归于民众和生活，就像盐自水蒸馏而出，又将化于事物之中那样自然。价值观不是浮于表面的隔靴搔痒，当前社会迫切需要真正把价值观融于人民的生活中，让社会主义核心价值观能够真正寻求民众的认同。

个体在自我价值的建构中，最直接的施展场所便是"家"。可以说，"家"作为一个人修炼后牛刀小试的"第一战场"，通过自我的确证与和解，人在"家"中完全可复制"自我"的模式，甚至能够通过自我的统一与沟通以解决"家"的各种可能性问题与突发状况。同时,"家"的存在又是传统宗族社会关联"个人(修身)""(治)国""(平)天下"的必备环节。"君子之道,造端乎夫妇;及其至也,察乎天地。"(《中庸》第十二章)始自夫妇的家庭生活圈子,在当今社会结构扁平化的状态下,社会的基本融合已经不完全是"造端乎夫妇"而后扩展到天地万物了。网络的发达足以实现一种最为极端的情况——促使人一定程度上可以脱离"造端乎夫妇"的生活,人可以成为网络上一种符号化的存在,至于现实的接地气和实在的场态有可能与网络的对外社交完全不同。那么,人们的"家"文化将会如何?

"家本位"意识是《吕氏春秋》对先秦文化的传承,也是对后期家庭观念的进一步延续。然而,现代社会因其时代性的要求,"家本位"难以避免地受到了冲击。"家"地位的下降与社会生活中个人的"原子化"倾向,加剧了人的"自由"思想。这是"道德本性"意识下,个体在社会关系中谨守个体"本性"的基础上,催生了"秩序"意识的崛起,并以此促进社会上"礼乐秩序"和"法治秩序"的教化。

一、"家本位":传统社会结构的主要纽带

《吕氏春秋》成书时期依然是小农经济的基本背景,社会主要靠男耕女织而运转,《上农》篇中明确记载,"是故丈夫不织而衣,妇人不耕而食,男女贸功以长生,此圣人之制也。故敬时爱日,非老不休,非疾不息,非死不舍"。男女合作的基本状态符合当时经济社会的发展,毕竟,古代社会以圣人之制作为一种固定的社会形态,对于时日和天道精神的模拟也极尽推崇。这种自然经济的发展和社会的基本形态,决定了经济发展形态,进而直接奠定了"家"的社会结构和历史地位。遵循"家"自身本性而确立的存在状态即是"家本位"。"故君子不出家而成教于国。

孝者，所以事君也；悌者，所以事长也；慈者，所以使众也。"（《大学》第九章）在这个意义上，在"家"的关系维度中修炼关乎治国的种种方针、策略，甚至可成为一种模式的复制，在精神上又与"内圣外王"的修身、齐家策略相贯通。因此，可以通过"家本位"的"齐家"理念实现"国"治。

在传统社会，人的存在是家存在。家是必然王国，只有达到国家层面的"自由王国"人才可能进一步寻求自由与必然的统一。儒家文化让家庭成为一种稳定性的存在，由格物、致知、诚意、正心的"内圣"路径和修身、齐家、治国、平天下的"外王"路径决定了家既是起点也是终点，家国同构的社会治理结构必然把"家"放在重要位置。在历朝历代的家书、格言中，我们可以看出"家"的意义。其中，《朱子治家格言》《曾国藩家书》《梁启超家书》《傅雷家书》等，都能反映出"家本位"在个人、社会与国家中的地位。在《吕氏春秋》教化思想中，"家"也是按照家国同构的社会治理模式而存在。

"齐家"的重要性在于，家是进行教化的重要场所，在这一治理结构中，家教良好才有可能以天下为己任、承担社会责任。由家庭入手，可切实找到"道德本性"在"关系"中的切入点，并以此展开细致、扎实的考证研究。在当代社会，以家庭为起点研究多元文化和多元价值的冲突，以此显现中国文化的真正精髓，进而推广这一精髓，这是一个从个人、家庭、社会、国家、天下中贯通的网络，在循序渐进的网络中，由内向外推广，可实现逐步外放的过程。在对生产力和生产关系研究的基础上，通过经济基础把握上层建筑，因而，深入百姓日常生活才能真正提纯出符合社会发展的思想，也才能将理论真正落实于百姓生活日用。《吕氏春秋》中家庭的重要性依然延续先秦诸子对于传统家庭的看法，他们认为，家庭在传统社会生活中起着平台性作用，且不断被凸显。在中国传统文化思想中，家庭的地位是由经济社会的发展和政治生态决定的,"家庭"一直是我们价值理念传承、道德人文养成的核心所在。

家是承上启下的存在。在"家"中可以实现"国"的治理方式和路径探究。按照《吕氏春秋》教化的路径,若一个人在"家"中并未实现具体事务与独立人格的融合,那么他在"国"中必然也难立足。由修心、修身到齐家、治国,这是一个不断外放,通过效法"天道",不断由精神内修、沟通精神人格进而回置到外在生活并重新理解外界事物,这一过程,可实现思想与现实的互动。只是,这种精神不是单一的黑格尔式的自我实现、自我运作和展示,而是在现实的外放、扩大中不断实现自我调适。因此,修心并回归"道德本性",这一意义重大。"宜其家人,而后可以教国人""宜兄宜弟,而后可以教国人""其为父子兄弟足法,而后民法之也"(《大学》),通过以上三种途径,"齐家"才能"国治"。

在家庭的传统惯性中,个人是去神圣化的,个人是群体中的个人,传统的习俗是重视众意而忽略个人的意志,集体比单个的人更为重要。中国传统的文化巩固了家庭的地位,家文化的强大和家庭的教化作用,促使整个社会因着对家庭的尊重、关怀、拥护和归属,不断巩固了家庭这个关联个人和社会的平台。受传统文化心理和社会氛围的影响,家庭是大家共同遵守的生活形式,也是政治社会治理的结构性环节。在人类历史发展过程中,家庭不仅是个人与社会之间的桥梁,还是人类道德伦理建构之所。"让人认可的是,家庭化是所有人类的初始'人化'和道德化,也是必须终身坚持的'人化'和道德化。"因着家庭的特殊意义,在一定意义上,家庭还是进入社会共同体和国家共同体的准备,"没有自幼年起始的家庭化做准备和予以平衡,后来的所谓'个人化'和'社会化',实际上都不能不是某种对人的依赖家庭本性的无视和'异化'"①。

---

① 笑思:《家哲学——西方人的盲点》,商务印书馆 2010 年版,第 33 页。

家的认同凝聚了情感的共鸣、社会组织结构的必然性和历史文化传统的沉淀。我们会对家庭有感情上的理解和认同。①"经过长期的、积累有多角色的家庭化之后，人对自己的和他人的家庭角色，会有'交换，比较'基础上的，日益加深的体会或理解。"②这是带有一种感情的宗族、社区或者具有凝聚力的团体形式。"在孔子'克己复礼为仁'的教导和儒家文化的影响下，东亚文化与西方相反，非常重视日用常行、生活习惯、言谈举止和家人相处之道。东亚人在家庭的生活细节上，寄托了很深的用心，赋予其很高的价值和丰富的意义。"③习近平总书记自党的十九大以来不断强调"家风"问题，"家风纯正，雨润万物；家风一破，污秽尽来。"这也是正视家庭在社会治理和社会共同体中的作用，始自家庭的教化对整个社会的道德状况、国家的整体道德风貌都具有关键的影响。

二、人的"自由"：社会关系中的"秩序"

陈独秀对待文化的极端态度是一个时代的发声，他以开创者的心态否定因循旧制，认为文化需不断创新，"人类文明之进化，新陈代谢，如水之逝，如矢之行，时时相续，时时变易"④。在多元价值观念并行的时代背景下，消费主义、享乐主义、拜金主义、"儒学热"、自由主义、普世价值等各种思想派别纷繁复杂，使当前社会主义核心价值观受到一

---

① 蒙培元的情感儒学也会涉及对家庭的情感，因为修身养性的路径无外乎"齐家—治国—平天下"，"孝"是"家"的范围内谈论的。他认为，情感是一切价值的源泉。请参蒙培元、郭萍：《情感与自由——蒙培元先生访谈录》，《社会科学家》2017年第4期。
② 笑思：《家哲学——西方人的盲点》，商务印书馆2010年版，第383页。
③ 笑思：《家哲学——西方人的盲点》，商务印书馆2010年版，第379页。
④ 陈独秀：《一九一六年》，《青年杂志》1916年1卷5号。

定冲击。在这种时代背景下，国人到底树立怎样的价值观念、实现怎样的自我定位才是符合时代精神和民族特色的呢？中国特色社会主义文化自信又如何在多元价值中凸显自身价值？

早在上个世纪，布莱尔在《比较现代化》就预测到了人与人"个体间的疏离"，他也是把这称为异化。同时，他还提到"个体认同危机"，并指出"现代环境趋向于使社会原子化，它剥夺了社会成员的集体感和荣誉感，而没有这些个人也难以取得良好的成绩"①。因此，我们不得不思考，由传统宗族社会（熟人社会）到现代社会的转变如何最大程度地发挥家的作用？家到底何去何从？换言之，家以怎么样一种方式存在才能促进教化的实现？而人在家中又如何实现其自身的存在？在古代社会，人的存在更多是"关系"的存在。如前所述，那时的人是在上下级的关系中存在、在尊卑长幼的关系中存在。人更多的是在一种全局式、整体性、网络化的家族中存在。在当时的政治经济条件下，人在关系中展现"道德本性"，以此实现个人的定位和基本价值，并在关系中呈现个人的不同身份和人格特征。人在这种状态下，"关系"既是人的存在的手段也是存在的目的。而家作为第一个展现这种"关系"的场所，意义更是不同。一方面，作为个人实现"修齐治平"路径的一个环节而言，"家"是存在的手段，"家本位"意识是个人实现自我的方式，更是最终"友善"他者的一个必经路径；另一方面，对于个人寻找自我、确证自我，并在"家存在"中达成"关系"的确证以及实现"秩序"意识的崛起而言，"家"又是存在的目的。

然而，在现代社会，经济结构发生了根本性变化以后，人在"家"中的存在受到现代价值理念的冲击，出现了基本的改变。可以说，在当

---

① ［英］布莱克：《现代化的动力：一个比较史的研究》，景跃进、张静译，浙江人民出版社 1989 年版，第 27 页。

今"家本位"受到一定解构的现代社会，"家本位"意识不仅在社会大潮中受到现代价值理念的冲击，也因现代技术手段而促使个人呈现"原子化"状态。具体表现如下：

一方面，家庭受到了自由、平等等价值理念的解构。这主要表现在：首先，家庭的凝聚力和向心力呈现疏松、松散的状况，不再是完全按照费孝通先生当年在社会调查时所描述的那样——人与人之间的关系如同投向湖心的石头所激起的波纹，这波纹是以石头为圆心，而波纹必然围绕石头出现一圈圈由密集变疏远的状况。而这波纹恰似宗族社会中以家为核心的社会关系。① 宗族社会的发展往往受制于经济状况、交通运输和社会观念，其主要沟通纽带是血缘。人与人之间情感的维系多依赖于血缘和地域，与此相反，现代社会更加开放。其次，城镇化和互联网技术的进步促使个人逐渐以"原子化"的方式存在。宗族社会的生活方式早已被城镇化呼啸的大军所碾压，人们在城镇化的过程中越来越倾向于一种单子式、原子式的存在样式。互联网技术的发展直接推动了人作为独立个体的存在，毋庸置疑的是，这为社会的发展开创了更多的可能性。然而，在这一语境下，宗族社会又不可避免被互联网带来的各种可能性和超前性所瓦解。再次，在新型产业和互联网技术的大力推动下，社会的传统理念、结构化模式、惯性思维也受到了程度不等的冲击。与之相对应的是，属于公民社会或者契约精神的崛起，自由、民主价值理念不断冲击传统的道德观念，而信息渠道的畅通无阻、民主程度的大幅提升、公民社会的建构雏形和公民素养的提升都大大激发公民存在的新组织形式。然而不可否认的是，宗族社会的影响并未完全消除，

---

① 参见费孝通《乡土中国》，书本主要描述了20世纪90年代乡土社会的基本情况。随着经济发展水平的提高，科学技术的突飞猛进和现代价值理念的影响，中国的宗族社会受到了程度不小的冲击。费孝通：《乡土中国》，外语教学与研究出版社2012年版，第85页。

且血缘和地域的链接纽带依然存在。①

在现代社会，人不仅通过"家"建立一种基本的存在关系，人通过扩大的社会交往圈子也能够实现自身的存在。那么，现代社会的人是怎么样一种存在？人又如何实现其归宿和认同？换言之，人在"家本位"意识陨落以后，如何实现自身并诠释自身的存在？具体来看，"孝"是人实现"家存在"的主要方式。在原始宗族社会，人在"家存在"中实现自身、奠定"家本位"的观念、树立"家庭"意识，皆在"孝"的理念下达成，毕竟"务本莫贵于孝。"（《孝行》）《吕氏春秋》在"修身——齐家"的传统路径中，将"孝"内在的嵌入其中。而现代社会的"孝"是否受到了某种程度的冲击？在"秩序"意识下，"自由"如何与传统的"孝"并行不悖？

"每一个个体，都只能置于共同关系中加以考察。"② 传统宗族社会在血缘和地缘的情感倾向中主要依赖于情感做出选择，然而现代民主社会中理性极大地崛起，情感占比在一定程度上有所降低。在现代价值理念的影响下，我国的民主化程度不断提升，个人的民主参与意识也不断提升。至于选择"情理法"抑或"法理情"则是现代社会教化中"家"本位首要面对的问题。"情理法"的核心依赖于感情的维系，通过亲疏远近、情感体验判断和整体的场域理解，实现基本的价值判断、建构社会生活模式。而"法理情"更倾向于理智的价值判断，依赖强大的理智思考、理性判断和分析能力以实现其社会的存在方式。那么，"情理法"与"法理情"的结合又会碰撞出何种火花？"孝"在这两种不同的

---

① 传统社会宗族治理方式的问题，在黄玉顺的文章中有所涉及。请参黄玉顺：《"以身为本"与"大同主义"——"家国天下"话语反思与"天下主义"观念批判》，《探索与争鸣》2016年第1期。

② ［俄］雷日科夫：《大国悲剧：苏联解体的前因后果》，徐昌翰等译，新华出版社2010年版，第44页。

模式中实现一种结合,一方面是亲情的纽带维系,另一方面又有理性、民主的现代意识崛起,因此,传统路径下实现"孝"的方式必然受到一定冲击。但是,毋庸置疑,我们对待父母之"孝"的理念并未改变,只是,我们关于孝的观念化状态可以随着时代而更新。即在"天道"视域下,不断更新"孝"的理念。在当代社会,传统的"家本位"教化方式,其载体性作用受到了一定的冲击,但是,越是有一定挑战性,我们对于"家风""家教""家德"的道德建设越是紧锣密鼓、成果显著。

家庭教化的职责在当前时期不断实现创造性转化、创新性发展。"任何解放都是使人的世界即各种关系回归于人自身。"①一旦来到了这个世界上,除极特殊情况以外,一般人都会成为家庭的成员。从封闭了的"天道"视域的教化来看,家庭教化很容易形成一种"无往而不在枷锁之中"的情况。这说明家庭、社会、世界,就像一个个早就准备好了的、有着各种"枷锁"(规范、条例、限制、法则)的箩筐一样,一下就把"自由"来到这个世界上的"人"(婴儿)捆绑在了"枷锁"之中,让你按照既定的规则(程序)成长。②至于人如何在社会上实现其存在?如何存在才能达成人作为目的而不是手段,以实现人的"自由"?相应地,需要考察"孝"在国家范围内不断扩展的状况,在这个层面,"孝"主要表现为"德""义"。《吕氏春秋》明确地把"德"和"义"纳入教化体系之中,它认为"德"和"义"是治理国家的根本。这包括:反对严罚厚赏,并把罚赏定义为"衰世之政";保证"先德后武"的原则,"通乎德之情,则孟门、太行不为险矣。"(《上德》)在这个意义上,《吕氏春秋》认为在国家和社会的治理过程中,应该提倡德行教化先于严刑峻法。

---

① 《马克思恩格斯文集》第 1 卷,人民出版社 2009 年版,第 46 页。

② 陈家琪:《我们距离有尊严的存在还有多远?——参读〈〈约伯记〉再议》,《社会科学论坛》2015 年第 7 期。

从"义"的角度来看，崇尚"义"符合当代社会的道德建设。"君子之自行也，动必缘义，行必诚义。"（《高义》）君子的"义"有一种凛然正气。而衡量"义"的标准在内心，如若犯错，即便法外施恩不对人进行具体的惩罚，即人身得以赦免，然而有"义"之人依然无法逃离内心的煎熬，故而选择自我实施惩罚。"当功以受赏，当罪以受罚。赏不当，虽与之必辞；罚诚当，虽赦之不外。"（《高义》）在《吕氏春秋》看来，这是以教化塑造君子人格的情况，只是，在当代社会，这一君子人格是否依然适用？以《吕氏春秋》中楚国的贤士为例，他奉命去抓某个罪犯并施刑，当他发现罪犯是自己的父亲后，这个贤士放掉了父亲并选择自杀、以死回复王命。《吕氏春秋》崇尚这种"义行"。在当代社会，若遇枉法者，一方面保障其接受法律的制裁的同时，选择在更高层面以"义"的精神震撼他人的思想和心灵，这是教化一个人的终极选择。可谓"从义断事，则谋不亏。谋不亏，则名实从之。"（《召类》）发自内心遵从"义行"，是自我"道德本性"的遵从；而教化、引导他人遵循"义行"则能够促进社会上集体"秩序"意识的觉醒。

《吕氏春秋》还极力倡导"以义御利"的"仁义"观念，并逐渐铺设到社会范围内以实现其价值。"凡用民，太上以义，其次以赏罚。"（《用民》）说到义，其实还会涉及"利"。至于如何对待"利"？孔子认为，"君子喻于义，小人喻于利。"（《论语·里仁》）孟子认为，"王何必曰利？亦有仁义而已矣。"（《孟子·梁惠王上》）二者关于义与利态度精确鲜明，即：直接把义利对立来看。这种割裂义利的态度是在对立的层面理解义利，势必会引发具体行为中的矛盾。荀子认为，"先义而后利者荣，先利而后义者辱"（《荀子·荣辱》），在荀子这里，义和利在一定程度上实现融合，义利的对立得到弥合；而《吕氏春秋》正是延续了荀子的义利观，尽管义和利根本上不同，但一旦从某一层面统一义利，则可以以义御利。

在《吕氏春秋》看来，利是引导百姓的一大法宝。"民无长处，见利之聚，无之去。"（《功名》）第一，人都有普遍的逐利本性。第二，因"利"有道，"民之所走，不可不察。"（《功名》）在思想政治教育的具体应用中也是把广大无产阶级的利益放在首位，以"利"作为实施思想政治教育的一个契机。第三，以义御利，今民争行义，利益的重要性在吕书的文本里已得到充分论证，"利"是教化人民的一种手段。其中，舅犯（人名）以"举事义且利，以立大功，文公可谓智矣。"（《不广》）将义与利结合，这让他获得了胜利和褒奖，更让君主能够为人所称颂，以此增强了国家和民族的凝聚力和向心力。"利"作为教化和引领民众的一种手段，的确能够在社会教化中促进人们精神思想的改善，这是整个社会的一种良性引导和氛围塑造。而在其中的"自由秩序"的建立，也无法缺少"义利"的参与。

由此可见，传统的通过家本位的"关系"实现自身的存在的方式，在当代社会受到了一定程度的冲击。那么，"家本位"的意识就应当在时代发展过程中与时俱进。人作为一个社会性的存在，其个体意识和社会身份不断崛起，因而"道德本性"不断觉醒，并在扩展中建构其"秩序"意识。其中，核心表现是人作为目的而存在，因而人的"自由"意识不断需要"秩序"支撑。"石可破也，而不可夺坚；丹可磨也，而不可夺赤。坚与赤，性之有也。性也者，所受于天也，非择取而为之也。"（《诚廉》）因任自然，发挥万物的本性则有可能实现曲线救国。当前教化中"家本位"教化的失落和"社会教化"的崛起，也是受现代性影响的一股发展势头，《吕氏春秋》作为经得住历史检验的"经典"必然有其"经权"之要，即："经"作为经典的核心以其不可改变的精华而标明自身；"权"作为符合时代潮流的"随物赋形"和"时代性闪光"而实现其"权宜"之变。

在现代性影响下的国家中，发挥其"经权"之要，进行摸着石头过河的实践尝试，不断思考教化与现代性面临的思想巨变，进而剖析《吕氏春秋》教化与现代价值、现代思想理念的结合。其中,"自由"和"秩序"作为当代社会中回归"存在"本身的价值,这与《吕氏春秋》中符合"天道"的"道德本性"意识有一定程度的关联。在具体的实践中,劳动是主体性存在必不可少的调节。"没有哪一个思想家能够像马克思这样意识到自然与身体之间社会调节的程度。居间调节的就是劳动,只有它能够让自然符合人类的意义"①。马克思最早关于异化的观点就是在劳动中提出的,劳动会让个体形成对象化的分裂,导致劳动的异化,那么,同一个道理,通过劳动也可以实现人的主体性存在。马克思在《哥达纲领批判》中提到"劳动者的不同等的个人天赋,从而不同等的工作能力,是天然特权"②。这是马克思对差异化劳动的肯定。

那么,在这个意义上,通过劳动,人们或许可以回归"道德本性"意识,并不断在社会关系中践行出一种"秩序",进而实现一种"自由"的存在。因而,回到劳动、回到我们的职责本身,进而实现社会共同体的建设,这或许是《吕氏春秋》教化的"社会价值"之所在。

三、礼乐"秩序":"平等""公正"之路

在传统宗法社会中,"秩序"意识的确立若缺少内心的"道德"性,仅存留为外在制度强制力保证实施的规范。这对个人而言,就没有真正实现"道德本性""秩序"意识的确立。

以音乐为例,音乐的由来与人的"本性"密不可分,"天使人有欲,人弗得不求;天使人有恶,人弗得不辟。欲与恶,所受于天也,人不得与焉,不可变,不可易。"(《大乐》)音乐的真谛在于人在秉受天性以后,

---

① [英]特里·伊格尔顿:《马克思为什么是对的?》,李扬、任文科、郑义译,新星出版社 2011 年版,第 228 页。
② 《马克思恩格斯论教育》,人民教育出版社 1979 年版,第 191 页。

性情呈现良莠不齐的分类。本于"太一"的乐则能够出和雅音，即：安于"道德本性"之乐是"雅音"，不符合"本性"意识的乐则不利于社会治理和国家统治。"天下太平，万物安宁。皆化其上，乐乃可成。成乐有具，必节嗜欲。嗜欲不辟，乐乃可务。务乐有术，必由平出。平出于公，公出于道。故惟得道之人，其可与言乐乎。"（《大乐》）既然音乐之所由来与人之所由来皆与"道德本性"有关，那么，音乐与现实政治和社会治理之间有什么关系？音乐与秩序又有什么关系？

音乐作为教化的一部分，其基本样态直接是社会清明与否的一种展示，这在当代社会依然可作为判断方式。"故有道之世，观其音而知其俗矣，观其政而知其主矣。故先王必托于音乐以论其教。"（《适音》）音乐"守位"与否与制乐者、奏乐者、传播音乐者甚至是统治者的思想、社会治理等都有密切关系，通过音乐可对社会的基本治理做基本判断，可以说，音乐自古就是社会理念、教化思想必不可少的组成部分之一。因此，在《吕氏春秋》中，靡靡之音、淫乱丝竹是社会政治乱象的体现之一，同时以这种音乐为主导又会引起社会进一步的混乱和民众的癫狂与迷茫。"故乐愈侈，而民愈郁，国愈乱，主愈卑，则亦失乐之情矣。凡古圣王之所为贵乐者，为其乐也。夏桀、殷纣作为侈乐……"（《侈乐》）忘却音乐的真谛、失却音乐的基本目的必然会带来严重的后果。"失乐之情，其乐不乐。乐不乐者，其民必怨，其生必伤。其生之与乐也，若冰之于炎日，反以自兵。"（《侈乐》）不注重音乐教化，缺失"乐之情"，恐怕只会引起社会的混乱和民众的颠倒横行。

混乱的国家产生的音乐会如何？"其风雨则不适，其甘雨则不降，其霜雪则不时，寒暑则不当，阴阳失次，四时易节。"（《明理》）这是基本天象的变化，次之，则道德本性不保，"亡国戮民，非无乐也，其乐不乐。溺者非不笑也，罪人非不歌也，狂者非不武也，乱世之乐有似于此。君臣失位，父子失处，夫妇失宜，民人呻吟。"（《大乐》）最严重的状况是，"故至乱之化：君臣相贼，长少相杀，父子相忍，弟兄相诬，知交相倒，夫妻相冒，日以相危，失人之纪，心若禽兽，长邪苟利，不知义理。"（《明理》）相反地，和乐雅音是政治清明、海晏河清的写照，这一"和"与"适"的音乐状态是在觉醒人的"道德本性"并遵守乐的"太一"情况下，以"礼乐"秩序构建社会，这会进一步促进社会的清明政治和民众道德素质的提升。《吕氏春秋》中涉及音乐的发展过程，并阐释了关于音乐的基本历史观。通过音乐教化，贤者会愈加在"道德本性"意识下认清自身并树立"秩序"理念，"贤者以昌，不肖者以亡"（《古乐》）；同时，以贤者之资质教化他人，这种他教对整个社会的文化氛围都有良性塑造作用。那么，音乐作为教化手段的有效性，就不仅是对社会基本政治格局的改变，同时，社会格局、社会结构从来都是关于人的生存的结构，由于人们的思想意识、道德认识和文化思想发生了变化，这也就必然是关于社会治理与人的道德素质的良性互动。①

那么，具体来分析如何用音乐进行教化的问题。《吕氏春秋》有所涉及。"故君子反道以修德；正德以出乐；和乐以成顺。乐和而民乡方矣。"（《音初》）在人们的日常生活中，礼乐首先以符合"太一"理念而正位，再次以礼乐的仪式感而深入人心，而后必然会在"秩序"中建构人的基本生活规范。恰如在土地革命时期，《三大纪律八项注意》正是党借助歌曲表达党的纪律和要求，这一"乐"的表达在朗朗上口的同时展现了党的精神风貌。同样地，在歌唱中劳动、战斗或者工作，"使人集中当下之事，自然而然的忘我，自然而然的不执着于物，而人则超然于物之上。以其精神之集中也，勤奋自在其中，未必劳苦，劳苦亦不觉得劳苦"②。按照"和"与"适"的"秩序"意识，人与人的相处必然进

---

① 《吕氏春秋》中有很多通过"乐"了解相关社会的人文风情的案例，尤其在作出战争与否的重大选择时，也会通过"乐"进行判断。
② 梁漱溟：《人心与人生》，上海人民出版社 2011 年版，第 232 页。

入一种处于此时此地、忘我的状态，这是以"音乐"而回归"太一"并促使人们觉醒"道德本性"以达到清净状态下的"平等"。

古代社会，在天子进行祭祀、出征或有重大典礼的时候，为了促使人的精神收敛集中，往往会在某项仪式之前就着重斋戒、沐浴等摒弃身体所携带的浮躁之气，以示恭敬。在现代，受到现代分科治学的影响，礼乐更多地被作为艺术以及传统仪式的方式存在。毕竟传统社会的冠礼、婚丧、嫁娶、祭祀等仪式已经慢慢被多元化的文化浪潮冲击，生活方式的多样性加速了礼乐仪式感的消失或更迭，而代际差异激发了对礼乐仪式化的不同看法。梁漱溟在提及仪式等相关问题时，认为仪式对人有精神熏染和心灵净化的作用，而这种仪式感"便是让人生活在礼乐中"①。《庄子》中曾有一例，当一个人经过不同程度的洗涤、沐浴等准备工作而去树林里雕刻时，与毫无准备去做同样事情的人，因"仪式感"不同，其在仪式感中凝结的心力不同，则最终得到的结果不同。正是因为有了礼乐的这种"仪式感"，雕刻者所呈现的作品与"礼仪"之人不同。对于当代人而言，通过"仪式"可以让很多人在模式化的生活中达到一种特殊的生存状态，其存在价值会因此具有多元化。只是，除此以外，仪式还会给我们带来什么？

我们知道，有礼必有乐，礼乐是我们在合适的时机自然而发的一种情感，礼乐不仅仅是外在的一种仪式表象，更是纳入身心的至诚情感的流露。在梁漱溟看来，"礼的要义，礼的真意，就是在社会人生各种节目上要人沉着、郑重、认真其事，而莫倾覆随便苟且出之。"②我们在仪式中通过不同的时机，传递出"礼乐"的基本精神，在仪式感和神圣性中，很多人自然能够接受到基本的教化。而礼乐的教化能够促进一个人

---

① 梁漱溟：《人心与人生》，上海人民出版社2011年版，第225页。
② 梁漱溟：《人心与人生》，上海人民出版社2011年版，第227页。

情感和行为的合一。而当代社会，如果一些人失去了礼乐的某种必要性的秩序意识，则就缺少了表达情感的一种途径。就像我们在加入中国共产党时，那种神圣性和使命感总是让我们不自觉地从内心进行入党宣誓。若有些党员的政治觉悟还有待提高时，通过先进带动后进，那些被带动者在参加入党宣誓的仪式中，其党魂党心也会不断受到熏陶和影响。这就是"礼乐"教化在当代社会创造性转化和创新性发展的一个表现。

"礼乐之为用，即在使人从倾注外物回到自家情感流行上来，规复了生命重心，纳入生活正轨。"①礼乐是在家庭和个人中最早由家风、家训承载。在全球化的过程中，多元文化、多元价值势不可当，传统产业、传统文化都会受到或多或少的冲击。历史延续下来的一些"仪式感"同样不断受到现代价值理念的冲击。习近平总书记指出："家庭是社会的基本细胞，是人生的第一所学校。不论时代发生多大变化，不论生活格局发生多大变化，我们都要重视家庭建设，注重家庭、注重家教、注重家风。"②家风、家训、家德是实现家庭教化的一种方式，以礼乐的仪式感可促使精神的净化。毕竟，礼乐是"要人精神集中当下"。

礼是"齐家"之必需，但同时礼乐又是社会的。《论语》曾言"慎终追远，民德归厚"。我们可以在生活中，有意识借助"礼乐"普及知识、进行教化。例如，清明节时，我们可以通过各种途径宣传介子推的高洁行为，并以其高尚人格影响教化社会大众。在恰逢纪念日时，党在政治引领方面也有高瞻远瞩的目光。无论是建党100周年、反法西斯战争70周年、改革开放40周年，还是各种战役和纪念馆的相关信息，都会有隆重适宜的庆典活动。另外，南京大屠杀鸣笛警报等也是一种礼乐

---

① 梁漱溟：《人心与人生》，上海人民出版社2011年版，第228页。
② 习近平：《在2015年春节团拜会上的讲话》，《人民日报》2015年2月18日。

教化的表现，对于受难者的哀悼和国家历史灾难的悲痛与铭刻皆是发自内心，将这种悲痛外化为鸣笛，以此悼念和铭记，进而就有了一种仪式感。这就让缺少历史知识和爱国情感的人，在此悼念中受到感染和教化。这是结合历史事件和现代社会的教化。毕竟，人是精神的动物，人不仅仅受理性的影响，人还受到文化场态的影响。

四、法治"秩序"：社会价值的法律保障

法治意识是在"秩序"意识的基础上建构，而法治意识的建构又能进一步保证"秩序"的运行。在"礼乐"秩序的柔性教化中，尽管部分人暂时无法将"秩序"融汇于心，可能会有暂时性的"秩序"空缺。而法治意识作为硬性的一种规范性约定，是由法律强制力保证实施。在当代社会，由于法律的保障，"秩序"意识更多是在法律方面落实为人们的"法治"意识。

《吕氏春秋》中的法治"秩序"少不了对法家思想的梳理。法家的韩非子针对战国末期社会上混乱不堪的道德准则，提出"世异则事异"（《韩非子·五蠹》）、"不别亲疏，不殊贵贱，一断于法"（《史记·太史公自序》）的观点。这是在"天道"生生之中更新"秩序"、与时俱进、随时而化的基本思想。法家认为人民守法的过程便是教化的过程，因此"守法"即是"守德"，另一说是"道德""无用"。① 在这个角度来说，法家实际上是变相地通过法律取缔道德，并以此实现法的效力。

对于法家而言，通过"法"这一个客观公正的价值准则确立一种新

---

① 这是以朱伯崑、陈瑛为代表的观点，前者在《先秦伦理学概论》中主张韩非子把"趋利避害"看作人的本性，认为他是人性自私论者。因而，法家的教化思想在于坚持绝对的"法"，重视这一原则并强调个体对"法"的遵守和顺从。请参朱伯崑：《先秦伦理学概论》，北京大学出版社 1984 年版。

的社会道德秩序，以便服务于社会治理。那么，"法"作为一种新的价值体系在整个意义上就超越了儒家的"血缘主义道德"，自动更新为"国家主义道德"。① 过分实施法律意味着侧重非道德主义论断。在这个意义上，《吕氏春秋》吸取儒法思想，对道德与"法治"进行二分，并以此延伸出两种不同的治理路径，即：一方面是以儒家为代表的"血缘主义道德"教化的方式，主要依托于《大学》所提出的"三纲领""八条目"，"格物、致知、诚意、正心、修身、齐家、治国、平天下"，形成"人—家—国"的链条。这需要个人"道德本性"意识的觉醒；而社会和国家"秩序"的建构在当时的社会主要是依托于"家"，毕竟"家本位"是"血缘主义道德"的一个中心点。然而，现代社会中"家"的一定程度的没落，则需要社会"秩序"的跃升而寻求保障。其中，"法治"意识必不可少。另一方面，"国家主义道德"是指法家的国家伦理——体现了国家法律的绝对权威，这一权威主张"一断于法"，倡导法律面前人人平等。与此同时，法家往往主张以法代德，重视法治、刑罚而忽略教化，甚至认定"道德无用"。主张国家利益至高无上，公利高于一切。因此，法家的"国家主义道德"是将个人无限"消解"，且认定"法"为国家"秩序"的维护者。这偏重社会和国家的"秩序"建构，从另一个角度来看，就会相应地掩埋个人的存在。

然而《吕氏春秋》既否定"道德无用论"，又在肯定儒家的"血缘主义道德"理念的同时，纳入了法家的"法律"思想，并认同"法治"是在"道德"基础上延伸出来的一种"秩序"意识，即：在儒家教化的路径中，由"道德本性"铺设到"秩序"，而"法治"作为秩序建构的一部分自然被嫁接到"道德本性"——"秩序"的链条中。毫无疑问，《吕氏春秋》吸取了法家思想，但又始终认定"教高于罚、重赏轻罚"，即"教

---

① 于树贵：《法家伦理思想的独特内涵》，《哲学研究》2009 年第 11 期。

化高于刑罚""义赏为主,处罚为辅"。这在其行文说教中可见端倪,"五帝先道而后德,故德莫盛焉;三王先教而后杀,故事莫功焉。"(《先己》)据此逻辑思路,春秋五霸在成就功业的过程中,必然是将维护功业的教化手段(例如尚农、仁爱、忠孝、义利)等放在首位,而武力、法律、制裁等只是在教化之外的选择。

作为社会治理的一种基本手段,"道"与"德"的互动还是其主要选择。至于或赏或罚,皆是辅助教化的一种治理手段。不管是赏以使民或罚以用民,"赏罚"都是使民的一种手段。通过赏罚,尤其是以"义"摄持赏罚,人民就能够了解"道义",也就更容易实施去恶扬善、亲近忠良的教化,以此让人民知礼仪、懂义理,从另一个方面实现社会治理。在《吕氏春秋》的文本中,肖衡源在《论〈吕氏春秋〉中的义赏思想》中将这种"义"赏称为"驭民之术"。并且,最终达到的社会治理效果相当可观,"未赏而民劝,未罚而民畏,民不知怨。"(《长利》)君王无须派驻太多的大臣,国家也不必壮大律法系统,就可以以教化为主、法治为辅的方式实现社会治理。然而,现代社会中,《吕氏春秋》所实现的德治及其建构的"道德本性""秩序"意识,皆需要面对中国特色社会主义法治体系。最终是在中国特色社会主义法治体系建设的背景下,实现其法治理秩序的创造性转化、创新性发展。

在当代社会,不管"血缘主义道德"还是"国家主义道德"的具体分殊,我们的社会治理既需要《吕氏春秋》时期以"道德"为主的文治教化,还需要法治意识。"在宗法社会中,通过'礼'来规范人们的社会行为,整合社会的道德秩序,那么在割断了人与人之间血缘身份联系的新型国家组织中,'法'就成为组合社会道德秩序的唯一手段,成为维系社会道德秩序的唯一法则。"①"治国无法则乱""凡举事必循法以动"

---

① 于树贵:《法家伦理思想的独特内涵》,《哲学研究》2009 年第 11 期。

（《察今》），《吕氏春秋》的教化思想需要将"法治"作为社会治理和政治统治的强制性手段，而我们的社会建设除了依靠礼仪的约束、人心的规约，尤其依赖于法律规定的具体的惩罚性措施。由此可见，音乐、礼仪等外化为人们内心的规约和神圣感，而法治治理则是通过惩罚措施规约人的外在行为。由于我们在这里主要探讨教化及其当代价值，因而就不再更多地探讨法治"秩序"。

第三节　个体清净本性以育善诚

习近平总书记指出："我们生而为中国人，最根本的是我们有中国人的独特精神世界，有百姓日用而不觉的价值观。"①《吕氏春秋》教化思想对当下的启示不是简单的教化思想与当下现状的拼凑叠加，不是文言文与白话文的简单翻译，更不是《吕氏春秋》故事线索在现代的另一种阐释。而是在深刻反思《吕氏春秋》教化思想所发端的政治、经济和文化背景，并真诚体察、理解、吸纳《吕氏春秋》所阐发的天道精神、君子人格、教化体系、秩序意识、甚至价值倾向等，在这个过程中厘定"道德本性""秩序""教化"的核心范畴，最终，试图让个人在教化中真正觉醒其"道德本性"，并不断呈现出一种秩序的建构和更新。

可以说，杂糅先秦十家九流的《吕氏春秋》，其教化思想对社会治理与生活秩序都有重要的启发意义。以此，我们在当代面临西方价值观的不断渗透的过程中，进一步回归传统教化思想，重思传统教化与治理方式的关系，对我们应对当下资本逻辑、大数据思维以及理解公民的道德状况具有重要意义；对我们思考新时代中国特色社会主义文化自信、

---

① 《习近平谈治国理政》，外文出版社 2014 年版，第 171 页。

价值观自信都有一定启发。

一、适欲节性：在"道德本性"中寻找生命与欲望的平衡

欲望来自生命的必然性，欲望与生命有一种必然的联系。人身和人心共同塑造了生命，生命的存在与欲望有着千丝万缕的联系。"生必有欲，欲源于生。尽绝乎欲，而生之机息。"①《吕氏春秋》提倡贵身且重己，这首先是对生命的保存。当然，生命的保存肯定需要一定欲望的满足。"故善响者不于响于声，善影者不于影于形，为天下者不于天下于身"（《先己》）、"贵大患若身……故贵以身为天下，若可寄天下；爱以身为天下，若可托天下"（《道德经》第十三章），若要保证身体的存在和个人的自我确立，则必然需要明确自我。觉醒的"道德本性"会在自我维持和养护的过程中，不断调适位置感和分寸感，以此保证生命有机体的持续不已和生生不息。换言之，生命的维系需基本欲望的满足，欲望之存在来源于生命的保鲜。

生命不息需要满足一定的欲望，然而为何又不能执着于欲望？这在"道德本性"中也有内在规定性。"欲源于生，有生必有欲，然纵欲无度，必至戕生。需要之满足有其限度，过其限度则必伤生。机构不得不活动，然活动太过，则机构毁失。"②随着经济的发展和社会生产力水平的提升，社会的生活形态也随之发生变化。在物质财富有所富余的社会形态下，人的精神品格也会相应地发生变化。老子在对"欲"的认识上，曾谈及"常使民无知无欲，使夫智者不敢为也"（《道德经》第三章），《盐铁论·本议》进行了更为细致的描写，"贫国若有余，非多财也，嗜欲

---

① 张岱年：《心灵与境界》，北京联合出版公司 2014 年版，第 205 页。
② 张岱年：《心灵与境界》，北京联合出版公司 2014 年版，第 205 页。

众而民躁也。"前者明确提出"无知无欲"以便于社会的治理，后者则隐晦地指出生产力发展与民众"嗜欲"之间的关联。这两者都涉及了社会经济发展与人的精神品格之间的关系。

诚然，经济发展到一定程度，人民生活能够在自给自足的基础上还绰绰有余，进而，交换就产生了。有了交换，竞争也自然而至。"竞争"之心意味着"心之动"。"竞争"则容易衍生出欺诈、嫉妒、欲望、利益等，因此"绰绰有余"就成了"嗜欲"的一个条件。当前，在科技高度发展的时代，中国已跃居成为世界第二大经济体，人们对美好生活的需要逐步提升。人们已不仅仅停留在满足基本生活需要的层面，在资本逻辑、社会舆论、大众传媒的影响下，人们甚至已将物质利益的追逐视为生活常态。这就迫切需要思考"道德本性"和"教化"的践行。

对欲望的理解是适欲的前提。对个体而言，基本生命力的维持和继续都应满足生活的基本需要。这种基本需要往往会涉及欲望，欲望的满足可分为需要和需求。前者是满足人的基本生活所需要的必需品，这包括满足一个人基本的生理需要、安全需要；而需求多涉及个人的自我愉悦、自我价值实现和被社会认可的需要。① 可以说，欲望的存在往往延伸出需要和需求两种不同的满足状态。需要是满足衣食住行等基本的生存需要，是生命得以存活的保证；马克思、恩格斯在特殊时期也肯定了物质的力量，"革命需要被动因素，需要物质基础"②。

而需求则是在满足人性基本需要的基础上，寻求更多的物质财富以满足物质生活的极大丰富。而这种需求因无度量可参照，很多人会在追逐的道路上难以自知、更难满足。这也就是一些人不断地追求各种物质利益、甚至精神利益，不断去满足虚荣之心的原因。英国前首相布莱尔

---

① 参见马斯洛的"需求层次理论"，在这里将马斯洛的几个不同层次的需求按照需要和需求的分类与《吕氏春秋》所提及的"适欲"进行对比理解。

② 《马克思恩格斯文集》第 1 卷，人民出版社 2009 年版，第 13 页。

曾表示:"没有经济发展,没有整个国家全面繁荣的前景,中国绝无可能发展和谐社会。但是,中国又不能仅仅通过经济进步来保证稳定的未来。社会性的凝聚和同心同德,有赖于共同的目标感、共同的价值观,以及一种共同认识:有必要用能够容纳所有人并肩站立的共同空间来平衡多样性。"① 在人生追求各种目的和满足各种需求的同时,也容易引起一些消极情况:心神疲衰。一般情况下,一个目的的达成并不能引起内心的安定,还需再满足对其他目的的追逐,长此以往,整个人必然陷入"役于物"的状态。

至于如何对待物欲?《吕氏春秋》主张有节制地对待欲望,这一定程度是对孟子的沿袭,"昔者大王好色,爱厥妃。……当是时也,内无怨女,外无旷夫。王如好色,与百姓同之。"(《孟子·梁惠王下》)可见,他们对欲望不是采取完全否定的态度。《吕氏春秋》持有的基本观点是,过多的欲望(需求过剩)会成为个体的弱点,即:有了过多的欲望也就有了弱点,因此,在社会生活的各个方面也就会被利用。例如,在战争中可以对欲攻之国施以诱饵,投其所好、遂其所欲,这里的欲望就成了可被利用的工具。"就人作为精神来说,他不是一个自然存在。但当他作出自然的行为,顺从其私欲的要求时,他便志愿做一个人自然存在。"② 其中,《权勋》篇提到,凡繇之国的失败就是"其所欲"被人利用的结果,"欲钟之心胜也。欲钟之心胜,则安凡繇之说塞矣。"(《权勋》)凡繇国正是因着对大钟的欲望才被他国利用,因此"欲望"在战争中也就容易成为一种可被利用的工具,并致使人受到迷惑。可见,执着于欲望本身,则容易失掉了对国家安危、天道生生等更大视角的考察。而在日常行为中也是如此,"礼士莫高乎节欲,欲节则令行矣。"(《下贤》)

---

① [英] 托尼·布莱尔:《写给中国的一封信》,《中华读书报》2011年9月7日。
② [德] 黑格尔:《小逻辑》,贺麟译,商务印书馆1980年版,第92页。

对待士大夫的最佳态度即是"适欲",也就是,如果有所节制地对待德高望重之人,那么,推行的某种政令、国家的政策等也会得到德高望重之人的推崇。可见,欲望的节制有利于行为的合理合度和政策的普遍贯彻。

觉醒"道德本性"意识,人的欲望以一种自律的方式而更有节度。人生而有欲,且只有基本欲望的满足才能保证人的生存,因此"欲"的存在是一种必然。只是,欲也该有度,对欲望的度量与权衡则应被考察。"顺性则聪明寿长,平静则业进乐乡,督听则奸塞不皇。"(《先己》)《吕氏春秋》正是在这个意义上考察"天性"与"欲望",最终在"道德本性"中适欲节性,即对欲望持一种接纳的态度,在接纳的基础上再进行游刃有余的教化和引导。那么,在一定程度上节制欲望,则行为能够适宜,个体也可安位、守位,人们不至追名逐利而过度地"役于物",因此个人能够实现和乐安详、养心安神的"教化"效果。

难以适欲节性的原因主要在于重己。吕思勉曾以"不住绝欲而务有节"①一语道明《吕氏春秋》对待欲望的态度。这与《吕氏春秋》一直强调的回归本性、确立"道德本性"有直接关系。在"道德本性"意识中考察欲望,故而可让欲望自然得当,所谓欲望的"得当"并非完全断除欲望,而是自心而发让欲望有一个合适的"度",即某种欲望、相关欲求等可以点到为止。在另一个角度,《吕氏春秋》开篇就提倡重己,"宠辱若惊,贵大患若身"(《道德经》第十三章),"耳虽欲声,目虽欲色,鼻虽欲芬香,口虽欲滋味,害于生则止。由此观之,耳目鼻口不得擅行,必有所制。譬之若官职,不得擅为,必有所制。此贵生之术也"(《贵生》)。耳目鼻舌为何能够有所制?又受到什么的制约?我们又该如何化解重己与节欲之间的矛盾?《吕氏春秋》正是通过效仿天道以回

---

① 吕思勉:《先秦学术概论》,南京译林出版社 2016 年版,第 204 页。

归个人"道德本性"的方式试图统一重身、贵己与适欲节欲这看似悖谬又难以把握的关系。

"商品拜物教的观念已经渗透中国社会各阶层的意识深处，以致教育文化水准很不相同的社会各阶层，在追求金钱的过程中，其行为方式之不道德在质上竟没有多大差别。"①正是因为有了对生命、身体和自我的执着，也就执着于欲望（包括权钱名利等）。这个观点我们在前面已有所论述。《吕氏春秋》在这方面的逻辑基础是重身、贵己，人身的确立是个人体现其价值的基础。因此，破除对欲望的执着需要在贵己与适欲节性之间达成一个平衡，这是解决问题的关键。然而，《吕氏春秋》先在地处于一个逻辑自洽且循环贯通的体系之中，因而，它不会出现一种无路可走的分裂状态。正因为有一个身、己的生命保证，设置欲望的"度"才可能更好地促进身、己的生命保全，即：一旦有了身物的分别和人我的对立，则欲望不期然而生。通过身体与物欲甚至会进一步外放到个体与他者之间关系的执着，而适欲是通过对身体和生命的重视而发自内心的调整欲望。以此实现适欲与重身、贵己的生命的统一。这对于当下社会中消费主义、个人主义、享乐主义的问题，有一定的启发和教化意义。

二、养心达情：在"守位"中修身自达"爱国"与"敬业"

《吕氏春秋》教化思想提倡通过"修心"而"修身"，在内化于"心"中建构个人的"守位"理念，进而"修身"，而后才能实现"齐家、治国、平天下"，这是传统的"内圣外王"路径。人作为有限性的存在，思维理智皆在一种"界限"中不断被确立并以此认识他者，因而，修正个人

---

① 何清涟：《现代化陷阱》，今日中国出版社1998年版，第205页。

内心是修身的必然。《大学》早就提出个体的偏好及其引发的思维限制，"好而知其恶，恶而知其美者，天下鲜矣。""身有所愤懥，则不得其正；有所恐惧，则不得其正"（《大学》第七章），先秦儒家也在这个意义上肯定"修心即是修身"。《吕氏春秋》延续这一思路，直接提出认知、思维方面存在的可能的局限。《去宥》《长见》《知化》《知接》等篇正是强调这个方面。"智者，其所能接远也；愚者，其所能接近也。所能接近而告之以远，奚由相得？无由相得，说者虽工，不能喻矣。"（《知接》）摒弃个人所好或节制个人欲望，采取理智的思考方式、进行长远计划，那么，在"修身""修心""智识"等方面，就需要端正内心以达到修身。

人之所以不同于物，一方面在于人不仅有身，还有心，身与心共存。而动物只有官能的享受与现实的生存，缺少心的宰制，故而动物不能进行概念和本质的摄取，难以超越当下、脱离事物并面向未来。"物类生命——物类的心——因其生活大靠先天安排好的本能，一切为机械的应付便与其官体作用浑一难分，直为其官体作用所掩蔽而不得见。在物类，几乎一条生命整个都手段化了，而没有它自己。"[1]因为缺失心的参与，动物更多依靠官能进行活动，容易不自觉地流变成工具和方式，而不是存在的目的。毕竟，没有本心参与的生活和存在，物类只能沦落为手段。人则不同，"他（人心）对于任何事物均可发生兴趣行为而不必是为了生活——自然亦可能（意识或无意识地）是为了生活。譬如求真之心、好善之心只是人类生命的高强博大自然要如此，不能当作营求生活的手段或其一种变形来解释。"[2]

在《吕氏春秋》看来，所谓的养心达情其实离不开在"天道"视域下觉醒"道德本性"以"通达性命之情"。那么，这就为思维的拓展提

---

① 梁漱溟：《人心与人生》，上海人民出版社2011年版，第13页。
② 梁漱溟：《人心与人生》，上海人民出版社2011年版，第14页。

供了可能，在实现由凌乱表象到概念确定的基础上，又可进一步超越对概念、本质的把握，以更广阔的思维转而进行一种心境、场态或格局的建构。这种提取本质、升华精神又能随时联想的状况，能够促进"养心"的无限性、开放性和超越性。"人们应该更广阔、更深远地看到在理性所把握的理论——实践关系之外的实际存在的运行，并不断地获得流动着的新的'理论'与'实践'，在两者的互动张力下展开全新的、永远充满着可能性的生活视域。"① 这种全新生活视域的展开离不开"心"的体验。

谢姆考夫斯基指出，"生物学者达尔文是在同兽类密切关系上认识人类，而社会学者马克思则进一步是在同兽类大有分别上认识人类"。通过对比马克思和达尔文在对于人与动物的不同研究路径（前者侧重研究人与动物的不同，后者则侧重相似处的关联），可以进一步分析人与动物的区别。恩格斯在《在马克思墓前的讲话》中这样表达，"正如达尔文发现有机界的发展规律一样，马克思发现了人类历史的发展规律"② 。梁漱溟也认为，达尔文在消除人类和其他动物之间的差距方面，给我们提供了基本的路径；而马克思和恩格斯发现了人类与其他动物的不同——生命性。然而，现实生活中人类的作为是否如此？

在"守位"意识中人们如何修身？这先要从心上下功夫，毕竟"运用之妙，存乎一心"。庄子认同的"役物而不役于物"同样在《吕氏春秋》中得到传承。总体而言，人与外物的关系是人试图去控制、制服外物而不是被物所役使，这在西方现代哲学中也得到承认。只是，《吕氏春秋》强调，控制外物的核心在于效法"天道"的律动性。张岱年先生认为这种制服侧重于心的灵活性，认为心的灵活性是"生命不受制于物而恒制

---

① 尚文华：《重思理论与实践的一些问题》，《马克思主义与现实》2017 年第 5 期。
② 《马克思恩格斯文集》第 3 卷，人民出版社 2009 年版，第 601 页。

胜乎物的表现"①。在生命的长养中，心的生发性主要表现在不受限制，且在非限制性中制胜于物。人心与物之间的关系如何？我们在上一节已着重探讨了人心与欲望的关系，并试图在"道德本性"中达成心与欲的和谐统一。

适欲与节性是修心的一体两面。耳之欲声，目之欲色，鼻欲芬香，口欲滋味。此四官若能顺其本性，以其本性为存在和运化的前提，就会发而皆中节（达到一个合适的"度"），皆有其自身内在的规定性，这个规定性的达成是内在的自觉遵守，在"道德本性"中符合这个"度"（中节），在行为中表现为一定的限制或规范，同时这个限制又能够"和"。因此，发自内心的"道德本性"意识能够符合这个度，而后又有所节制，这是修心中适欲与节性的合一。在现代生活中，处理欲望和情绪的关系时，若心失去基本方向，生命就容易沦落为一种工具、手段或途径，而不再是其本身所应当被尊崇的样子。"役物而不役于物"在现代生活中依然适用，日常生活中的科技占领人类生活、人被科技奴役和支配的现象已相当普遍。"科学技术为人类解决的问题与给人类带来的问题一样多，它对人类的建设性作用与破坏作用几乎同等规模。"②在这种境遇下，人心毫无疑问是失去生命的本性，甚至空洞而缺失自我主宰，暂且不谈这种情况下个人与他者之间的隔离，单就个体自身而言，其个人价值的向度就容易被科技之类的外物所封闭，难免在"物的役使中"失去了心灵的丰富性和超越性，甚至心的光明已被遮蔽，又何谈修身？

以心"守位"，人心是教化的熏陶对象。说到个人就会必不可少地提及人心。人心是一个人生命的主宰，是人之所以为人的所在。人与动物的区别，在于人可以对纷繁复杂鸡零狗碎的现象进行抽象概念，合理

---

① 梁漱溟：《人心与人生》，人民出版社 2011 年版，第 37 页。
② 叶平：《生态伦理学》，东北林业大学出版社 1994 年版，第 250 页。

梳理、推导、判断，以寻求现象背后的本质和规律，这是人区别与物类的核心。这一把握本质的能力就在于人能够思维，属于理性的作用。混合某种向上的无由来的一股力量，或说感性的能量，能促进人心的力量。"心非一物也；其义则主宰之义也。"① 作为一种主宰，人心的功能有以下两点。

第一，去除关于欲望的执着是养心的根本。从身上下功夫，主要体现了"生之本性在于发展，在于有克服环境之力"②。这一克服就是一种创造。文化之生，则在于寻求一种思想的变革以突破旧有框架，故而能够不断创新。生命与创新的关系密切，心由自发性到自觉性主要在于人心的创造力，这种创造力让人能够不断面向一种新鲜和开放，"人应发挥起创造力，而日进无疆"③。"从社会主义革命以致建设社会主义是人类历史从自发性进于自觉性之一大转变。随着社会主义建设事业的进行，此自觉性无疑地亦将在发展提高，而大有进境。"④ 生命本身在新陈代谢的过程中就有一种内在的创新要求，按照这一"道德本性"，能让我们明确养心的终极归宿是全性，而全性的关键是去执（执着于某种欲望）。孟子提出"践形尽性"，"形色，天性也；惟圣人可以践性"（《孟子·尽心上》）。《吕氏春秋》沿着孟子的路径探寻了一条独特的途径——认可"五者养性"的同时坚决抵制"以性养物"。⑤

第二，依靠人心可以寻回人的本质，回归生命的本性。宇宙之大，

---

① 梁漱溟：《人心与人生》，人民出版社 2011 年版，第 29 页。

② 张岱年：《心灵与境界》，北京联合出版公司 2014 年版，第 205 页。

③ 张岱年：《心灵与境界》，北京联合出版公司 2014 年版，第 210 页。

④ 梁漱溟：《人心与人生》，上海人民出版社 2011 年版，第 232 页。

⑤ "五者养性"是《吕氏春秋·重己》中提出的，通过描述圣人在园林亭台、屋舍楼阁、衣着交通、酒肉饮食、管弦丝竹五个方面的恰当需要，推崇在"守位"中颐养天性，"非好俭而恶费，节乎性也。"在日常生活中，谨守"天位"意识，反对损耗本性甚至严重颠倒"性"与"物"关系的行为——为了追求外物不惜损伤"天性"，扭曲地出现"以性养物"的状况。

林林总总，却离不开心的统摄。无论是自教还是他教，教化效果最好的状态实际上是以"润物细无声"的方式施化于人之心灵。《吕氏春秋》教化思想的特点正是针对人心，心的特点是生命本性的完全包容，作用于心进而可以恢复心的生命性，是谓全形尽性。相反，心有所侧重，则容易失掉整体性的观感和视野，必然导致内有所失。"《庄子》曰：'以瓦玦者翔，以钩玦者战，以黄金玦者殆。其祥一也，而有所殆者，必外有所重者也。外有所重者泄，盖内掘。'鲁人可谓外有重矣。解在乎齐人之欲得金也，及秦墨者之相妒也，皆有所乎尤也。"（《去尤》）《吕氏春秋》引用了《庄子》，以显示其教化思想。的确，过分地侧重某一方面反而容易形成一种障碍。哪怕一叶障目，在关键时刻也容易给人带来性命之虞。因此，在"道德本性"意识下回归人的本性，实现自反其情的全性之道，并以此把握人心、在实践中"守位"。这在当代社会，实则是关于"养心"和"修身"的结合，以"守位"的方式更能促进自我修养、遵守职业本分、爱家爱国等。这也是社会治理中，基本秩序意识的呈现。

综上所述，以心"守位"，建构在"养心""修身"基础上的"爱国"和"敬业"，因着人们"守位"意识的觉醒，通过修心可实现修身，而修身又能反过来促进修心。这种实践如果能够关联最基本的个人本分，那么，在个人角度上的"守位"就能在生活中不断通过"敬业""爱国"践行出来，因而，关爱他人、热爱祖国、爱岗敬业也就是在"道德本性"觉醒意义上的。

三、至诚自然：在自养清修独立与人际交往中塑造"诚信"

人以五谷杂粮为食，往往在柴米油盐酱醋茶中，通过吸收不同的营养成分，且与各种烦琐具体的人、事、物对接，最终在吸纳和转化中实现个人生命体的发展和进步。为了生命的接续而"和合"运化，在具体的感受当中吐故纳新以实现生命的"生生不息"。其中，"至诚"是人的一种超脱于"具体"的精神品格，不仅能够在精神层面实现超越，更能再次回归现实，以"至诚"通天的精神为现实做超越性的注脚。"诚之至精至深"，这一"至诚"的精神品格在当代社会主要通过"诚信"展示。

"心"之诚是独立精神之端。"意诚而后心正，心正而后身修。"（《大学》）涉及了"意诚"，并引用"《康诰》曰：'如保赤子。'心诚求之，虽不中不远矣"（《大学》）。"意诚"的文本着重强调了"心"之诚。"乡土社会的信用并不是对契约的重视，而是发生于对一种行为的规矩熟悉到不假思索时的可靠性。"① 作为"心"之诚的最高的发展趋向，乡土社会中"不假思索"指涉了具体行为的可靠性和人与人之间的信任感，甚至最终凝结成一种"朴实"。毕竟，"诚信"是在"道德本性"中自然达成、自发而至。

《吕氏春秋》受《中庸》思想影响，从根本处肯定"诚"的作用。"自诚明，谓之性；自明诚，谓之教。诚则明矣，明则诚矣。"（《中庸》第十三章）由教化实现天性的达成，属于"自明诚"，这是众人"诚"的路径；而"自诚明"是由天性之诚自然而明，这是圣人至"诚"的精神展现。当然，并非仅有圣人才能实现"至诚"的独立精神，条条大道通罗马，人们都可通过符合"道德本性"的修行以实现精诚人格。众人并非只能通过效仿圣人"自诚明"的路径；"自明诚"同样是可行的，即："道德本性"在独立精神中表现为"明"诚的过程——不断在"明"中实现"诚"。以朱熹的"心礼相合"为例，礼本是心的自然生成，当说心礼相合的时候，礼其实已经脱离了心，就像我们从来不会有"手是手"的表达，只

---

① 费孝通：《乡土中国》，外语教学与研究出版社 2012 年版，第 13 页。

会说手心和手背都是手，而当言说"手是手"时，说明二者已有了分别，不再是一个事物，且其中之一必然已存在异化的情况。"心礼"本是合一，"礼"自然发自"心"之诚，此即"礼"之本性。倘若，局限于朱熹视域下的心（由于心即理），这个心已经被蒙蔽了一层污垢，且局限在天理的链条中无法松动。真正的心礼相合应当打破这个链条：心不是被理局限的心，礼也不是被理局限的礼。相反，心的"本性"自然要求责任意识，亦保证权利。在社会生活中，归属于集体，亦不否定个人，这是"心"之诚与"行"之至。

"恒久自我否定"是"诚"自反其身的精神。反思和否定是"诚"的基本精神内涵。由最初对自我的坚实肯定和确认而实现自我"守位"，而后以"至诚"精神不断进行自我批判和自我否定，这也是马克思主义唯物辩证法贯彻始终的准则。目前道德教育中的养成式德育①其核心在于"重养成轻灌输"，即：通过行为上不断的引导、洗礼和教化而促进人的外在行为养成，这是破除传统教育中的灌输和填鸭式教育的一种途径，但是，缺失"心"的参与和人格的"否定式反思"，任何行为的潜移默化都是一种外在的行为束缚，缺少自觉的"道德本性"意识的发掘，教化仅仅是作为一种规范而存在，可谓只有"教化"而无"道德"。因此，实践"教化"的规范意义，而缺少了"道德"中的"天性"和"本性"层面的浸染，即便长期进行养成式德育也不过是不明"道德本性"的外在规范。既然无法回应"至诚"的"否定式反思"，于心于己都不过是一种隔阂。

"至诚"的自反其身一如既往地表现在政治教化层面。"随着时间的推移，社会主义制度容许少数人积聚特权和权力，所以，统治精英

---

① 罗海鸥、刘海涛：《打造灵动的教育场——张旭与情感教育》，西南师范大学出版社2015年版，第144—146页。

能够从他们当中产生出来。在苏联，少数理想主义革命者的兴起导致了一个特权统治精英的产生。"① 这是对苏联亡党亡国的反思，可以说，苏共自身所进行的去精英化、去特权化是其真诚面对自我并始终保持自我否定"至诚"精神的真实写照。可见，苏共的"守位"意识已然贯通到精神层面。同样地，对这一历史事件的反思一直以来并未停止。这一反思也涉及不同文化价值间的比较，莫斯科大学校长萨多夫尼奇针对苏联亡党亡国的历史史实曾有过发人深省的言论，"拯救人类的一条主要路线，就是承认文化差异的事实，并安排好它们之间的对话"。② 这是真诚地认同本国的文化、尊重他国的文化价值，并试图在一个合理的界面去综合理解二者，其中，"至诚"是必不可少的精神维度。习近平总书记明确提出，我们党坚持"老虎""苍蝇"一起打，坚决遏制腐败蔓延势头，反腐败斗争压倒性态势已经形成并巩固发展。③这是肯定了"至诚"精神的"否定性反思"，以"诚"反思中国共产党内状况，培养全党上下的"守位"意识，并积极响应习近平总书记始终保持党的优良作风的"至诚"号召，最终实现"反腐倡廉、拒腐防变"的"至诚"践行。这对发挥党员的先锋模范作用，促进社会"诚信"价值的实践有重要作用。

跳出日常生活的舒适区，不断在"适欲""养心""修身""成己""达人"中贯通一种"至诚"的意识，才能在过程中始终保持一种超越的精神人格，进而建构一种全局性的思维并实现"至诚"精神的养成，以此才能在"齐家""治国""平天下"中加入一种独立意识和超越的视角。此视

---

① [美] 科兹、[美] 威尔：《来自上层的革命：苏联体制的终结》，曹荣湘等译，中国人民大学出版社 2008 年版，245 页。

② [俄] 雷日科夫：《大国悲剧：苏联解体的前因后果》，徐昌翰等译，新华出版社 2010 年版，第 24 页。

③ 《党的十九大文件汇编》，党建读物出版社 2017 年版，第 64 页。

角并非凌驾家、国、天下之上，而是超越中的一种"合"。因此，我们知道，一个人的"至诚"总是要放在社会共同体和国家共同体中去拓展。

四、成己达人：在自我剖析与人我关系拓展中诠释"友善"

"自我"是一个人最初的修炼道场。"齐家治国平天下"最根本的在于"修身"。而"修身"又需遵循何种规则？一方面，个人是作为个体性的存在，有其个体性的参数而实现自我的建构，在建构的过程中通过养心以修身。这对个人而言不仅有重要意义，同时也是对他者的一种定位方式和成全方式。一个人自我的纠结、矛盾、纷争需要在内部达成一种认可与和解，倘若难以建构自我的主体性，又何谈修身？何谈成己达人？而包含儒墨道法等九流十家思想的《吕氏春秋》，其教化思想可以为现代人的自我建构提供一种内在的反省路径。

"成己达人"是"修身"的拓展。"齐家治国在于修身"，身不修而国无以治。楚国的令尹（詹何）在回答楚王"治国最重要的是什么"时，毫不犹豫说出"修身"，当楚王对此表示不解和质疑时，他一再强调"修身是治国之要"，这一问一答明确地解释了身修而国治的传统路径。对于一个国家而言，领导者或者党员干部都在不断发挥模范带头作用，这种榜样示范和上行下效对当下"友善"的社会共同体建设有重要意义。与此相反，身不修则德性不佳、教化不善，"是吾德薄而教不善也。"（《先己》）《吕氏春秋》教化思想中论述了"德性"与"教化"的链接。"德性"主要是个人修身的抽象表达，即：个人在遵循"道德本性"中，注重与他人的沟通。在与他人的交互中，确定个人的自我"定位"，以及自我确立后在社会交往中所建构的"秩序"意识，并最终实现共同体的建设。毕竟，"欲胜人者，必先自胜；欲论人者，必先自论；欲知人者，必先自知。"（《先己》）

　　身心统一是自我建构的路径。通过人心的功能实现身心统一。我们知道，现代性引发的种种问题，其一在于错误的重身重己，演化为逐物，进而导致物化、异化等，最后导致身心的分裂。在这个层面上，重视身体（适欲节性的视角）和尊崇个体（自我中心、重物质享受的视角）处于对立的状态，二者未实现合一。目前社会上的享乐主义、消费主义、拜金主义等现象比比皆是，这种重视身体享受和物质富足的生活是现代性的一面，而现代性的另一面则是精神的匮乏和心灵的贫瘠，这是身心二者分裂所引发的结果，现代性问题的解决离不开最终身心源头的回归，这是未来要走的路。作为现代性的阶段性问题，即现代生活中的人往往太过重视身体享受（与之相应的是物质欲望的膨胀和由精神贫瘠所引发的不安全感，在这种膨胀和不安全感中，人越发呈现一种贫瘠的状态）。因而，在生命长河中人就容易衍生一种渺小感，伴随这个思路，人在自我理解和自我消化的过程中就会越发容易追求物质欲望，越发坚定对自我个体的执着。由此就容易忽略对精神和心灵的培植，因而陷入精神贫瘠的恶性循环。而《吕氏春秋》教化思想至少能够尊重个人"道德本性"，在不同坐标系甚至多维空间中定位自我，以此应对"修心"问题，在贵身、重己与个人对欲望的无休止满足甚至无法自控的外在追逐中，反观内心，并试图在"道德本性"中统一身心，实现社会人伦共同体的建构。

　　在"关系"中进行自我建构。所谓"关系"，即自我"定位"和"秩序"意识在传统社会中的具体实践。"是故君子有诸己而后求诸人，无诸己而后非诸人。"（《大学》第十章）君子先确立自我，而后才能够通过对自我的理解与认可，以己及人，理解他者、认可他者，进而成全他人，这种推己及人的思想又被称作"絜矩之道"。这是个人价值中"友善"的理论基础，在《吕氏春秋》的文本中，教化更多是在"关系"中进行，毕竟个人处在特定的"关系"中，这是实现自身定位和认知的一种手段。

在"关系"中寻找自我、确认自我就需要在进入具体的"关系"时踏踏实实地把握当下。个体倘若存在不符合"恕道"的状况，也即一个人未能达成自我的认定、贯通与和解，则不能很好地理解他人，这是个体内外一致、个体与他者相一致的前提。在《吕氏春秋》"效法天道""天道与人道"相贯通的视域下，强调个人价值中"内心与外境"的一致性是认知自我、"友善"他者的第一步。

第二步来自于《吕氏春秋》文本中内置的这种独立精神、超然意识，这一独立的精神从一开始就存在。在自我"定位"中不仅涉及基础又琐碎的具体事宜，更有高于肉身的"精神"超越。即：在切实了解自我、确证自我，以及了解自身的私欲和执着的基础上，才能从具体的烦琐的关系中超越出来，寻找个人的自我性。因此《大学》将独属于个体的"执着"渲染得很到位，"人之其所亲爱而辟焉，之其所贱恶而辟焉，之其所畏敬而辟焉……"（《大学》第八章）

"友善"是个人在自我确立中，不断将关系拓展到他者的一种态度。正是因为各种不同的情绪状况和关系黏着，往往致使个人陷入一种具体性当中，人们也就很难回归到清净、淡然的状态，也即无法超越烦琐的事务性、远离具体的现象和关系，因此，一般而论，人是需要保持客观、独立的精神，这是试图在辩证关系中抽离的表现，在"好恶美丑"中，正因为知"恶"才会知"美"。只是很少有人能够达到，大部分人只是让个体陷入具体琐屑中不能自拔，在纷繁现象和多彩的表象中迷惑了自身，因而也就不能以一种超越的精神去把握、认知、处理各种关系。毕竟，"关系"一方面是在人与人的相处、具体交互中诠释的。另一方面还可以在一种超越精神、抽象化的理念中得到诠释。"人莫知其子之恶，莫知其苗之硕。"（《大学》第八章）在关系的琐碎和凌乱中，人最容易被蒙蔽。故而，现代人的自我"定位"既需要"关系"的具体化，又应当在"独立精神"中超越"关系"，这就需要回归"道德本性"意识，继续在社会和国家中贯穿"秩序"意识，这是"友善"他者的基本路径。如此循环往复，我们就可以走出一条确认自我、"友善"他者、成全"共同体"意识的路径。这是从"秩序"意识的角度诠释建构社会共同体的必然性。

结　语

　　"道德本性"是实现教化的起点。在教化的过程中，一方面，普遍的"天道"的律动性、秩序性会被人效仿，于是"天道"被打碎成为每个人心中的"德"，"由道而德"也就是实现"道德"。在具体的行为中我们总需要实现"道德本性"的安放。而个人的"道德本性"，最终还需落实到人与人的关系之中，这在《吕氏春秋》教化思想中通过自然共同体、人伦共同体、社会共同体和国家共同体实现，因而在共同体中可以实现人的有差等地存在，这可称为错落有致地"和而不同"。同时，在共同体中实现的"和而不同"就呈现了一种"秩序"。

　　"道德本性"和"秩序"是研究《吕氏春秋》教化思想的链条，也是其当代价值研究的中介。挖掘《吕氏春秋》教化思想的主要内容，这包括：厘定教化的概念，确定《吕氏春秋》教化的特色，然后发掘教化的主客体、路径和方法。同时，我们还需坦诚面对《吕氏春秋》教化的历史贡献、局限性。教化思想有其可取之处，但它也有阶级属性和既定的局限性，我们应客观对待。

　　挖掘《吕氏春秋》教化思想中主客体、路径、方法的当代价值，对社会公民道德水平的提升、对我们进一步思考社会治理有一定意义。《吕氏春秋》教化思想意在通过发掘个人的"道德本性"而实现共同体成员的改变，由此在共同体中呈现一定的"秩序"。而提防并肃清"教化"

自身的问题及其具体的主客体、内容和方法中的局限，是我们在研究当代价值时的难点。教化只能处于实在的生活场景中，抽象了的教化可以作为一种理念或者观念而存在、延续，然而，随着时代的进步和社会现实的不断行进，"教化"倘若作为一种观念呈现固化状态则就脱离了现实的土壤，更失掉了其本身生命性。若以这种"教化"思想去影响人、实现社会的价值塑造必然如纸上谈兵一般不可取。缺失了时代的现实根基，"教化"会是无源之水。因此，《吕氏春秋》的教化思想必须符合时代的精神，必须在时代的发展过程中，适应社会存在的基本状况，而后不断在社会存在的反馈中更新这种教化。因而在《吕氏春秋》教化思想中吸取某种发展的精神或者精髓性的产物作为变更了的时代的资粮。在当下现实中认识教化的实际状况，并在"教化"本身的范围内提出"知行合一"的解决路径，我们就必须要实现其创造性转化、创新性发展。

同时，教化思想对我们的价值观依然有一定影响。在国家价值和社会价值方面，展现于国家共同体和社会共同体；在个人价值方面，试图通过个体身心的和谐，达成个体与他者的统一。由此可见，对社会主义核心价值观的考察，在"道德本性""秩序"意识下分析《吕氏春秋》教化思想与社会主义核心价值观从国家层面、社会层面和个人层面的意蕴，是实现教化思想创造性转化、创新性发展的一个路径。

《吕氏春秋》所建构的"道德本性"，与"成己达人"过程中所实现的"秩序"，二者的不断践行实际上就是教化的实现过程。这一方面涉及教化的时代性。教化是在时间、空间中存在，在特定的社会制度、人文规范、社会习惯以及传统观念遗留中存在，对于"道德"的理解，会随着经济发展、社会进步以及思想文化的变化，而不断呈现鲜活的新形式。因而，"道德本性"和"秩序"所实现的教化思想，需要立足于当代的社会背景。在新时代建设中国特色社会主义文化强国，提倡文化自信，我们需要在多元价值理念的冲击下，发掘中华优秀传统文化精髓，对中华传统美德予以继承和创新，对丰富的思想道德资源进行创造性转化、创新性发展。因而新时代中国特色社会主义道德建设才会更具有中国特色。

由于教化是在"道德本性""秩序"的实践过程中实现，教化也就具备在时代性中呈现其新形式的潜力。一方面，《吕氏春秋》是历史上第一个"杂家"代表，它融合九流十家之长，可实现施德无形之化，但是，它也带有深刻的封建社会的烙印以及天命既定的思想观念。这需要我们立足当下社会，并坚决摒弃其不符合时代发展规律的部分。因而在进行"教化"思想研究的过程中，总是需要深刻理解新时代中国特色社会主义先进文化，理解以爱国主义为核心的民族精神和以改革创新为核心的时代精神，这是实现《吕氏春秋》教化思想当代价值的立足点。另一方面，《吕氏春秋》教化思想及其当代价值的研究是众多优秀传统典籍与当代社会状况相结合的一个表现，而当代社会的基本状况需要我们分辨糟粕与精华，并能够在多元价值文化的冲击下寻找适合时代发展的思想道德资源，这是一个长期的过程，还需要在中国特色社会主义实践中不断调整。由于个人研究水平有限，而传统典籍的创造性转化、创新性发展是过程性、开放性的存在。这就决定了这项工作并非尽善尽美，有待进一步的深化。

参考文献

一、古典典籍类

[1] 陆玖译注：《吕氏春秋》，中华书局 2011 年版。

[2] 王利器：《吕氏春秋注疏》，巴蜀书社 2002 年版。

[3] 许维遹：《吕氏春秋集释》，中国书店出版社 1985 年版。

[4] 陈奇猷：《吕氏春秋新校释》，上海古籍出版社 2002 年版。

[5]（汉）许慎撰，（清）段玉裁注：《说文解字注》，浙江古籍出版社 2006 年版。

[6]（魏晋）郭象注，成玄英疏：《南华经注疏》，宗教文化出版社 1998 年版。

[7]（魏晋）王弼注，楼宇烈校释：《老子道德经注释》，中华书局 2008 年版。

[8]（汉）河上公撰，王卡点校：《老子道德经河上公章句》，中华书局 1997 年版。

[9]（汉）班固：《汉书》，中华书局 1962 年版。

[10]（汉）司马迁：《史记》，中华书局 1959 年版。

[11] 蒋信柏编著：《道德经》，蓝天出版社 2006 年版。

［12］（宋）朱熹：《四书章句集注》，中华书局 1983 年版。

［13］（清）王先谦撰：《庄子集解》，中华书局 2012 年版。

二、经典著作类

［14］《马克思恩格斯全集》第 3 卷，人民出版社 2002 年版。

［15］《马克思恩格斯全集》第 46 卷，人民出版社 2002 年版。

［16］《马克思恩格斯选集》第 1 卷，人民出版社 1995 年版。

［17］《马克思恩格斯选集》第 3 卷，人民出版社 2002 年版。

［18］《毛泽东文集》第二、八、九卷，人民出版社 1996 年版。

［19］《马克思恩格斯文集》第 1、2、3、4、9 卷，人民出版社 2009 年版。

［20］马克思：《1844 年经济学哲学手稿》，人民出版社 1985 年版。

［21］恩格斯：《自然辩证法》，人民出版社 1963 年版。

［22］《马克思恩格斯论教育》，人民教育出版社 1979 年版。

［23］列宁：《论文学与艺术》，人民文学出版社 1983 年版。

三、党和政府文件类

［24］《国家中长期教育改革和发展规划纲要（2010—2020 年)》，人民出版社 2010 年版。

［25］《党的十九大文件汇编》，党建读物出版社 2017 年版。

［26］习近平：《在哲学社会科学工作座谈会上的讲话》，人民出版社 2016 年版。

［27］《习近平谈治国理政》，外文出版社 2014 年版。

［28］习近平：《在纪念孔子诞辰 2565 周年国际学术研讨会暨国际

儒联第五届会员大会开幕会上的讲话》，人民出版社 2014 年版。

四、国内外著作类

[29] 林安梧：《儒道佛三家思想与二十一世纪人类文明》，山东人民出版社 2017 年版。

[30] 朱晓鹏：《道家哲学精神及其价值境域》，中国社会科学出版社 2007 年版。

[31] 庞慧：《〈吕氏春秋〉对社会秩序的理解与构建》，中国社会科学出版社 2009 年版。

[32] ［德］ 黑格尔：《哲学史讲演录》，贺麟译，商务印书馆 1978 年版。

[33] 李家骧：《〈吕氏春秋〉通论》，岳麓书社 1995 年版。

[34] 江万秀、李春秋编著：《中国德育思想史》，湖北教育出版社 1992 年版。

[35] 杜时忠：《德育十论》，黑龙江教育出版社 2003 年版。

[36] 杜时忠主编：《新世纪新师德》，湖北教育出版社 2009 年版。

[37] 黄向阳：《德育原理》，华东师范大学出版社 2000 年版。

[38] 王道俊、郭文安主编：《教育学》，人民教育出版社 2009 年版。

[39] 张双棣：《〈吕氏春秋〉词汇研究》，山东教育出版社 1989 年版。

[40] 黄钊等：《中国道德文化》，湖北人民出版社 2000 年版。

[41] 田凤台：《吕氏春秋探微》，台湾学生书局 1986 年版。

[42] 牟钟鉴：《〈吕氏春秋〉与〈淮南子〉思想研究》，齐鲁书社 1987 年版。

[43] 王坤庆：《教育学史论纲》，湖北教育出版社 2008 年版。

[44] 朱伯崑：《先秦伦理学概论》，北京大学出版社 1984 年版。

［45］邬昆如：《西洋哲学史》，台湾"国立"编译馆1971年版。

［46］王伟：《〈吕氏春秋〉思想新探》，天津古籍出版社2011年版。

［47］熊铁基等：《二十世纪中国老学》，福建人民出版社2002年版。

［48］陈鼓应、白奚：《老子评传》，南京大学出版社2011年版。

［49］傅佩荣：《解读〈老子〉》，上海三联书店2007年版。

［50］杨汉民：《〈吕氏春秋〉的政治哲学研究：以天人关系为中心》，云南大学出版社2015年版。

［51］何志华：《吕氏春秋管窥》，中华书局（香港）有限公司2015年版。

［52］吕思勉：《秦学术概论》，南京译林出版社2016年版。

［53］黄向阳：《德育原理》，华东师范大学出版社2000年版。

［54］［美］汤因比、［日］池田大作：《展望21世纪汤因比与池田大作对话录》，国际文化出版公司1985年版。

［55］黄新宪：《传统文化影响下的台湾教育》，福建教育出版社1993年版。

［56］梁启超、胡朴安等：《道家二十讲》，华夏出版社2008年版。

［57］廖其发：《先秦两汉人性论与教育思想研究》，重庆出版社1999年版。

［58］周桂钿：《秦汉思想史》，河北人民出版社2000年版。

［59］颜炳罡：《生命的底色》，山东友谊出版社2005年版。

［60］刘介民、郑振伟：《道家与现代教育》，广东高等教育出版社2013年版。

［61］刘泽华、张分田：《中国政治思想史》（先秦卷），浙江人民出版社1996年版。

［62］梁漱溟：《梁漱溟全集》第1卷，山东人民出版社1989年版。

［63］梁漱溟：《东西文化及其哲学》，商务印书馆1999年版。

[64] 梁启超：《梁启超论儒家哲学》，商务印书馆 2012 年版。

[65] 许亚非：《中国传统道德规范及其现代价值研究》，四川大学出版社 1998 年版。

[66] 黄大受：《吕氏春秋政治思想论》，东方出版社 1947 年版。

[67] 鲍鹏山：《先秦诸子八大家》，上海科学技术文献出版社 2012 年版。

[68] 洪家义：《吕不韦传》，南京大学出版社 1995 年版。

[69] ［美］唐纳德·J.蒙罗：《早期中国"人"的观念》，上海古籍出版社 1994 年版。

[70] 罗海鸥、刘海涛：《打造灵动的教育场——张旭与情感教育》，西南师范大学出版社 2015 年版。

[71] ［美］F.卡普拉著，朱润生译：《物理学之道》，北京出版社 1999 年版。

[72] 杨兴顺：《中国古代哲学家老子及其学说》，杨超译，科学出版社 1957 年版。

[73] 王启才：《〈吕氏春秋〉研究》，学苑出版社 2007 年版。

[74] 方东美：《原始儒家道家哲学》，中华书局 2012 年版。

[75] 张祥浩：《中国传统思想教育理论》，东南大学出版社 2011 年版。

[76] 胡孚琛、吕锡琛：《哲学通论——道家·道教·丹道》，社会科学文献出版社 2004 年版。

[77] 张立文主编，陆玉林著：《中国学术通史》，人民出版社 2004 年版。

[78] 耿云志主编：《胡适遗稿及秘藏书信》（33 册），黄山书社 1994 年版。

[79] 陈谷嘉等主编：《中国德育思想研究》，浙江教育出版社 1998

年版。

[80] 沈壮海：《文化软实力及其价值之轴》，中华书局 2013 年版。

[81] 刘元彦：《〈吕氏春秋〉：兼容并蓄的杂家》，生活·读书·新知三联书店 2008 年版。

[82] 陈鼓应主编：《道家文化研究》，上海古籍出版社 1992 年版。

[83] 朱哲：《教育哲学思想片论》，湖北人民出版社 2014 年版。

[84] 江万秀、李春秋：《中国德育思想史》，湖南人民出版社 1992 年版。

[85] 张瑞潘：《中国教育史研究》，华东师范大学出版社 2009 年版。

[86] 杨启亮：《道家教育的现代诠释》，湖北教育出版社 1996 年版。

[87] 李英华：《儒道佛与中国传统文化教育》，武汉大学出版社 2006 年版。

[88] 顾友仁：《中国传统文化与思想政治教育的创新》，安徽大学出版社 2011 年版。

[89] 钱穆：《中国思想史》，九州出版社 2012 年版。

[90] 陈谷嘉等主编：《中国德育思想研究》，浙江教育出版社 1998 年版。

[91] 陈超群：《中国教育哲学史》第一卷，山东教育出版社 2000 年版。

[92] 赵鼎新：《东周战争与儒法国家的诞生》，北京联合出版公司 2020 年版。

[93] 梁漱溟：《朝话：人生的省悟》，世界图书出版公司 2013 年版。

[94] 陈来：《古代思想文化的世界：春秋时代的宗教、伦理与社会思想》，生活·读书·新知三联书店 2009 年版。

[95] 张岱年：《心灵与境界》，北京联合出版公司 2014 年版。

[96] ［法］萨特：《存在与虚无》，陈宣良等译，生活·读书·新知

三联书店 1987 年版。

[97] 王伟：《〈吕氏春秋〉思想新探》，天津古籍出版社 2011 年版。

[98] 孙立群：《解读大秦政坛双星——吕不韦与李斯》，中华书局 2007 年版。

[99] 李颖科、丁海燕：《吕不韦与〈吕氏春秋〉》，西安出版社 2007 年版。

[100] Alitto，Guy S. *The Last Confucian: Liang Shu-ming and the Chinese Dilemma of Modernity*. Berkeley: University of California Press，1979.

五、论文报刊类

[101] 陈家琪：《我们距离有尊严的存在还有多远？——参读〈约伯记〉再议》，《社会科学论坛》2015 年第 7 期。

[102] 尚文华：《重思理论与实践的一些问题》，《马克思主义与现实》2017 年第 5 期。

[103] 陈曙光、杨洁：《论文化自信》，《文化软实力研究》2016 年第 3 期。

[104] 丛日云：《创造有灵魂的通识教育——通识教育与现代文明基本价值的传播》，《求知导刊》2014 年第 1 期。

[105] 吴飞：《论"生生"——兼与丁耘先生商榷》，《哲学研究》2018 年第 1 期。

[106] 高小瑜《〈吕氏春秋〉研究三十年》，《绥化学院学报》2010 年第 6 期。

[107] 任海涛：《〈吕氏春秋〉"德治"法律思想研究》，《前沿》2009 年第 8 期。

[108] 张一中：《〈吕氏春秋〉的教育思想》，《湖南师大社会科学学报》

1987 年第 6 期。

[109] 彭万中：《〈吕氏春秋〉的养生思想探析》，《国医论坛》1999 年第 3 期。

[110] 汪丁丁：《中国社会科学的研究方法导论》，《财经问题研究》2008 年第 10 期。

[111] 吴智雄：《〈吕氏春秋〉的教育理论》，《孔孟月刊》1991 年第 5 期。

[112] 张书丰：《〈吕氏春秋〉的修身理论及其意义》，《山东师大学报》1992 年第 1 期。

[113] 栗劲：《论〈吕氏春秋〉的法家思想倾向》，《当代法学》1993 年第 1 期。

[114] 李耀建：《〈吕氏春秋〉的音乐美学思想研究》，《高校社会科学》1989 年第 3 期。

[115] 崔存明：《试论〈吕氏春秋〉的君道思想》，《中国社会科学院研究生院学报》2005 年第 5 期。

[116] 刘坦：《"吕览"浧滩与"服赋"单于"淮南"丙子之通考》，《历史研究》1956 年第 4 期。

[117] 赵年苏：《关于〈吕氏春秋〉成书年代之我见》，《苏州大学学报》1987 年第 3 期。

[118] 孔令梅：《〈吕氏春秋〉的养生之道》，《周口师范学院学报》2010 年第 1 期。

[119] 林荣：《〈吕氏春秋〉中的儒家思想》，《法制与社会》2009 年第 1 期。

[120] 谢阳举：《"仁"的起源探本》，《管子学刊》2001 年第 1 期。

[121] 于欣：《吕氏春秋"德"论研究》，《社科纵横》2005 年第 4 期。

[122] 焦桂珍、米江霞：《人性论与道德基础——从先秦人性论透

视人性与道德的关系》,《甘肃科技纵横》2009 年第 2 期。

[123] 赵南:《〈吕氏春秋〉道德心理思想探析》,《心理学探新》
2004 年第 2 期。

[124] 冯文全、冯碧瑛:《论孔子对老子德育思想的借鉴——基于
〈论语〉与〈道德经〉的解读》,《教育研究》2010 年第 12 期。

[124] [日] 池田大作:《21 世纪与东亚文明》,《中国社会科学》
1993 年第 1 期。

[125] 黄圣平:《〈老子〉所谓"德"》,《西南大学学报》2012 年第 1 期。

[126] 樊建武:《老子尚慈思想的现代启示》,《中国宗教》2013 年
第 3 期。

[127] 刘向宇、邢赞赞:《老子德育思想与卢梭德育思想刍议》,《学
周刊》2011 年第 9 期。

[128] 洪家义:《略论〈吕氏春秋〉中的自然主义思想》,《南京大
学学报》1985 年第 1 期。

[129] 杜时忠:《论德育走向》,《教育研究》2012 年第 2 期。

[130] 金春峰:《论〈吕氏春秋〉的儒家思想倾向》,《哲学研究》
1982 年第 12 期。

[131] 洪家义:《略论〈吕氏春秋〉中反君主专制的思想》,《南京
大学学报》1981 年第 4 期。

[132] Bodde, Derk. "Harmony and Conflict in Chinese Philosophy," In
Studies in Chinese Thought, Ed. Arthur F. Wright. Chicago, IL: University of
Chicago Press, 1953.

[133] "Zhu Xi's Spiritual Practice as the Basis of His Central
Philosophical Concepts," *Dao: A Journal of Comparative Philosophy*, 7 (1)
(2008).

[134] Chan, Wing-tsit. "A Bibliography of Chinese Philosophy,"

Philosophy East and West 3（3）（1953）.

［135］ Samuel P.Huntington, "The Clash of Civilizations？" Summer, Foreign Affairs, 1993.

［136］ David T.Hansen, "Teaching and the Moral Life of Classrooms," *Journal for a Just and Caring Education*, Vol.2.2009.

［137］ Scott Cook, "The'Lüshi chunqiu' and the Resolution of Philosophical Dissonance," *Harvard Journal of Asiatic Studies*, Vol. 62, No. 2（Dec, 2002）.

［138］ Kelly James Clark and Justin T.Winslett, "The Evolutionary Phychology of Chinese Religion: Pre-Qin High Gods as Punishers and Rewarders," *Journal of the American Academy of Religion*, Vol.79.No4.（December 2011）.

后　记

　　最初踏入学术之路时，有很多主观性的情绪，那时候，我更多是被情绪化的喜好、乐意或不甘、无奈推动着去阅读这些文本。这导致我在面对文本时，总是首先代入个人主观性的感觉，以此理解的文本也就不客观。而我在那个阶段所写的文章、书稿一定意义上都打上了这一烙印。

　　在逐渐成长的过程中，我发现带着情感面对文本固然可以激发出来一种人性化的关切或关怀，但那毕竟是主观化的状态。而学术并不是一种主观的言说和表达，相反，它需要契合"道"，并进入那种运行之中。放下主观性，才可能进入文本自身的逻辑。这既是面对文本的正确方式，其实也是生存的课题。

　　进入思想、面对思想、诚实地活着，这注定不是一条容易的路。爱因斯坦在晚年文集中曾说，"我孤寂地生活着，年轻时痛苦万分，而在成熟之年里却甘之如饴"。虽然我在人生经历上不至于遭遇多少痛苦，反而对传统的天人合一、意境留白、出神入化这些生存片段有些体会并引以为人生境界，可是为了言说得更加清晰明白、为了真切地活在当下，我也逼迫自己走出这种舒适区——和合状态，转而学着真实地理解矛盾、冲突、张力。所以对爱因斯坦的话，也有些许体会。可以说，正是在一次次"身陷囹圄"又"突出重围"中，思想得以不断更新。虽然每每遭遇思想困境（实际也是一种生存困境）总会让我有痛不欲生的感觉，但值得感恩的是，身边那些良师益友家人伙伴、那些让我感受生存困境的人事物都是前行路上的资粮，它让我能够在黑暗迷茫的罅隙里寻着些许幽微之光走到现在。以后，尽管要下的功夫依然很多、要吃的苦头也不在少数，但知道有这一条路，努力走下去就可能会渐行渐明，这便足以让人欣喜！虽然这一条路注定艰难无比，但我依然甘之如饴。

本书的写作，不仅经历了相对主观性的时段，伴随着理解和思考的深入，也试图契入客观性。只是我依然处在学术训练、人生成长的过程中，效果不一定非常理想。但是，作为思想转变与发生的过程性记录，哪怕其有瑕疵，这种真实呈现本身就是有意义的。哪怕不完美，作为承载转变和过程的文本，本书就值得被呈现出来。

思想的河流总能闪烁着耀眼、充满魅力的光芒。而我依然在成长的过程之中，观念的更新依然持续着。必然地，我还是会面临不能解决的困惑，也有不够清晰的问题。而这正是思想的魅力所在。正是这种探究带来的乐趣和"打怪升级"的更新，可以让人放下很多世俗牵绊专心沉浸其中。若这一过程可以被称为事业的话，或许，个体的存在也因着思想而被照耀、也获得了些许意义。

郭庆玲

2021 年 3 月 20 日于济南

策划编辑：赵圣涛

责任校对：吕　飞

封面设计：王欢欢

图书在版编目（CIP）数据

《吕氏春秋》教化思想研究／郭庆玲　著．— 北京：人民出版社，2021.10
ISBN 978 - 7 - 01 - 023750 - 3

I. ①吕⋯　II. ①郭⋯　III. ①《吕氏春秋》- 研究　IV. ① B229.25

中国版本图书馆 CIP 数据核字（2021）第 188425 号

《吕氏春秋》教化思想研究
LÜSHICHUNQIU JIAOHUA SIXIANG YANJIU

郭庆玲　著

人民出版社 出版发行
（100706　北京市东城区隆福寺街 99 号）

中煤（北京）印务有限公司印刷　新华书店经销

2021 年 10 月第 1 版　2021 年 10 月北京第 1 次印刷
开本：710 毫米 × 1000 毫米 1/16　印张：18
字数：290 千字

ISBN 978 - 7 - 01 - 023750 - 3　定价：69.00 元

邮购地址 100706　北京市东城区隆福寺街 99 号
人民东方图书销售中心　电话（010）65250042　65289539